渠道管理的
第二本书

康震 著

My Insight on
Channel
Management

机械工业出版社
CHINA MACHINE PRESS

本书融合了作者三十多年的渠道和销售管理经验，创新性地提出渠道管理的四阶段全景模型和十要素理论。全书共七章，第一章介绍渠道管理的概念、基本模式、成长曲线等基础知识；第二至五章围绕渠道布局、渠道梳理、渠道赋能与健康检查这四大渠道管理阶段，详细讲述了渠道模式安装与架构设计、渠道五度管理分析法、渠道人员绩效考核、渠道赋能会员俱乐部打造、新电商全渠道模式探索，并强调企业要通过外审与自检两种形式，关注渠道运营与渠道价格，以确保渠道可持续发展。第六章阐述渠道冲突管理，分析引起冲突的内在动因，提出渠道冲突的治理机制及探讨经销商激励。第七章站在企业整体发展视角，强调渠道战略应与企业战略深度融合，以助力企业实现长远发展。

图书在版编目（CIP）数据

渠道管理的第二本书 / 康震著. -- 北京 ：机械工业出版社，2025. 6. -- ISBN 978-7-111-78026-7

Ⅰ. F713.1

中国国家版本馆 CIP 数据核字第 2025EK2328 号

机械工业出版社（北京市百万庄大街 22 号　邮政编码 100037）
策划编辑：石美华　　　　　　　　责任编辑：石美华　牛汉原
责任校对：孙明慧　张慧敏　景　飞　责任印制：单爱军
天津嘉恒印务有限公司印刷
2025 年 6 月第 1 版第 1 次印刷
170mm×230mm · 16.75 印张 · 1 插页 · 219 千字
标准书号：ISBN 978-7-111-78026-7
定价：89.00 元

电话服务　　　　　　　　　网络服务
客服电话：010-88361066　机 工 官 网：www.cmpbook.com
　　　　　010-88379833　机 工 官 博：weibo.com/cmp1952
　　　　　010-68326294　金 书 网：www.golden-book.com
封底无防伪标均为盗版　机工教育服务网：www.cmpedu.com

渠道之道

欣闻康震博士著书，宏论渠道管理。受邀作序，惶恐之余，更被其敬业与执着感染，顿生一种责任感。这本书记录了康震博士在渠道管理领域近三十年的奋战历程，虽跌宕起伏，但硕果累累。我非常荣幸与康震博士共事八载，所以尝试以一位同行者的视角，领略其渠道实战的三大阶段。

一、沙场鏖战

2015年，帝斯曼动物营养与保健在中国区启动"出壳"项目，开始了从 B2B（Business to Business）到 B2F（Business to Farm）牧场预混料的业务拓展与延伸尝试。为此，在 C 端消费品领域有着丰富渠道管理经验的康震博士受邀加盟，主导牧场预混料这一新业务模式中的渠道建设与管理。康震博士曾在百事可乐等世界 500 强企业耕耘多年，积累了丰富的渠道管理经验与实战能力，但是农牧行业这一崭新领域对他而言依然不失为一个严峻挑战。在过去的九年里，康震博士与业务团队砥砺前行，身经百战，成功实践了一个完整的渠道管理四阶段，即渠道布局、渠道梳理、渠道赋能及健康检查。近年来，B2F 业务迅猛发展，渠道管理越发成为 B2F 业务至关重要、不可或缺、源源不绝的强劲推力，也成为帝斯曼动物营养与保健在中国农牧行业中独树一帜、脱颖而出的重要比较优势。康震博士曾经戏称，他是"农牧行业中最懂渠道管理的人"，也是"渠道管理职能中最懂农牧行业的人"，对此我深以为然。我很自豪，我是他沙场鏖战历程中的并肩战斗者。

二、求索悟道

无论是从快消品转型至农牧行业的巨大跨越，还是帝斯曼动物营养与保健中国区 B2F 的"出壳"项目从开创到落地再到成功的艰辛历程，乃至近年来新渠道模式的层出不穷，数智化浪潮方兴未艾所带来的崭新挑战，都让康震博士经历了一场非同寻常的求索之旅，更让他对渠道管理最基本、最底层且最核心的内涵与要素问题进行了深度思考：渠道管理的使命与价值是什么？渠道战略该如何制定？渠道管理的要素是什么？渠道管理有几个阶段？如此等等。作为一个平时就非常注重自我学习的人，康震博士毅然投入到更专业、更系统的学习中，攻读欧洲大学商学院工商管理博士（DBA）。他将过去在日常管理中锤炼出来的"五度管理分析法""渠道合作伙伴开发八个步骤"等实践招数，经过系统学习与深入思考，进一步打磨提炼成这本书中的渠道管理十要素。康震博士的这本书，是他近三十年来在渠道管理领域深度思考与丰富实践经验的结晶，堪称集大成之作。我很高兴，我是他求索悟道历程中的支持者和陪伴者。

三、弘道树人

在对渠道管理这个课题进行更深入研究的过程中，康震博士越发认识到"人"的重要性。基于对人心、人性等的理论思考与实践，这本书选择了"人道合一"的主题，该主题非常深刻、精确，发人深思。工作之余，康震博士始终古道热肠，热心地致力于为更广泛的社会群体做贡献。他积极参加各项社会活动并获得嘉奖；他是大学客座教授，一直将社会实践中的真知灼见转化为教学案例，分享给莘莘学子；他于2018年创立公众号"农业三只眼"，至今已发布200余篇文章，粉丝众多，在农牧行业内传播甚广，影响深远。如今，这本著作更是极大地丰富了渠道管理的理论与实践，尤其是填补了农牧行业渠道管理理论的空白。我很荣幸，我是他弘道树人历程中的砥砺同行者。

他是一位平凡的探索者，无所畏惧，勇敢执笔，书写属于自己的篇章，彰显自己的价值；他又是一位不平凡的传道者，创新突破，呼吁呐喊，矢志丰富渠道管理的理论实践，倾心推动农牧行业进步。渠道之道，在于坐言起行，期待有更多志同道合者一起前行！

王　强
帝斯曼原大亚太区副总裁
沙特基础工业公司副总裁兼大中华区总裁
2025年4月

笃行方可致远

    战国时代，诸子百家。其中最具有代表性的，是以孔子为代表的儒家，讲究的是"王道"；以墨子为代表的墨家，提倡的是"人道"；以老子为代表的道家，推崇的是"天道"；以韩非子为代表的法家，着眼的是"霸道"。这些学派各领风骚，各擅胜场。

    作者康震在这本书中所言的"人道"，并非简单套用墨家的"人道"思想来探讨企业渠道战略与管理中的应用，而是根据自身对人心、人性、人文等"人"的相关要素的深入理解，结合对道法、道德、渠道等"道"的广义概念的深刻体味，提倡个体与渠道在体制、机制层面上的协调统一。

    我一直在高校工作，除求学期间的业余兼职、打工外，并无在企业就职的经历，所以对书中所述的渠道建设、市场开发、经销商管理等企业概念虽耳熟，实则不熟，但对战略布局、绩效管理、团队建设等高校也同样面临的问题并不陌生，甚至颇有心得。毕竟，高校也要讲求办学效益。特别是来到目前任职的以"建设特色鲜明的高水平应用技术大学"作为办学目标的高校后，我在进一步推动学校高本贯通、职普融通、产教融合、科教融汇等与渠道的建设、管理密切相关的工作方面，有了更深刻的认识与理解。因此，我深感道可道，非常道，但又必须道。

作为康震的发小和同学，我既为他作为企业高管"三十年磨一剑"，术业得以升华并著成此专著而感到高兴，也为他虽已至天命之年，却仍如"老骥伏枥"般充满奋斗激情而感到振奋。"在你立足之地深挖下去，就会有泉水涌出！"这句话启示我们：专业的人，干专业的事，写专业的书。最后，希望这本书中的丰富案例和实战经验，在给企业管理者、市场营销人员提供职业指导和参考价值的同时，也能够给高校市场营销、国际经济与贸易等相关专业的广大学子带来一些学习启发和就业方向上的指引。

是为序。

刘志强

黑龙江工程学院校长

2025 年 3 月

渠道实战之思

2021年，我有幸与康震博士相识，后来因在上海哈尔滨商会共同创立"深度共读社"而建立了深厚的友谊。我深切地感受到了他对书籍的热爱与深邃见解，不仅局限于书本知识，更体现为对职业、人生及社会的深刻洞察。他的每一次分享，都能带给我新的启示与思考。

正所谓"不积跬步，无以至千里"，康震博士凭借他对管理科学的钻研、广博的学识以及独到的见解，融入他在世界500强企业近三十年的任职经验，为我们呈现了一个真实而专业的渠道管理世界。不同于传统的管理图书，康震博士所著的这本书不仅仅停留在理论层面，而是紧密融合了他的实践经历与所在企业的实际案例，使得每一个观点、每一项策略都显得生动而具体。

作为一位长期投身于管理领域的实战者，我深感《渠道管理的第二本书》的价值所在。它不仅是对渠道管理领域的深度剖析，也是对实战经验的总结与提炼，为那些渴望在渠道管理道路上走得更远、更稳的企业管理者和市场营销人员提供了极为宝贵的启示与指导。

这本书提到的"渠道管理四阶段"是康震博士提出的原创模型。值得注意的是，该模型不是一个简单的框架或工具，而是帮助企业在渠道发展的不同阶段找到失速点以及及时补救的实战策略，它蕴含着一种深刻的思维方式，更称得上是康震博士在渠道管理领域履职多年的实战"心法"！

在这个数字化时代，新电商全渠道模式成为企业不可忽视的重要趋势。这本书也对此进行了探讨，提出了一体化的全渠道管理体系策略，这对于那些希望紧跟互联网发展趋势，推动传统渠道向数字化、智能化转型的企业来说，无疑具有重要的指导意义。

总之，这是一本值得每一位企业管理者及市场营销人员深入研读的实战指南，它提供了丰富的理论知识与实战经验，更重要的是，它能够激发企业管理者对渠道管理领域的深入思考与不懈探索。它告诉管理者，渠道管理不是一个孤立的领域，需要从全面且系统的视角深入剖析，甚至要从更高的维度来整合组织的整体价值观与战略目标。希望每一位读者都能从这本书中获得启示与灵感，在渠道管理的道路上不断创新、不断成长！

乔佰文

上海哈尔滨商会执行会长

江苏徕兹测控科技有限公司董事长

2025 年 4 月

在现代企业发展中，渠道管理扮演着举足轻重的角色，被众多企业视为市场竞争的制胜法宝。的确，成功的渠道管理能够给企业带来诸如提升销售业绩、降低运营成本、增强市场竞争力、提高客户满意度等效能，进而推动渠道生态实现共赢。然而，要实现这样的管理成效，并非一朝一夕之功，而是需要深厚的知识底蕴与实践经验的双重支撑。

因此，在我看来，干任何一行，第一是掌握系统的知识理论，第二是结合理论充分实践。知名产品经理导师琳达·哥乔斯（Linda Gorchels）所著的《渠道管理的第一本书》，系统讲解了渠道重构的七个步骤，并提供了实用的模板和工作表单，阅读后从业者能立刻掌握渠道管理的精髓，我认为该书是渠道从业人员入门必读的第一本书。而要把渠道工作干好、干出价值，帮助企业长远发展，还需要干中学、学中干，结合中国企业和中国渠道经理的实践经验。因此，我将自己在外企中国公司做销售和渠道工作三十多年的实践经验和认知，凝结为《渠道管理的第二本书》，因为我觉得本书是渠道从业人员需要阅读的第二本书。

本书基于大量真实案例与实战经验得出两点结论。一是渠道管理从渠道布局阶段发展到渠道赋能阶段，每一阶段跃升都会遇到失速点[⊖]，导致企业增长速度变缓，甚至业绩出现下滑。企业要想在失速点实现成功跃迁，则必须做出改变，例如通过组织变革、内部制度调整等来突破现有发展阻力，获得新生。

二是任何企业的渠道管理都必须历经渠道布局、渠道梳理、渠道赋能与健康检查这四大关键阶段，并且这四阶段中包含十大核心要素，基于此渠道管理四阶段全景模型应运而生（见图 0-1 和图 0-2）。同时，为确保渠道效能得以最大限度地发挥，建议企业基于"三权分立"理念，设立市场部、销售部和渠道部三大部门，通过三足鼎立的组织架构，保证企业稳健发展。

渠道管理四阶段全景模型，不仅是对传统渠道管理理论的一次全面梳理，更是对实战经验的深度提炼与升华。深刻理解并把握这一模型，能够指导我们如何将渠道战略完美融入企业战略，如何利用数据资源来分析销售业绩、渠道商行为、终端用户或消费者习惯，如何精准找到企业每个阶段的发展重心，等等。最为重要的是，渠道管理四阶段全景模型解决了事关企业生存发展的两个问题——效率和差异化。也就是说，将该模型运用到企业发展实践中，能有效提升企业管理、生产及沟通等各方面的效率，减少资源浪费、提升利润空间、增加客户满意度，真正从整体上实现企业的高效运营，推动企业产品、渠道、定价、定位等各方面的差异化发展，夯实企业在行业中的特色优势、领先优势，助力企业长远发展。

⊖ 失速点，指企业在发展到一定程度后（一般是在进入成长期或成熟期后），就会遇到天花板或阻力点，导致增长速度变缓，甚至业绩出现下滑。企业只有做出改变才能止住下滑趋势，并往上跃升。

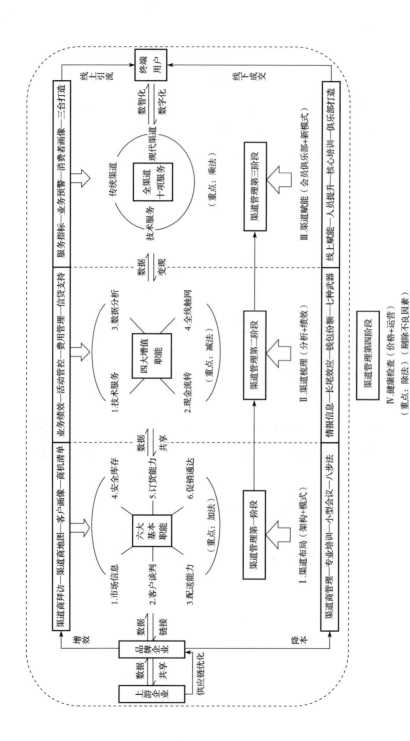

图 0-1　渠道管理四阶段全景模型

1. 模式安装（A）
2. 架构设计（S） $\Big\}$ 0～1渠道布局
3. 管理分析（M）
4. 人员绩效（P_1） $\Big\}$ 1～n渠道梳理
5. 会员俱乐都（Mc）
6. 新电商全渠道（Nc） $\Big\}$ n～N渠道赋能
7. 运营管理（O）
8. 价格管理（P_2） $\Big\}$ 0～N健康检查
9. 复杂变量（X）
10. 0～N渠道成长历程三阶段 $\Big\}$ 贯穿四阶段

图 0-2　渠道管理四阶段包含的十大核心要素

渠道管理四阶段全景模型作为我多年实践的智慧结晶，已在多个项目中得以成功应用，这充分验证了其强大的生命力与实操价值。源于实践，又能精准指导实践，这是本书最鲜明的特色。它巧妙地将理论与实践紧密结合，使读者能够深刻领悟渠道管理的精髓，并为实战提供正向指引，助力企业优化渠道布局、提升渠道效能，从而在激烈的市场竞争中崭露头角。

全书逻辑清晰，严格遵循渠道管理的规律，内容包括引言和七个章节。

引言率先抛出关于渠道的十大核心问题，旨在激发读者深入思考渠道管理的本质与逻辑。问题涵盖了"企业与渠道商的博弈之道""'去中间化'背后的真相""线上电商冲击的应对策略""渠道合作伙伴的优选与赋能""渠道商的未来展望""渠道冲突的有效管理"及"建立专业渠道管理团队的必要性"等，这些问题的详尽解答贯穿于全书。

第一章主要介绍渠道管理的基础知识。内容涉及渠道管理的概念、分类与基本模式等，并绘制渠道成长曲线，为渠道管理提供坚实支撑。

第二至五章围绕渠道管理四大阶段，即渠道布局、渠道梳理、渠道赋能及健康检查逐一剖析，这部分详细讲述了渠道合作伙伴开发策略、客户需求洞察、渠道模式安装与架构设计、五度管理分析法、渠道赋能会员俱乐部的打造、新电商全渠道模式的探索以及健康检查的必要性，并结合了运营管理与价值管理的实践指导等，是本书的理论框架和精华。

第六章主要对引发渠道冲突的缘由进行深入剖析，提出了构建有效治理机制的策略以及实施多元化的经销商激励方案，为渠道管理者提供了一套切实可行的操作指南。

第七章聚焦渠道战略制定，强调渠道战略应与企业战略深度融合，只有这样才能确保渠道生态充满活力、健康运行，进而为企业基业长青保驾护航。

《渠道管理的第二本书》是一部兼具理论深度与实践广度的作品，希望它能够为广大读者带来全新启示与强大助力。书中难免存在错误和疏漏，欢迎各位读者批评与指正。

康震　博士

2024 年 11 月

CONTENTS
目　录

INTRODUCTION

引　言

渠道"十问"

为什么一家拥有优秀团队、出色服务能力的经销商，等了我们三年才达成合作？

2024 年 8 月，我拜访了一家经销商，在与负责人交谈中，我发现这家经销商与我们公司现有产品发展规划很匹配。而且，该经销商在当地已有五年市场推广经验，年销售额从几十万元发展到如今的 7 000 万元。无论是从经销商与我们公司的契合度来看，还是从这家经销商的发展实力来看，它都应该是很好的合作伙伴。

然而，戏剧性的是，这家经销商与我们建立联系足足等了三年。该经销商因认可我们公司的品牌和产品品质，曾先后联系了公司的两位区域产品销售负责人，但得到的回复却是"等消息"。

在等待的三年里，该经销商坚持代理优质产品，扩大市场占有率，并取得了优异成绩。而我们公司在这期间收到的消息却是，区域市场开发困难，没有找到合适的经销商。直到 2024 年，在一次畜牧会议中，该经销商才与我们公司真正建立起联系，实现合作。

显然，严重的信息偏差会导致合作失败，这对双方而言都是损失。再者，公司的渠道策略再完善、品牌影响力再强，都需要有合格的渠道人员去建立渠道商与企业的联系。

实际上，这仅是渠道管理中出现的一个再普通不过的案例。在实战中，关于渠道的问题层出不穷，尤其是伴随着互联网信息技术的普及，电子商务得到迅猛发展，各种平台不断涌现。在这样的大环境下，人们似乎找到了实现产品交换的另一种捷径，即砍掉多余的中间渠道层级，干掉赚取差价的中间商。一时之间，"厂家直销""源头工厂""直销平台"等成为人们耳熟能详的热词。为应对激烈的市场竞争，企业界掀起"去中间化""渠道扁平化"等浪潮，甚至有的企业跟风操作，忍痛砍掉已经建好的渠道系统。

乍一看，企业减少了流通成本，消费者花了更少的钱，似乎皆大欢喜。然而事实真是如此吗？站在企业角度看，有些企业去掉渠道后，成本并没降低，反而以肉眼可见的速度上涨；有些企业糊里糊涂砍掉部分渠道，反而引发了产品流通环节的混乱；还有些企业忙于应付终端消费者，手忙脚乱，打乱了原有的科学发展规划。站在消费者角度看，很多消费者并没有得到高性价比的产品或服务，甚至因产品或服务的质量问题，使消费行为失去了本来的意义。

也正是如此，让我们身处其中的人不得不去思考渠道管理的真正内涵与逻辑。在此，我结合自己三十多年的渠道管理经验，整理总结出关于渠道的十大问题，来和大家探讨。

一问：究竟是企业"异化"了渠道，还是渠道"反噬"了企业？

某空调企业通过自建渠道分销体系，终于有了叫板渠道分销商的实力，将市场掌握在了自己手中；某知名家具品牌商取消经销商独家代理模式，推行各家经销商同步开拓业务模式，导致经销商生存压力剧增；某大牌日化企业因定价问题与传统商超割裂，导致各大卖场出现商品下架事件，从而遭到各商超的抵制；某电商平台凭借其掌握的大量终端消费者，过量抽取入驻商家的利润，导致大量入驻商家纷纷倒闭……关于企业和渠道商"斗法"的事件层出不穷。

到底是企业在盲目追求市场扩张和利润增长的过程中，过度沉迷于对特定渠道的依赖，进而"异化"了渠道的本质与功能，还是渠道在时间的累积和市场的推动下，逐渐积聚起不容忽视的力量，最终反向拿捏并"吞噬"了企业？

关于这一问题，我想，未来很长一段时间企业和渠道商都需要思考。我认为，这背后的真正逻辑是企业和渠道商在博弈。但我们需要明白的是，企业和渠道商需要在博弈中找到一个平衡点，比如，企业在确保不同渠道商的合理利益的同时，尽量带动渠道商为流通渠道注入持久活力；渠道商在赚取利润的同时，也积极传递品牌价值、提升服务能力，形成品牌效应，以反哺自身；抑或双方敞开心扉，构建信任机制，筑牢合作根基，实现和谐共生。

总之，企业和渠道商应是良好的合作伙伴关系，共同创造出循环更新的渠道生态，这才能让双方走向更远的未来。

二问："去中间化"以后就是美好世界吗？

经过从南到北地走访市场，我发现一个严重问题：很多经销商都面临着销量下滑的困境，于是很多企业开始断臂求生，实行"去中间化"的直销模式。而当直销模式一旦实施，加上某些厂家单一的线上销售渠道，一些便宜产品或服务必将大行其道。随之而来的是，小经销商将被卷入恶性竞争，生死维坚，和大企业比，它们没有大企业的雄厚实力；和一些小的厂商比，它们的产品或服务又不占价格优势。如此之下，中小经销商必将失去客户、失去市场，从而折戟在这场经销大战中。我可以很明确地告诉大家，终端消费者既要低价、又要品质、还要服务的愿望难以实现；企业既要零库存，又要流通效率高的愿望也难以实现。

所谓砍掉渠道商，即"去中间化"，就是去价值化、去成本化。在这样的渠道模式下，企业的成本费用被降到最低，利润空间被进一步释放。同时，因直面终端消费者，企业能积累更多有价值的用户数据，并让其去反哺产品设计，从而更精准地满足终端消费者的需求，赚更多的口碑，赢更多的利润。

再让我们设想一个极致情境——渠道系统被彻底重构为一个无缝衔接的生态，其中所有传统意义上的中间环节，包括商场、商厦等实体销售场所，均被剥离出局。这一变革不仅意味着"去物流"带来的即时交付愿景，也涵盖了"去仓储"以降低成本的理想，以及"去营销"所追求的纯粹交易环境，实现了从厂家到消费者的直接对话与交易，消费者仿佛置身于一个高度"去中间化"的乌托邦式购买环境。这样看似对企业和消费者都有利的交易模式，伴随而来的却可能是城市规划重构、社会就业转型、行业版图重塑、人际交往模式变迁以及价值享受重新定义等多重深刻的社会经济挑战。

乍一看,"去中间化"再完美不过,但随着时间的推移,很多问题被暴露出来。比如,企业的营收成本、物流成本、服务成本等大幅增加,让企业手忙脚乱,疲于应付,所以"去中间化"并不是说产品以"裸价"销售,其价格也并不就比经销模式下的产品价格低。对消费者来说,"去中间化"并未为其带来真正的快乐。人是群居动物,融入社会才能获得身心的健康发展,也才有社会文明的进步。

所以,我认为"去中间化"是一个伪命题。哪怕如今将"去中间化"喊得再响亮的电商平台,也没真正做到没有中间渠道,即电商平台本身就是一种渠道。因而,我们要抽丝剥茧,去看穿"去中间化"思潮下掩盖的真相。

三问:如何应对线上电商平台给线下传统渠道商带来的冲击?

随着人工智能、云计算、区块链等数字技术的应用,人类社会进入数智时代。在此背景下,线上平台兴起,给线下传统渠道商带来了巨大冲击。例如,线上平台通过减少中间环节使得产品价格更加透明,网上购物的便捷性改变了消费者的购物方式和消费习惯,导致线下终端渠道客流量减少;线上平台运营减少了租金、人工等成本,从而降低了产品或服务的价格,挤压了线下传统渠道商的生存空间等。据《2023 年双十一全网销售数据解读报告》显示,2023 年"双十一"购物节全网销售总额为 11 386 亿元,同比增长 2.08%,其中综合电商(如天猫、京东、拼多多)销售额达 9 235 亿元,直播电商(如抖音、快手、点淘)销售额达 2 151 亿元。⊖线上平台的发展势头显而易见。

再看我们身边正实实在在发生的事情:受电商和社区团购等线上平

⊖ 资料来源:星图数据,2023 年双十一全网销售数据解读报告。

台的影响，很多大型商场和超市纷纷宣布"阵亡"，典型如上海的老牌商场——梅龙镇广场。它于1986年建立，在很长一段时间里，既是上海人心中的购物休闲之地，又是走在时尚前沿的高端品牌聚合地。然而，就是这样一座承载着老一辈上海人记忆的商场，于2024年8月1日宣布歇业，在时代的浪潮中黯然退场。此外，沃尔玛、大润发、永辉、物美、盒马鲜生等知名品牌也有众多门店宣布关闭。

线下餐饮同样面临寒冬，仅2024年上半年国内餐饮门店倒闭数量就超百万家，许多知名连锁餐厅也关闭了不少分店。

再看书店，据《2023年图书零售市场年度报告》显示，从图书销售渠道来看，2023年短视频渠道成为仅次于电商平台的第二大图书销售渠道，2023年短视频电商依然呈现高速增长态势，同比增长70.1%，成为带动整体零售市场增长的主要动力，而实体店渠道依然呈现负增长，同比下降18.24%。毋庸置疑，线下传统渠道商面临严峻的挑战。但不可忽视的是，线上电商渠道也有一定的局限性，最典型的便是购买前的满心期待与实物到手后的无比失望之间，往往横亘着一条难以逾越的"落差鸿沟"。

我很早便在农牧板块试点线上网络营销，但直到现在，我依然认为，线上平台不是真正卖好货的地方，而是引流和对客户进行品牌教育的地方；线下实体店才是真正连接好的服务，实现产品价值延伸，给客户打造好的消费场景的最佳地方。一家企业要想长久发展，要把线上渠道和线下渠道结合起来，实现两者的一体化营销，即真正的品牌应当探索新电商全渠道模式，这才是企业未来之路。

四问：如何选择渠道合作伙伴？

选择合适的渠道合作伙伴，无疑是渠道成功的核心基石。遗憾的是，众多企业在这一关键环节往往缺乏清晰、系统的标准体系，从而在合作途中遭遇重重挑战。例如，部分经销商同时涉足竞品销售，分散了资源与精力；对小品牌或新产品的推广缺乏热情，导致市场渗透力不足；企业对渠道的整体控制力逐渐削弱，难以确保市场策略的有效执行。

所以，渠道合作伙伴的选择是渠道管理中的一个重要命题。对企业而言，选择合适的渠道合作伙伴带来的效能将是巨大的。渠道合作伙伴能够传递公司价值，不仅是企业现金流的补给站，还是满足终端客户产品或服务的关键一环，在帮助企业分担财务风险的同时，也将企业的产品或服务送到终端客户手中，实现物品的等价交换。此外，渠道合作伙伴是企业渠道模式创新的试验田。企业只需提出创新的渠道模式，渠道合作伙伴则会将其落地，通过不断纠正，形成典范，最后普遍推广。

可见，选对渠道合作伙伴对企业来说非常重要。尤其是在当下渠道合作伙伴能力不一、忠诚度不一等现象普遍存在的情况下，渠道管理者更要好好思考这一问题。毕竟，选对渠道合作伙伴，可能给企业带来源源不断的效益，而选择了不合适的渠道合作伙伴，则可能让企业"一着不慎，满盘皆输"。

五问：如何维护好企业与渠道商之间的关系？

2004 年，某家电连锁企业作为强势渠道，在未与厂家事先沟通的情况下，擅自对所售产品进行大幅降价。这一行为导致双方信任度急剧下降，问题的背后反映出渠道商对厂家不尊重、沟通机制严重滞后、对终端掌控权的争夺等深层次原因。

实际上，从更广泛的渠道生态来看，企业与渠道商因终端控制权争夺、渠道驱动力失衡以及信任基石动摇等所产生的矛盾屡见不鲜。如果企业过于强势，渠道商则被边缘化，其市场信心遭受重创；如果渠道商的数据共享意愿低，企业则难以获取真实数据，无法准确绘制客户画像，进而限制企业的市场覆盖范围。

从表面上看，企业与渠道商之间是相互对立的关系，但实际上二者相辅相成。一方面，没有渠道商，企业永远做不大。其一，未来的竞争将是物流成本的竞争。渠道商是企业最好的物流配送商、最好的二级中转站及最好的临时配送仓，它们能帮助企业完成物流服务的最后一公里，从而为企业省下大笔的运营、采购、人员等成本。其二，未来的竞争是终端客户的竞争。一家企业离终端客户越远，就越难获得关于终端客户对产品或服务的反馈，而这时候就需要渠道商积极为企业提供一线的市场信息，帮助企业及时更新产品或服务。其三，未来的竞争就是自由现金流的竞争。渠道商垫付资金，采购产品或服务，能大大降低企业的库存压力，为企业现金流做出巨大贡献。

另一方面，没有企业，渠道商也难以长久存在。企业是渠道商成长路上强有力的后盾，不仅为渠道商提供人力、物力、财力等各方面的支持，还在与渠道商的高效对接、互动中，给予渠道商产品价格优势。这既能帮助渠道商迅速在市场中站稳脚跟，还为能其发展节省大量时间、资金等，从而快速做大市场，实现效益增长。

所以，从本质上讲，企业与渠道商共同为终端客户提供产品或服务，它们是休戚相关的命运共同体。

时至今日，企业与渠道商的关系，依然是当下渠道管理者必须面对的现实挑战。如何让两者协同发展，还有待我们更深入地去思考。

六问：渠道商怎么变成了竞争对手？

在商界有一种常见现象：企业的渠道商"造反逼宫"成功，成为企业的竞争对手。比如，2024年5月，保时捷部分经销商发起抗议和抵制，停止进货，要求保时捷总部就销售新车的亏损给予赔偿，并反对压库存。双方经过拉锯，最终以保时捷"服软"结束：保时捷总部派人与经销商召开会议，充分沟通，并答应帮助经销商优化库存和现金流。

又如，在我国农业领域存在一个个现实问题，即农产品"卖难买贵"问题突出。由于我国农产品生产者的渠道体系建设能力弱，大多数农产品以原始形态直接进入流通环节，导致我国农产品的利益分配大部分掌握在中间的渠道商手中，由此形成"农民卖得难、市民买得贵"的供需矛盾。

再如，一家企业的区域代理商获得了产品的独家或优先代理权，同时还涉足多个品牌或多条产品线，从而有了与企业"打擂台"的能力，甚至通过带走企业的客户资源，另起炉灶，创建了自己的公司，成为企业的竞争对手。而原企业却因客户流失、产品滞销，最终成为一家"空壳"公司。

从一定程度上讲，上述案例中，渠道商最终都变成了企业的竞争对手。而之所以出现这种现象，归根结底，就是渠道商在渠道方面掌握了话语权，建立了自己的竞争壁垒。

也因此，在现实世界中，渠道商"一手拖两家""反客为主""倒逼厂家"的案例比比皆是。作为渠道管理者，我们要去思考渠道商反客为主、掌握话语权背后的深层逻辑，从而寻找到适合自己的渠道商。

在与渠道商合作中，我们不妨多加重视它们的能量，以更加真诚的态度促进双方共同成长，打造出互惠互利的渠道合作生态，这或许会给我们带来不一样的答案。

七问：渠道的多层级是否还有存在的必要？

在企业的成长轨迹中，多层级渠道在一定时期确实发挥了重要作用，帮助企业扩张市场版图、提升品牌影响力以及分散市场风险。然而，其弊端也不可忽视，对于企业来说，渠道层级过多，管理难度、复杂度增加，不管是在信息传递上，还是在产品流通上，都存在滞后性。由此，企业的成本和损耗必定增加。与此同时，企业还难以对客户需求及其变化做出准确判断。

对渠道商来说，存在过多的渠道层级也不是一件好事。繁多的渠道层级，不仅缩小了各渠道商的利润空间，还让彼此之间的竞争更为激烈。而在蛋糕大小固定的情况下，一些渠道商为赢得更多客户、赚取更多利润，便开启了价格战。由此，恶劣竞争会带来市场混乱，甚至导致渠道体系崩溃。

正是基于上述情况，在当今时代，尤其是电商平台成为购物主流通道后，很多企业开始断尾求生，放弃传统渠道模式，转而追求"去中间化"的直销模式。

然而，事实证明，这样的做法并不明智，很多企业也并未取得理想的效果。这个世界唯一不变的就是变化，渠道层级的设置并不是一成不变的，它要随着时代、技术、市场及企业发展等各方面的变化而变化。举例来说，在企业成长期，由于企业品牌知名度低、产品还未获得市场认可等，企业一般会选择尽可能地扩大渠道布局，以尽快扩大品牌声誉，销售更多产品；当企业到了成熟期后，企业的品牌、产品等均已被市场熟知，此时我们要做的就是优化渠道布局，减掉不必要的繁复渠道环节；当企业到达成熟巅峰期、快要步入衰退期时，我们则要再次对渠道做出调整，删减陈旧渠道，更新渠道模式等。

所以，渠道的多层级存在与否，企业因面临的情况不同而选择各异，还需要企业管理者从企业自身客观实际出发，在渠道实战中去寻找答案。但需记住的一点是，优化渠道运营效率、适应内外环境变化、精准定位客户需求、增加客户服务层次，才是渠道管理的重心，也是保证实现企业与渠道商共生共荣的基石。

八问：渠道商未来何去何从？

当今世界正处于百年未有之大变局，渠道领域也是如此：全球供应链持续动荡，市场竞争越发激烈，技术革新日新月异，消费者需求多元化，等等。在这复杂多变的市场环境下，很多渠道商的生存压力增加，出现库存高、利润下滑、资金链紧张等严峻状况。但是，还有一些渠道商注重内外兼修。对内，不断提升自己的学习能力，拓宽自己的眼界，同时注意分好蛋糕，强化团队成员的凝聚力。对外，面对市场销售困境，毅然谋划转型，坚持从长远利益出发，不做短线产品，而是打造持久品牌；不做眼前客户，专注做好服务、提供高品质产品，着眼未来客户。

所以，如今的时代，对渠道商来说，既是最坏的时代，也是最好的时代，虽面临前所未有的挑战，但也有着探索新出路的契机。是从传统贸易商转型为服务商，还是精兵简政，通过培养一专多能的人才实现小团队作战？抑或顺应数智化发展潮流，推动数字化转型？关于未来的抉择，渠道商避无可避，必须给出适合自己的答案。

当然，渠道管理者还应注意，不能忽视渠道建设后的维护工作，要加强与渠道商的情感交流与沟通，合理支持渠道商发展，如人员培训支持、技术支持、帮助渠道商做定期评估等，增强渠道商的信心，强化彼此的黏性，建立起长期合作的信任基础。

九问：如何处理经销商之间的矛盾？

某跨国企业的一名高管，在走访市场时，其下属区域的一名老经销商向他抱怨："我所在区域的产品销量很好，因此其他区域的经销商总是来抢占市场，他们以低价窜货[⊖]。"这名高管听了经销商的抱怨，沉吟半晌，竟回答说："反正都是售卖我们企业的产品，这应该无所谓吧。"老经销商听完，顿时无言以对。

很显然，这名高管并不懂渠道管理，也未意识到问题的严重性。经销商之间常常因追逐利益而产生区域矛盾，其中最典型的表现就是窜货。在利益驱动下，有的经销商不顾市场秩序，将自己所经销的产品拿到其他区域降价销售，不仅造成市场倾轧、价格混乱，还严重影响了生产商的品牌形象，导致其他经销商、消费者等对生产商的信任度大大下降。除此之外，窜货还让企业对渠道的管理变得困难，容易引起渠道体系混乱。

现在，窜货事件时有发生且屡禁不止，成为众多企业难以根除的痼疾。这一痼疾不仅令企业管理者头疼，更让渠道管理者疲于应付。

为何经销商之间总是发生区域矛盾？归根结底，是渠道管理体系出了

　　⊖　窜货，又称倒货、冲货、跨区销售，是销售网络中与厂商签订合同的经销商、代理商或分公司，使产品不在合同所规定的区域内储存、流通或销售的行为。

问题。作为渠道管理者，需要注意以下五个方面的问题。

其一，企业需要根据自身实际，混用经销商模式、直销模式等多种渠道模式。

其二，价格混战是筛选优质渠道商的最佳标准，它能将综合能力强、研发能力强、服务能力强、品牌知名度高的渠道商留下来。

其三，经销商不可能一家独大，应与其他经销商同心同德、同甘共苦，共同经营好自己经销的产品。

其四，经销商应对经销品牌保持应有的忠诚度。比如我们公司在伊犁的经销商马老板，只销售我们公司的产品，历经十五年，产品销量从最初的每月几吨到现在的每月近百吨。在此区域的其他厂家经销商已换了一茬又一茬，但我们公司依然坚持和马老板合作，哪怕中途有很多实力比马老板强的经销商想要取代马老板，我们公司都没同意。我们相信马老板，将这一区域市场交给他很放心。

其五，未来的市场竞争将不再圈定销售区域，对经销商来说，你的客户在哪里，你的销售区域就在哪里；你的客户用什么样的产品，你就可以经销什么样的产品。所以，只要你销售的产品品质好、定价在合理范围内，你就可以紧抓客户，不断提升自己的销量。换句话说，经销商之间的竞争应是公平、公正的，扰乱秩序者迟早会被淘汰。综上所述，我们倡导经销商公平竞争，专注自身能力提升。

对于渠道管理者来说，仍要想办法解决窜货难题。比如，应用防窜货系统、加强对经销商的监管、支持窜货维权等，但想要彻底根除窜货痼疾，仍是道阻且长，需要渠道管理者精准把脉、对症下药、开出良方。

十问：为何要建立专业的渠道管理团队？

如今，说到渠道管理团队建设，大多数人都认同其在企业发展中的重要价值。然而，真正落到实处，让企业建立专业的渠道管理队伍时，很多企业又出现了懈怠的情况。为何？不外乎涉及"利益"二字。

一方面，对企业来说，企业是以盈利为目的的法人组织，而打造专业的渠道团队，需要企业投入大量的人力、物力和财力。这种投入不是一朝一夕的，而是一个持久的、不间断的过程。人才的培养需要时间，所以从短期来看，渠道人员很难给企业创造收益。

另一方面，就渠道管理部的设置来说，很多企业对其并没有一个清晰的定位。比如，有的企业将渠道管理部设在销售部或市场营销部之下，将其作为销售部或市场营销部的附属部门；有的企业虽然单独设置了渠道管理部，但形同虚设、名存实亡；甚至有的企业根本没有专门的渠道管理部，把渠道管理人员与销售人员、市场营销人员混在一起。深究原因，不管是销售部还是市场营销部，都是通过销售企业的产品或服务而产生直接经济效益的部门，而渠道管理部负责营销渠道建设事宜，从表面上看，对销售部或市场营销部仅有协助作用，并不带来经济效益。如此之下，还不如将建设专业渠道管理的资源投给销售部或市场营销部。

事实如何呢？渠道管理的目的就是协助渠道合作伙伴实现资金回笼，促使渠道合作伙伴继续与企业合作，下更多订单，即不断增加渠道合作伙伴对企业产品或服务的复购率。因此，从这一角度来说，渠道管理不仅能为企业创造经济效益，还能强化企业的品牌力。在这种双重效应影响下，企业收获的经济效益、社会效益可能还会呈倍数增加。

渠道"十问"囊括了我在渠道管理实战中遇到的基本问题，也是企业在渠道建设中面临的实际挑战。我希望通过这"十问"，抛砖引玉，引发大家对渠道的探讨与研究，从而帮助企业建立契合自身实际的渠道模型，制胜市场，强化品牌价值，穿越历史周期，踏上基业长青之路。

CHAPTER 1

第一章

渠道管理概述

渠道作为商业生态中的重要组成部分，犹如人体的神经末梢，将生产者和终端消费者连接起来，为企业制胜市场输送必要的养分。渠道管理，则是确保这一生命线畅通无阻、发挥最大效能的关键所在。对企业而言，不管是市场拓展、品牌知名度提升，还是销售额增长、风险分散，都与渠道管理息息相关。

本章基于我的渠道管理实战，将重点介绍什么是渠道、传统渠道的基本模式、以快速消费品为代表的渠道分类、渠道成长曲线，并分析我国传统渠道为何呈现多元形态、设置渠道管理部。以此帮助读者对渠道管理有一个基本认识，为后面理解渠道管理四阶段模型打下基础。

第一节　渠道是连接生产端与消费端的桥梁

在企业管理实践中，很多企业管理者对渠道的认识有着自己的看法。有人认为，渠道是一种将产品或服务从生产者手中转移到消费者手中的路径；有人认为，渠道是通过各个代理环节将产品或服务实现所有权转移的途径；也有人认为，渠道是一种企业间为实现某种交易目的而形成的松散联盟。

在我看来，渠道作为 4P 营销理论[⊖]的重要元素，本身是社会分工的一环，是商业服务的延续。渠道存在的目的在于提高品牌价值，创造美好的用户体验，而非追求经营利润。企业要想在渠道方面取得成功，就要站在消费者的角度，以消费者的最大利益为考量。所以，归根结底，渠道是连接生产端和消费端的桥梁，将商流、信息流、物流、资金流、人流串联起来（见图 1-1），保证产品或服务安全、高效、高质地转移到消费者手中。当产品或服务完成转移后，消费者的需求被满足，厂商则得到诸如品牌价值提升、知名度扩大等回报。

⊖ 即从产品（product）、价格（price）、渠道（place）、促销（promotion）四个维度进行市场营销研究。

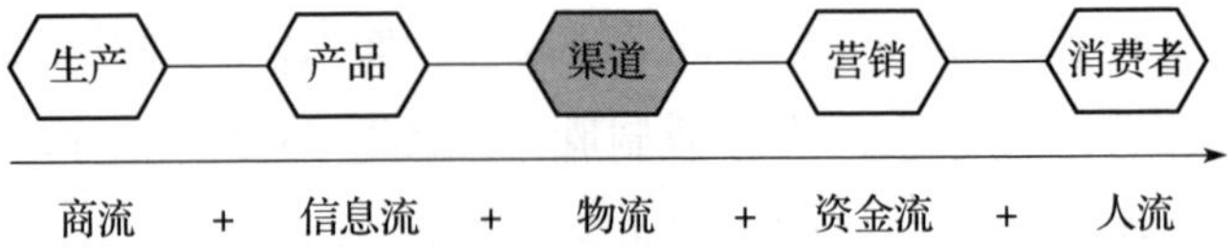

图 1-1　渠道五流模型

回归商业本质，渠道存在的意义在于两个方面。其一，基于价值定位，通过渠道建设，提高企业的品牌价值，在给消费者创造美好的用户体验的同时，也让渠道商可以获得相应的利益。所以，渠道管理者要有长远目光，将渠道建设看成对品牌的投资，是追求企业、渠道商及消费者多方共赢的重要举措。其二，基于价格定位，渠道仅是简单的产品或服务的流通通道。在此之下，生产端通过进行简单的产品售卖，获得基础的现金流，不会关心消费端的用户体验；消费端对渠道则是一种路径依赖，用以满足最基本的需求。如果生产端基于价格定位来运作渠道，其目的就仅是利用价格竞争的短暂优势抢占市场。

有没有既能提高品牌价值，又能让产品具有绝对竞争力，且让消费者获得良好体验的渠道定位呢？我可以明确地说，在市场上，没有绝对物美、价廉、质优的产品，一分钱一分货才是硬道理。试想下，企业作为以盈利为目的的经济组织，不仅需要负担人工、物料、场地租金等各种成本，还要承担运输、宣传等各环节中的投入，怎么可能实现以无穷小的成本获取最大的效益呢？所以，消费者只能从市场上买到值得的产品。企业在渠道建设中，要根据自身客观实际，确定有益长远发展的渠道定位。

第二节　渠道的三种基本模式

基于不同行业的渠道发展现状，我们可以将传统渠道模式分为三种。

第一种是生产商直销模式，即 B2b2C 的模式。B 指生产商或品牌方。

b 多指国内或国际的大客户，通常被称为全国性重点客户（national key account，NKA），这类客户的议价能力很强，产品采购量也很大，因而不需要中间的渠道商来对接，而是和生产商或品牌方直接合作，甚至在签订采购合同时，都是双方总部直接对接，采用集中谈判、分地供货、统一结算的模式。C 指 NKA 的下属客户或终端消费者。

生产商直销模式的渠道短，生产商或品牌方非常易于控制，因而对信息反应快，对客服务及时，价格稳定，促销也能较好地做到位，有利于生产商或品牌方的宣传。但其缺点也不容忽视，即受交通因素影响大，生产商或品牌方付出的管理成本很高，所以采用此类渠道模式的企业大多实力强劲。

第二种是经销商模式，即生产商或品牌方通过经销商将产品送到终端消费者手中的过程。经销商与生产商或品牌方签订合约，根据自身可以覆盖的省、市、县经销区域，以及自身采购、销售产品的实力大小，与当地重点客户（local key account，LKA）直接合作。在这种渠道模式下，经销商会为生产商或品牌方垫资并扮演分销商的角色，不仅负责产品销售，还负责仓储、配送、结款及售后服务等各环节的工作。与此同时，分销渠道的覆盖面很广，产品在市场中的渗透力很强。然而，由于渠道环节过多，生产商或品牌方难以对渠道实行有效管理，导致容易发生窜货和价格混乱等问题。

经销商模式是我国企业最常采用的渠道模式，因而我国经销商很多。小到一人、一车、一库，大到一家企业、一个车队、一个仓储基地，都可以是经销商。这也导致我国经销商的产品或服务销售额存在较大差异。比如，一家夫妻店，一年有几十万元的销售额；一家集团企业，一年则可能有几十亿元的销售额。当然，正是有那么多经销商的存在，才构建起无所不在的渠道网络，让产品或服务如同人体的血液，流通到我国的大江南北。

　　经销商作为渠道的重要组成部分，在保证商流、信息流、物流、资金流以及人流畅通方面功不可没（见图 1-2）。从这一角度而言，生产商或品牌方在渠道布局中，应关注经销商的合法权益，让其得到应有的利润。然而，随着电商经济的出现与发展，传统经销商受到严重冲击。如何"续命"，成为传统经销商不得不思考的问题。

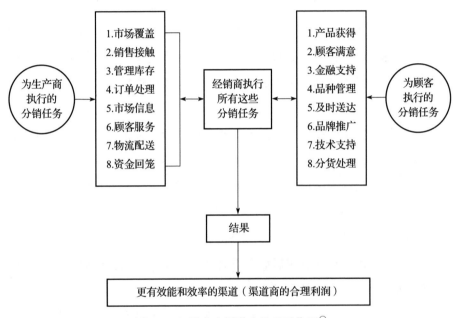

图 1-2　经销商在渠道中的重要作用⊖

　　第三种是分销商模式。 在这种渠道模式下，分销商不会与生产商或品牌方直接签约，而是居于经销商体系之下。所以从某种程度上讲，分销商模式是经销商模式的延伸，帮助经销商将产品或服务送到终端消费者手中。由于分销商与经销商之间存在合伙入股、客情⊖资源共享、相同的地

　　⊖　该图参考《营销渠道管理》(第三版)(作者庄贵军，北京大学出版社于 2018 年 9 月出版)一书绘制。
　　⊖　客情关系的简称，指产品、服务提供者与其客户之间的情感联系。

缘关系以及人员本土化等情况，双方有着共同的利益。所以，为实现双赢，分销商与经销商常常会紧密合作。

除上述介绍的三种基本模式外，传统渠道中还有几种在实践中没有得到广泛应用的模式，如代工渠道模式、代理商渠道模式、价值渠道模式、专营渠道模式及混合渠道模式等（见图1-3）。渠道模式的多样化，决定了

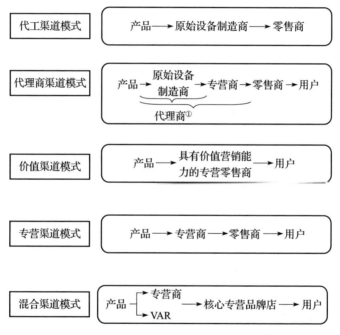

图 1-3　传统渠道中不常用的渠道模式[⊖]

注：①中两层括号均指代理商，意思是产品通过代理商，可以到专营商—零售商—用户，也可以直接到零售商—用户。

⊖ 在代工渠道模式下，原材料和组件产品生产商通常依靠分销商和制造商代表将其产品出售给原始设备制造商，以便原始设备制造商可以外包各种必要的功能业务。原始设备制造商将原材料和组件组装成产品或服务，将其出售给批发商和零售商。零售商最终将产品或服务提供给用户。增值经销商（value added retailer，VAR），指在现有产品中增加功能或服务，将其作为综合产品或完整的解决方案进行转售（通常是向最终用户）的单位或个人。

我国渠道形态的多元化，也让不同生产商或品牌方总能根据自身的实际情况，选择到适合自身发展需要的渠道。

第三节　了解渠道管理的基础知识

我曾在快速消费品、化工与农业三大领域工作。根据我三十多年在这三大领域的实践来看，快速消费品行业的渠道布局和渠道管理是最完善的。化工行业以 B2B 商业模式为主，产品生产正向着标准化、规模化方向转型，随着行业信息化平台搭建、交易模式变革及供应链管理优化等，产品研发和服务创新显得尤为重要。这注定化工行业是一个拥有较高技术壁垒的行业，因而化工行业的渠道发展较为缓慢、相对简单，有垄断特征。农业因存在一些不可忽视的痛点，如产品从农户到市场这一过程中，信息不对称的问题始终存在，农产品流通环节管理不善，农产品缺乏品牌等，从而导致农业渠道显得复杂而混乱。

基于不同行业渠道发展的现状，我将以发展最为完善的快速消费品行业的渠道划分为例，带领大家了解基础的渠道知识。

快速消费品行业的渠道划分

经过多年通路精耕，快速消费品行业形成了最完善的渠道布局（见表 1-1 ～表 1-3）。其中以宝洁、康师傅、可口可乐、百事可乐最为典型，不仅培养出大批通路营销精英，还形成了诸多细分渠道类型，这对其他企业进行渠道布局与渠道管理具有一定的启发意义和借鉴作用。

表 1-1 快速消费品的渠道层级

一级渠道（L1）	二级渠道（L2）	三级渠道（L3）

<table>
<thead>
<tr><th>一级渠道（L1）</th><th>二级渠道（L2）</th><th>三级渠道（L3）</th></tr>
</thead>
<tbody>
<tr><td rowspan="4">渠道层级
（L0）

现代渠道</td><td>现代线下渠道</td><td>● 卖场
● 大型超市
● 折扣店 / 会员店
● 社区集中店
● 核心商圈
● 24 小时便利店
● 小型超市
● 加油站
● 自动售货机</td></tr>
<tr><td>现代社群和线上渠道</td><td>● 电商平台
● O2O 渠道
● 社区团购
● 网群渠道
● 直播渠道</td></tr>
<tr><td>连锁即饮</td><td>● 连锁餐厅
● 中式快餐（连锁）
● 西式快餐（连锁）
● 酒店
● 交通点
● 影院 / 剧院
● 主题公园
● 高铁站
● KTV
● 24 小时餐厅</td></tr>
<tr><td>非连锁即饮</td><td>● 点菜餐厅
● 快餐（独立）/ 大排档
● 社区服务中心
● 学校
● 网咖 / 电竞场所
● 娱乐场所
● 机构 / 办公场所 / 工厂
● 运动场所
● 酒吧
● 深夜食堂
● 汽车 4S 店
● 洗浴休闲会所</td></tr>
<tr><td>传统售点</td><td>● 食杂店 / 士多店
● 售卖亭 / 售卖屋
● 临时水点</td></tr>
<tr><td>批发</td><td>● 传统批发
● 管制批发</td></tr>
</tbody>
</table>

表 1-2　快速消费品的渠道分类

渠道层级（L0）客户渠道	一级渠道（L1）		二级渠道（L2）		三级渠道（L3）		渠道定义
	客户分类	描述	行业代码	行业描述	客户形态编码	名称	
OT	11	现代大型	1101	卖场	11	量贩	提供购物车和购物篮；6 000平方米及以上；15个或15个以上的结算出口，一般是连锁集团
			1102	超市	12	连锁超市	连锁经营的自选式购物场所，80%以上经营食品饮料、日用品或高端日用消费品，规模在500平方米以上；配备购物车和购物篮
			1103	折扣/会员店	13	折扣/会员店	会员店：为商业或个人会员客户提供自助式/仓储式购物场所，商品以大包装、组合包装、整箱为主，提供国内外优质、优价商品和会员服务 折扣店：以大众化、更实用的商品进行集中经营的自选购物场所，商品以居民日常消费的食品为主，面积通常为200～500平方米，自选式配有购物篮；自有品牌商品占比大；有3个或3个以上的收银机
			1104	多种类型超市	15	小超市	自选服务形式，并提供购物篮；1 000平方米以下（或店铺面积为800～1 200平方米）；有食品、杂货、生鲜，过道可做产品陈列；坐落于社区、学校、居民区周边，营业时间≤16小时
					14	超市	提供购物车和购物篮；至少有8个或8个以上的收银机；有冷冻产品，价格标在产品或货架上，过道可做产品陈列
	12	现代小型	1200	便利店	21	连锁便利	自选购物形式，营业面积不超过500平方米；有冷冻设备，是连锁集团的成员店；营业时间≥16小时
			1201	特殊便利店	22	加油站连锁便利店	以加油站为主体开设的便利店，售卖饮料及各种方便食品

OT	12	现代:小型	1202	药妆店	23	连锁药妆店	以销售化妆品、药品为主，兼售食品、饮料的连锁店
			1203	批发	29	OT-MA批发	因特殊原因(账款、社会关系复杂等)，直营组织下配送直营OT客户的单批、批量客户，此部分单批，多数客户从企业直接进货
1C		自贩系统	1C03	自贩	C4	平台合作商	在公共区域内，由商家开设无人照看者提供服务，一定范围内固定或流动的消费者提供服务，主要为附近线上支付来获取产品
			1C04	新售点	C5	VM机台	直接投放
OP(餐饮)	13	餐饮	1301	中式/西式快餐(QSR)	31	全国中式连锁餐饮	全国签约，采用连锁经营管理模式，有两个以上的店面；有一个中心柜台提供特定的菜单选择，通常没有等候的服务生；先结账后就餐；提供中式快餐品，饮料等
					32	全国西式或西式连锁餐饮	全国签约，采用连锁经营管理模式，有两个以上的店面；有一个中心柜台提供特定的菜单选择，通常某子边没有等候的服务生；先结账后就餐；提供西式快餐品，如汉堡、饮料等
					33	区域中式或西式连锁餐饮	区域签约，采用连锁经营管理模式，有两个以上的店面；有一个中心柜台提供特定的菜单选择，通常某子边没有等候的服务生；先结账后就餐；提供中式或西式食物
			1306	点菜餐厅(高档、中档、大众)	34	点菜餐厅	连锁或独立经营，有服务生到桌上等候，顾客坐下来在店内消费的餐厅
					35	学校食堂	有现调机售卖饮料的学校食堂
					36	军警/政府机关/厂矿食堂	有现调机售卖饮料的军警/政府机关/厂矿食堂
					37	面包店	连锁或独立经营的自助西点面包店或蛋糕商店，兼营软饮料
			1304	街边餐饮	39	特色小吃/面馆	连锁或独立经营的有地方特色的小吃店或面馆店
			1305	批发	38	餐饮批发	餐饮渠道批发，负责现调或瓶装饮料的配送

（续）

渠道层级（L0）客户渠道	一级渠道（L1）客户分类	描述	二级渠道（L2）行业代码	行业描述	客户形态编码	三级渠道（L3）名称	渠道定义
OP（交通娱乐）	14	直特通	1401		41	全国连锁影院	提供观影服务的场所，内部有食品和饮料/现调售卖；是全国签约的连锁客户
			1401		42	区域/地方影院	提供观影服务的场所，内部有食品和饮料/现调售卖；是区域或地方签约的客户
			1409	娱乐/休闲	4A	主题公园	以提供卡拉OK/唱歌娱乐为主，同时售卖饮料、酒水；全国/地方直接交易合同
			1408		49	网吧/网咖	提供上网娱乐服务的场所，吧台一般售卖饮料和食品；全国/地方签订直接交易合同
			1410		4B	运动场所	进行体育运动或休闲娱乐健身的场所，如各类球馆、健身馆、游泳馆、体育馆等，一般场内外售卖饮料
			1407		48	歌厅、KTV、洗浴中心	特殊营业行业内的售卖饮料点
			1414		4F	面包房/咖啡店	连锁或独立经营的自助式面包或蛋糕商店，兼营软饮料；或进行特调的咖啡店、咖啡屋等
			1402		43	航空公司	为乘客和货物提供民用航空服务的企业，飞行途中贵宾休息室提供免费食品或饮料，一般是全国或地方签约
			1404	交通	45	机场/高铁站/地铁站/城铁站/长途汽车站/高速服务区	在机场/高铁/地铁/城铁站/长途汽车站/高速服务区内售卖饮料、食品、烟酒的售点；劳务公司/后勤管理集团（高服区代理商）签约；由某一管理集团/高服区代理商）签约，一般是全国或地方签约
			1406		47	星级酒店/度假村/旅馆/招待所	全国/地方直接交易合同，在酒店等建筑物或经营场所范围内，提供饮料卖或经营赠送服务

OP（交通娱乐）	14	直特通	1403	厂矿/机关/机关/厂矿	44	军警/监狱/政府机关/厂矿	在军警/政府机关/厂矿内部设立的售点，以烟酒、饮料、食品等日用品为主
			1412	厂矿/机构	4D	军警/监狱/政府机关/厂矿食堂	有现调机售卖饮料的军警/政府机关/厂矿食堂
			1405		46	教育机构售点	由后勤处/管理集团经营管理的校园超市等售点，与学校后勤处/后勤集团签约经营
			1413		4E	教育机构食堂	有现调机售卖饮料的教育机构食堂
			1414		4G	医院	提供医疗保健服务的专业机构，人流集中，单点产值高，医院内或周边50米内设置售点，无售点可投放自贩机
			1415		4H	配餐企业	专门为企事业单位/团体提供工作餐配送服务的企业、餐食搭配提供免费饮料等
			1411		4C	直特通批发	因特殊原因（账款、社会关系复杂等），直特通客户由企业直特通批发配送，此类批发客户从企业直接进货
					4V	VM运营商	
			1416		4I	专业自贩机运营商	
EC	15	EC	1501	电商零售店	51	电商零售店	消费者由电脑/移动网络方式购买，主要经营食品、饮料、日用百货、家电家居、数码电子、服装等的综合性网络购物平台
			1502	生鲜电商	52	生鲜电商	由电脑/移动网络方式购买，以生鲜为主，约占库存单位（SKU）50%，主要经营以包装蔬菜、水果、食品、粮油为主的电商通路
			1503	社区/校园电商	53	社区校园电商	由电脑/移动网络方式购买，下单订购商品包括食品饮料，送货上门至学校园或社区
			1504	O2O生活服务电商	54	O2O生活服务电商	通过电脑/移动网络方式上网购买，提供线下取货或送货的上门服务

表 1-3　快速消费品传统渠道的经销商分类

经销商渠道	经销商分类	描述	行业代码	行业描述	渠道代码	渠道描述
TT	1S	非直营一级	S301	食杂	SA	士多店
					SC	水吧
					MD	饮品店 / 咖啡店
			R101	餐饮	R6	中式快餐
					R7	西式快餐
					R8	中西正餐
					R9	外卖专营
					RA	火锅店 / 串串店 / 烧烤店 / 大排档
					RB	自营食堂
			E101	特通	EC	酒店 / 宾馆
					E1	电竞场所 / 网咖
					E3	酒吧 /KTV
					EK	棋牌室
					E4	影院 / 剧院
					E8	洗浴中心
					E9	台球室
					MB	面包房
					MC	其他特通
			M101	消费购物 / 水吧		
			Y101	运动场馆	YA	足球馆
					YB	篮球馆
					YC	羽毛球馆
					YD	健身房
					YE	其他运动场馆
			S101	MA	S1	量贩
					S8	超市
					S7	小超市
					S9	便利店
			J101	自贩	J1	VM
			T101	电商	T1	社区团购
					T2	B2C

积极渠道系统与非积极渠道系统

渠道类型众多且繁杂，为便于理解，这里我将介绍一种快速消费品行业非常重视的渠道划分方法，即按生产商对渠道的掌握程度，将其划分为积极渠道系统与非积极渠道系统（见图1-4）。

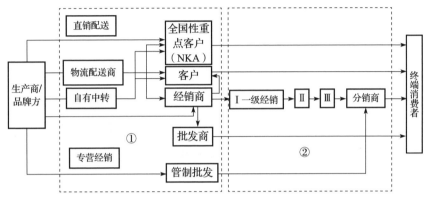

图1-4　积极渠道系统与非积极渠道系统

注：图中①指积极渠道；②指非积极渠道。

所谓积极渠道系统，顾名思义，就是生产商直接参与渠道系统管理，掌握产品经渠道商流通到消费者手中整个过程的买卖信息。换句话说，在这样的渠道生态系统下，生产商对渠道商的采购情况、库存情况和销售情况了如指掌。

基于对渠道商信息的细致掌握，生产商能够清楚了解企业产品的流向和具体消费对象，从而实现对消费者的画像，以便企业进行产品或服务的结构调整，从而更为精准地满足消费者需求。同时，根据渠道商的采购、库存和销售情况，生产商能够科学进行产品生产预测，从而优化产品布局，降低各环节的成本，促进财务报表优化，提升销售毛利率。此外，积极渠道系统的建立，对制定渠道战略、设定各阶段渠道价格、渠道区域布局、渠道人员布局等有积极的指导意义，为生产商强化产品市场覆盖、提升服务添砖加瓦。

　　显然，在积极渠道系统生态下，企业可以及时解决渠道发展中出现的问题，提高企业经营效率与产品竞争力，也因此每家企业都想搭建积极渠道系统。

　　与之相反，非积极渠道系统就是指生产商未实现对渠道的直接管理，在依托传统买卖关系的基础上，渠道或嫁接在经销商模式下，或分散布置在各级市场中。生产商对渠道商的采购、库存、销售情况以及产品流向并不清楚，因而生产商和渠道商的黏性很弱。要使渠道商对生产商忠诚，一般有两种办法：一是生产商具有能够吸引渠道商的产品价格优势；二是生产商有很强的品牌力，产品具有稀缺性，使得渠道商不得不与该生产商合作。否则，渠道商很快会"移情别恋"，积极去寻找替代品。

　　不同渠道系统有着不同的经销渠道和配置条件（见表1-4）。企业可根据自身发展实际，选择合乎需求的渠道路径。

表 1-4　不同经销渠道类型的配置条件

渠道系统分类	积极渠道系统							非积极渠道系统	
不同经销渠道类型	直销直送		专营经销商	代理商	经销商	管制批发商	分销商	批发商	零售商
	我销我送	我销他送							
销售	公司	公司	公司	代理商 + 公司	自有销售	公司	分销	批发商	店老板 / 店员
仓库	公司	公司 / 第三方	第三方 / 自己	代理商	自己	自己	自己 / 租借	自己	自营
是否指定终端客户	是	是	是	否	不一定	是	否	否	否
制定终端价格	公司	公司	公司	代理商	公司	公司	自己 / 公司	批发商	自己 / 公司建议零售价
合作条件区域	不需要	不需要	按客户类型划分	省经销商选择	市 / 县经销商选择	公司划分	村 / 镇分销商选择	随意	无
补贴	不需要	不需要	不需要	不需要	可补贴给自有销售	不需要	有	无	按渠道特点

（续）

人员费用	低	低	低	低	中等	中等	高	低	无
物流费用	高	中等	中等	低	低	低			
市场覆盖	低	低	低	低	高	高	最高	最低	最低
适用范围	大型客户	大型客户	封闭渠道：机场、火车站、厂矿、医院等	起步阶段，中大企业、外企刚入	成熟模式	成熟模式	国内大型企业	中小公司地方企业	所有企业

代理商与经销商的本质区别

在实际应用中，很多人（包括渠道商、销售员、销售经理、销售总监等）常常将代理商和经销商弄混淆，甚至很多企业都是如此。在这里，我从五个方面对两者进行区分（见表1-5）。

表1-5　代理商与经销商的本质区别

从不同角度分类	代理商	经销商
货权归属	不拥有产品所有权	拥有产品所有权
主要职责	1. 帮助生产商促成订单 2. 帮助生产商报关、报税、验单等 3. 应具备品牌管理、财务管理、服务对接、产品情报资讯收集等能力	1. 销售产品 2. 每年与生产商签订销售授权合同
收入来源	销售佣金（提成）	销售产品（利润）和生产商的返点奖励
法律关系	责任在生产商	责任自己承担
与生产商的关系	委托代理关系	买卖关系

从货权归属来看，代理商被生产商指定授权在某一国家或某一地区代替生产商行使经济行为，如销售产品。作为代理商，其本身并不购买生产商的产品，不拥有产品所有权，也不对仓库存储产品的品质负责。如果仓

库存储产品过期、发生破损、出现丢失等情况，只能由生产商自己承担。而经销商从生产商处购得产品，取得产品所有权并且产品由自己囤放，因而经销商要对产品安全全权负责。

从主要职责来看，代理商在代理权限内，根据生产商委托，通常在自己的名片上印着"某国、某企业的业务代表"字样，以示身份和权限，从而方便与客户交流、沟通，帮助生产商促成订单。同时，代理商还要帮助生产商报关、报税、验单等，以及办理与销售有关的事务。此外，作为一名合格的代理商，还应具备品牌管理、财务管理、服务对接、产品情报资讯收集等能力。

通常情况下，经销商自己销售产品，但也有一种特殊情况，当经销商成为生产商的管制经销商、只能卖生产商产品时，生产商的销售人员就会帮助经销商进行产品销售，或者给予经销商一定的业务奖励。一般来说，生产商每年都会与经销商签订销售授权合同，以维护双方相关权益。

从收入来源来看，代理商一般有着丰厚的销售佣金。根据代理产品的特点及销售的难易程度，佣金多少有所区别。经销商的收入则来自商品买卖赚取的差价，以及完成年度合同销售目标后生产商给予的返点奖励。

从法律关系来看，代理商的行为即委托人的行为，代理商与第三方之间在授权范围内发生的民事行为所带来的法律后果归于委托人，即生产商。经销商与第三方之间发生的民事行为所带来的法律后果则与生产商无关（产品品质问题除外），由经销商自己承担。

从与生产商的关系来看，代理商与经销商最本质的区别是，代理商与生产商之间是一种委托代理关系，经销商与生产商之间是一种买卖关系。

此外，分销商作为渠道商中的重要成员，与经销商有着密切关系。根据产品流通链条中渠道商的演变（见图1-5），分销商的产品通常来自经销商，因而与经销商是买方与卖方的关系。分销商拥有货权，自行销售产品、承担库存风险。从这一角度看，分销商可以说是由经销商衍生而来。只是相对经销商而言，分销商覆盖更为具体的区域市场。在商业活动中，分销商更多地扮演"快递员"的角色，这一角色在经分销零售流程中体现得尤为明显（见图 1-6）。他们从经销商处取货，或者以先送货后回款的方式，直接将产品送到零售商或终端消费者手中，完成经销商最后一公里的物流和最后一笔货款的回笼。当然，也有分销商在乡镇设立自己的库房和门店，先储货再销售，这样就可以利用信息差赚差价。

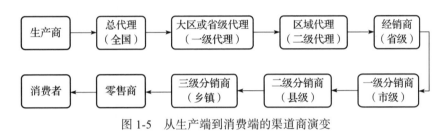

图 1-5 从生产端到消费端的渠道商演变

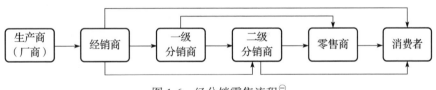

图 1-6 经分销零售流程[⊖]

零售渠道的多样化

在所有渠道商中，还有一个不可忽视的角色，那就是零售商。作为直面终端消费者的群体，零售商处在产品流通的最终阶段，是产品或服务销售的最后一环，其重要性不言而喻。

伴随而生的零售渠道，以社会生产力的进步为基底，以人们需求的多元化、个性化为方向，变得更加多样化且各具特色。百货商店、专卖店、

⊖ 该图参考 *Marketing Channel Strategy*（作者为 Robert W. Palmatier 等）一书绘制。

便利店、折扣店、自动售卖柜等零售渠道，给人们生活带来极大的便利。

同时，随着大数据、云计算、区块链等信息技术的应用，线上零售渠道兴起，网络直播卖货、智慧商店、社区电商等不仅为零售商带来新的增长点，还推动零售业向"无界化"形态发展。

零售渠道的多样化意味着零售商之间的竞争变得更为激烈。因此，为使自己经营的品牌产品尽可能多地占领市场，生产商或经销商会给予零售商一定的支持，如金钱补贴，赠送礼品、宣传品等，甚至会赋予零售商一定的定价自主权。也就是说，零售商可根据自身业态特点及市场情况自行定价、自主经营、自负盈亏。而当零售商有了一定销量后，则可以主动和生产商或经销商议价，并可要求生产商或经销商对自己进行赞助，以增加多种额外的收入。

在现实生活中，不同行业、不同企业具有独属于自己的个性特征，这就决定了渠道不会是单一的，而是一个多元的生态。在这个多元生态下，代理商、经销商、分销商、零售商等共同发力，让生产商的产品或服务顺利到达消费者手中，实现产品所有权的转移。

第四节　渠道成长曲线

按照企业生命周期理论，我们将企业的传统渠道成长曲线分为导入期、成长期、成熟期、衰退期和退出期五个阶段（见图 1-7），并在不同阶段表现出不同的特征。

在导入期，企业刚刚成立，为求得生存，考虑的是如何尽快找到客户，以快速实现产品价值变现，获得利润。因此，在渠道布局中，企业会尽可能多地铺设渠道，推出爆品。在成长期，企业已有一定实力，在渠道管理中开始注重客户培养，力争为客户提供优质的产品或服务。在成熟期，企业步入发展高峰，已有一定的品牌影响力，并不断研发新品。此时渠道管理者专注于客户忠诚度的培养：给客户提供人性关怀；通过新品增强用户黏性，力争企业与客户实现双赢。在衰退期和退出期，企业遇到发展瓶颈，面临转型升级困境，最突出的表现是企业产品或服务因缺乏竞争力而陷入价格战。在此情况下，渠道管理者会想投入更多资源来挽留渠道合作伙伴和客户。然而，根据边际效用递减规律，这一举动并不明智。企业投入更多资源，成本大幅增加，但依然留不住客户。为避免悲剧发生，企业应在进入成熟期前，确定自身发展的瓶颈期和换速点[一]，做好迭代升级准备，寻找下一条增长曲线。

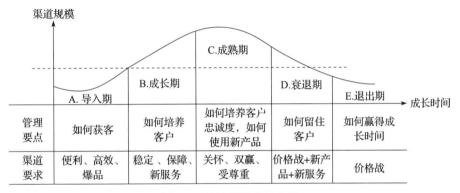

图 1-7　传统渠道成长曲线

　　然而，企业成长千变万化，我们希望通过资产负债表、利润表、现金流量表中的十项关键财务指标——企业规模、成长性、运营占比、投资占比、负债结构、偿债能力、营运能力、费用率、盈利能力、现金流，找出企业发展规律，为企业在不同发展阶段的战略选择提供指导，那么企业的渠道成长曲线就绝不是传统渠道成长曲线所表现出的那么简单，它应该既是动态变化的，又有很强的实践指导性。所以，根据已有渠道管理理论和渠道实战经验，我绘制出新型渠道成长曲线（见图 1-8）。

　　[一]　换速点，指企业从高速发展转向低速发展的节点。

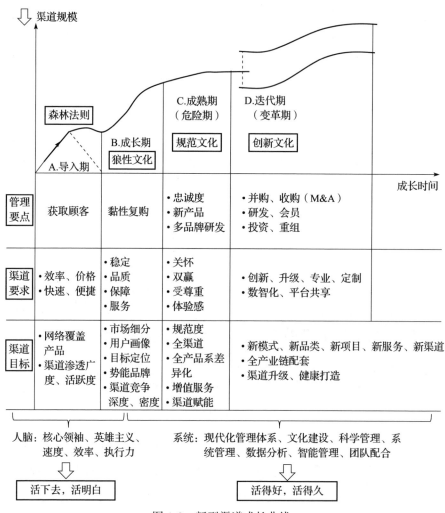

图 1-8　新型渠道成长曲线

在导入期和成长初期，企业有两种生存模式：生存或毁灭。要么呈线性增长，企业在激烈市场中存活下来；要么先有较快的初步增长，后呈断崖式下跌，企业被淹没在市场浪涛中。在这两个时期，企业决策人发挥着关键作用，要有一个合理的想法或推出一款合适的产品。此时与其他竞争对手拼的是速度，因此需要企业全体人员拥有高效的执行力。基于此，渠道管理者应尽可能多地建立渠道网络，并让其持续活跃，以保证企业的产品或服务快速抢占市场。

随着企业走上发展快车道，企业开始倡导狼性文化，积极扩大自身版图，即企业有了短暂的高速发展。此时，因构建了稳固的渠道网络，渠道管理者开始关注市场细分、用户画像、目标定位，并会根据实际情况调整优化渠道的深度和密度，在逐渐培养起一批黏性高、复购率高的忠诚客户的同时，也注重渠道网络的品质，强调给客户带去好的服务体验。因此，企业业绩迅速攀升，订单如雪片般飞来，销售目标一提再提，产品或服务开始供不应求。

之后，企业进入成熟期。正当企业一路高歌，不断拓展市场之际，许多竞争对手看到甜头，开始纷纷进入该市场领域。面对激烈竞争，企业之间纷纷打起价格战，订单越来越难签，利润越来越薄，应收账款不断增多，库存周转越发放缓，渠道商销售产品的动力逐渐降低。相应地，客户严重流失，原有的狼性文化失效，企业发展停滞不前，甚至出现倒退现象。也就是说，企业原有发展模式再好，都有到达顶峰的时刻，即企业发展都会遇到瓶颈期。显然，此时企业需要转型升级。如此，企业开始倡导规范文化，注重产品研发，积极打造多品牌矩阵，想要通过新的产品和品牌维持客户黏性。渠道管理者响应企业号召，规范渠道管理，积极推行全渠道战略，倡导为客户提供差异化服务和增值服务，想以此赋能企业发展。

实际上，为避免企业走入绝境，企业决策人在企业进入高速发展阶段时，就应提早做好布局，促进企业变革迭代，如学习百年企业的先进经验，推动自身组织变革、薪酬体系变革、管理升级等，实现从人治到法治的转变，确保企业顺利度过危险期和迭代期，重获发展动力，再次走向新生。而在众多的企业变革迭代中，尤其是华为的变革，值得我们学习。

在华为发展史上，有三次重大转型变革。在第一次转型变革中，华为实现了"以技术为中心"向"以客户为中心"的研发模式的转变，体现出从产品导向转向服务导向的战略调整。在第二次转型变革中，面对客户需求升级，华为倡导"以客户价值导向"为原则来为客户提供解决方案，并构建起适应企业全球化发展的治理架构，以促进华为从国内市场走向国际市场。在第三次转型变革中，华为相继成立消费者 BG[⊖]和企业 BG，从运营商市场向消费者市场和企业市场扩展，实现商业模式的转型。

从华为的转型变革中，我们可以得出三点结论：

第一，产品领先是根本。企业要做到产品领先，关键在于技术创新。换言之，企业要加强研发投入，以技术创新引领产品创新，以确保在市场竞争中的领先优势。

第二，客户为本，服务至上。企业不仅可以卖产品，还可以卖服务。随着社会经济进步与发展，人们消费需求升级，多元化特征凸显，这就要求企业转变对客思路，以客户需求为导向，为客户提供个性化的产品或服务。这也是企业未来的发展方向。

第三，聚焦核心产品。企业应有自己的核心产品，并将其做大做强，以形成独特优势，在保障企业利润的同时，还可以掌握产业话语权。

很显然，企业要跨过衰退期，顺利实现再突破、再增长，离不开变革升级。同样地，渠道系统也需根据环境变化、市场变化、企业战略调整等适时调整，以不断突破发展瓶颈，找到新的增长曲线。事实上，企业不会永久地加速发展，而会在中途出现变速模式，此时企业唯有越过失速点，才能获得新增长。

新型渠道成长曲线从侧面反映了企业的发展态势，能给企业在战略规划、市场营销、渠道布局等各方面予以实实在在的指导。从这一角度来

⊖ 英文为 business group，是指华为的一个业务集团，华为有三大 BG：运营商 BG、消费者 BG 和企业 BG。

讲，一家企业要想走上可持续发展道路，那就必须顺势而变、顺时而变，保持开拓热情，坚持变革创新。渠道管理作为企业发展中的重要环节，也应随着企业发展变化做出迭代变更。

第五节　我国传统渠道的多元形态

厂家想要和大集团直接合作；大集团要求厂家去中间化，直接与其合作；很多中间经销商一手托两家、托多家，赚得盆满钵满，去掉他们做直销；渠道的中间环节过多，产品溢价严重，企业要化繁为简；当采购方有足够的采购体量优势后，不再想让任何经销商来挣自己的钱，从而要求直接与厂家合作……这些做法都没错从本质上讲，直销和经销就是一种渠道模式，没有厚此薄彼的地方。

然而，我依然呼吁各大企业推行经销商模式，为什么呢？虽然在今天，"去中间化"已成为一种主流思潮，但是让我们仔细想想，杜绝了经销商一手托两家的情况，就能够杜绝负责直销的大客户销售经理一手托两家吗？为什么有人一离职就能马上在企业的竞争对手那里获得高职位、高待遇？为什么有的大客户销售经理总是跟企业讲竞争对手的产品价格如何低、影响有多么严重？

时至今日，还没有生产商能够做到不通过任何中间环节，将生产出的产品直接送到消费者手中。即使在信息技术、交通运输条件很发达的今天，渠道的桥梁作用依然存在。

我之所以做出如此判断，是有依据的。从我的渠道实战经历来看，能否去掉中间商，有三个判别标准。一是专业化。我们可以看到，当很多专业的渠道平台被取缔后，人们并没有从中获取到更大的效益，反而很多到达消费者手中的产品价格更高，质量却更差了。二是社会分工。从人类历史发展轨迹看，社会分工带来了商业的繁荣，分工越细致，越容易引发人们生产生活方式的变革，进而带动社会文明进步。当去掉中间渠道后，社会分工更细了吗？并没有，反而生产商的产品更为集中地聚集在一起，这可能造成货物堆积和浪费。三是社会效率。基于细致的社会分工，人们的工作效率得以提高。然而，当我们看去掉中间渠道所带来的实际成效时，会发现产品的流通效率并未得到真正提高，甚至有的生产商因渠道环节减少，在产品分销上显得非常混乱，消费者也并没有以更低的价格买到更好的产品。

所以，我认为"去中间化"是一个伪命题，渠道存在有其必然性。从我国的渠道演进历程来看，也可证明这一观点。我国的渠道类型和模式繁多，即便是国土面积比我国大的美国、俄罗斯、加拿大，也比不上。

我国的渠道形成如此有特色，得从我国的客观实际说起。我国幅员辽阔，资源分布不均，形成东多西少的人口格局。在这样的情况下，为使各种资源在全国流通，配置科学合理的渠道必不可少，这就导致我国的渠道众多且呈现出多元化特征。

其中，县级渠道相对稳定，它好比房梁、房柱，在整个渠道体系中起着承上启下的作用。之所以如此，则要从我国行政区划的历史沿革谈起。秦统一六国后，将郡县制推广至全国。由此，县制单元成为我国行政区划的基本单元，延续至今已有 2000 多年历史。在古代中央集权统治下，县制单元是沟通中央和地方的重要桥梁：一方面，保证从中央到地方的政令通达及地方的地情上报；另一方面，由于县级官员是中央任命的，不能世袭罔替，从而最大限度保证了地方不易形成割据势力，进而威胁中央安全。发展到今天，县制单元成了对上连接省市，对下沟通村镇的重要政治社会单元，在社会经济发展和国家治理中起着重要作用。

基于行政区划，我国渠道有了七层六线的多元结构（见图 1-9）。其中，县级渠道居中，起着顶梁柱作用；其他层级渠道与之相辅相成，共同构成较完善的渠道生态。

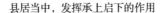
县居当中，发挥承上启下的作用

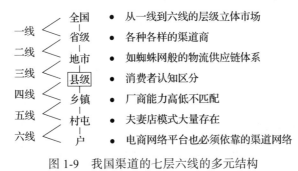

图 1-9　我国渠道的七层六线的多元结构

在七层六线渠道结构下，我国生产商大多形成了这样的认知——通过相对稳定的、离终端消费者很近的县级渠道，可以将自身品牌价值较好地传递给消费者，进而扩大品牌影响力。所以，为决胜终端消费市场，生产商常将县级渠道作为桥头堡，强调将渠道下沉，在开发县级渠道的同时，强化通路精耕，着力打造精细化县级渠道。

第六节　渠道管理部是必不可少的职能单元

让我们先来看看香奈儿的故事。香奈儿有一款名为 NO.5 的香水，一经推出便风靡世界，让其大赚特赚。然而，在利益分配中，香奈儿在拥有品牌和原创产品的情况下，享受到的利益只占 10%；老佛爷百货的创始人巴德享受到的利益占 20%，而享受利益最多的则是香水商人韦尔泰梅家族，占 70%。[⊖]

为什么是如此的利益分配方式？因为香奈儿只有产品，没有销售渠道，无法让产品到达消费者手中，而巴德和韦尔泰梅家族分别作为终端渠道商和经销商，扼住了香奈儿的命脉。如此香奈儿就只能成为原料的提供商。所以，渠道胜则通路胜，通路胜则企业存。只有当生存下来后，企业

　⊖　香奈儿的故事根据作者的公众号文章整理。

才会去专注品牌价值，追求基业长青。

一家企业只有当产品或服务被卖出去后，才能发展。而想要将命运掌握在自己手中，就要打造属于自己的渠道体系，其中渠道管理部应当成为现代企业不可或缺的职能单元。

此外，无论是从 4P 营销理论角度来看，还是从市场营销释义角度来看，渠道管理部的重要性都显而易见。1960 年，美国著名市场营销专家杰罗姆·麦卡锡（Jerome McCarthy）教授在其《基础营销学》一书中首次提出 4P 营销理论，从产品（product）、价格（price）、渠道（place）、促销（promotion）四个维度对市场营销进行了研究。该理论将产品作为核心，价格、渠道、促销等围绕产品转。换句话说，仅有好产品不行，还得考虑如何将其送到消费者手中。这就需要渠道管理部来发挥作用。1967 年，"现代营销学之父"菲利普·科特勒（Philip Kotler）在其出版的《营销管理》一书中指出，营销渠道决策是管理层面最重要的决策之一。此后，社会营销、生态营销、大市场营销等一系列概念的提出，都跳不过渠道这一重要因素。

从市场营销的释义看，营销从分销的概念演变而来，强调生产商要与经销商、分销商、零售商等和谐共生，才能提高产品流通效率，确保产品正确流向，达到增强生产商与消费者之间黏性的目的。

再看不同国家对市场营销的定义。美国市场营销协会（AMA）认为，市场营销就是在创造、沟通、传播和交换产品中，给顾客、客户、合作伙伴及整个社会带来价值的一系列活动、过程和体系。日本市场营销协会（JMA）认为，市场营销是企业及其组织站在全球的视角，在和顾客相互理解的基础上，通过公平竞争进行的创造市场的综合性活动。

可见，市场营销任务的完成离不开商品流通，也离不开渠道这一媒介。因此，在传统市场营销模型中，生产商特别关注品牌和销量（见图 1-10）。通过渠道，促进品牌传播、产品销量增长，最终实现名利双收。

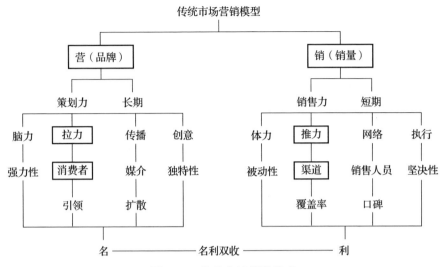

图 1-10　传统市场营销模型

所以，在渠道策略制定中，企业很关注两个要素，即交换和成本。交换将信息流变为商流、产品货权变为资金流，从而推动生产消费者需要的产品，再将产品变为生产商的收益。成本则是生产商必须考虑的另一个现实要素，因为这不仅涉及现金流的运转情况，还是商流得以形成的前提。只有当成本控制在生产商能够承担的合理范围内，才会有渠道策略的制定。

在渠道运营管理中，企业则非常关注转换和效率。转换是指让产品从生产商手中转移到消费者手中，并在转移过程中要尽量做到无损耗。效率是指产品要实现空间位置的快速转移，强调节约时间。

因此，在营销渠道战略制定中，企业尤为关注渠道策略制定与渠道运营管理，力争通过交换、成本、转换与效率四大要素，推动渠道快速完成商流、信息流、物流、资金流、人流的职责，进而实现渠道效能最大化。

实际上，在渠道战略制定中，还要设计出最佳的渠道结构，开发新的营销渠道模式，以适应市场的动态变化。渠道商作为渠道战略落地的实施者、参与者，能最大限度地保证产品在流通环节中冲破层层阻碍，实现转化，为消费者创造良好的用户体验（见图 1-11）。这也是渠道战略制定中注重发挥渠道商积极主观能动性的重要原因。

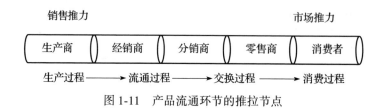

图 1-11　产品流通环节的推拉节点

不过，结合三十多年的实际工作经验，我对市场营销有着不一样的解读（见图 1-12）。

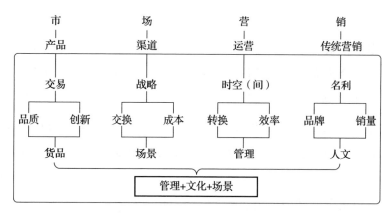

图 1-12　我所理解的市场营销模型

"市"即在市场上交易有价值的产品，在市场上交易有价值的产品。换句话说，生产商应坚持产品创新，生产品质好、满足不同消费者需求的产品，以保持持久的市场竞争力。

"场"即渠道，渠道管理者要搭建产品流通渠道，尽量确保以最低的合理成本，为消费者提供可交易的价值场景。

"营"即运营，强调产品流通的时间和空间。渠道管理者要推动产品在流通中尽快实现时间上的转换和空间上的位移，以最高效率让产品到达消费者手中。

"销"即指传统营销。在产品流通中，生产商关注品牌打造和产品销量，以期实现名利双收。

归根结底，市场营销的内涵可用六个字概括，即管理、文化和场景。用简单的公式表达就是：

市场营销＝管理（员工）＋文化（企业）＋场景（消费者）

所以，市场营销不仅仅是销售部门的事，一家企业也不应仅以销售产品为主。一个产品从诞生到顺利送到消费者手中，需要产品设计部、市场部、渠道战略部等各部门的携手配合。销售部好比足球队前锋，而其他部门好比守门员、后卫等，我们不能忽视了中间配合传递的重要性。由此，渠道管理部的设置则是一件没有争议的事了。

CHAPTER 2

第二章

渠道布局：选择适合的模式与架构

渠道布局不仅帮助企业覆盖更广泛的市场，达到提升品牌知名度、促进销售额增长、分散企业经营风险的目的，而且更重要的是通过市场渗透，触达更多终端客户，增强客户忠诚度，并及时获得一线市场信息反馈，以此优化企业成本效益，提高企业的整体竞争力和盈利能力。

那么，在市场经济繁荣发展、渠道多元化的时代背景下，企业该如何进行渠道布局？本章将聚焦渠道合作伙伴开发、客户需求洞察、渠道模式安装与渠道架构设计四大主题，告诉读者渠道布局不是简单的增加销售渠道，而是要通过系统、科学地规划，因势利导设计出与企业发展相匹配的渠道生态，为渠道赋能企业发展打好根基。

| 案例导入 |

渠道布局的"一地一图一表"

在今天，数字化转型已成为事关企业生存发展的关键之战。但我从 2015 年开始，就尝试在一家欧洲百年企业践行渠道管理数字化了。当时，我和团队成员基于数据化分析还未在农业行业中广泛应用的现实，结合商业智能（BI）工具和 CRM 系统⊖等已有数据化工具，研发了益购宝这一数据采集工具。通过该工具，我们完成了公司进销存数据的采集，并结合公司现有渠道模式，形成月度数据化分析，为之后渠道布局"一地一图一表"的形成打下坚实基础。

实际上，我和团队成员当时研发益购宝这一数据采集工具，并未想过它的生命周期问题，仅想着方便收集公司的渠道数据。正所谓无心插柳柳成荫，直到现在，公司还在使用益购宝。这件事情给了我极大的震撼与思考：当我们去做一件事情时，不管你喜欢与否，只要认真去做，经过时间

⊖　CRM 系统是一种战略性的商业方法，旨在帮助企业更好地管理与客户相关的互动和关系，从而最大化增加企业销售收入和提高客户留存。

的沉淀，等到若干年后，你会发现，或许正是之前的经历反哺了你，带给你老酒的芬芳。

基于益购宝采集的数据沉淀及多年实践，我正式提出渠道布局的"一地一图一表"，以便推动渠道管理更加高效便捷。

"一地"为渠道布局区域，"一图"为渠道战略地图，"一表"为渠道开发计划表。在渠道布局中，我们先将"一地一图一表"制作好，并分发给渠道销售团队，保证每省每人一份，从而为渠道销售团队找到明确的渠道开发目标，清楚现有渠道系统的短板。

通过"一地一图一表"，结合渠道五度管理分析法⊖和数据化工具，实时链接、更新各项渠道数据，以分析渠道销售团队的销售绩效，进一步细化销售数据，了解渠道开发的进度和情况，不仅节约了制作渠道分析报告的时间，还能快速、简洁地从多维度展示渠道系统的运转状况。

具体而言，我们常将"一图"作为渠道商的行动指南，通过其来细化目标市场。也就是说，针对一个区域市场呈现出的"人、货、场"数据，摸清市场机会点的情况，分析现有渠道系统的潜力，从而更精准地找到自己的渠道开发目标。但要注意两个方面。一方面，"一图"要细致到每个地区的渠道设置在哪里、潜力有多大、选择何种产品或服务进行售卖，要给予渠道商实实在在的指导。通过及时获得的大数据分析，益购宝等数据工具反馈的一线市场的情况，让企业前后端信息对称，以便为企业渠道战略制定提供依据。另一方面，"一图"作为渠道布局的区域全景战略地图，要通过对它的分解来做出正确的战略判断。无论是品牌打造，还是渠道拓展、渠道结构优化，最终目的都是为了企业的生存发展。我们要根据"一图"，明确：企业每个阶段的发展目标是什么？设定怎样的渠道系统？透

⊖　渠道五度管理分析法详见第三章第二节内容。

过现有渠道布局反映出的本质问题是什么？等等。通过这些分析，我们可从局部看全局，从当下看未来，了解现有渠道的广度、密度和深度，做出战略判断：第一，行业的目标客户总量是多少？是选择低毛利、大品类产品或服务，还是选择高毛利、小品类产品或服务？第二，行业消费趋势是怎样的？成长性如何？总之，通过"一图"，能帮助公司实现渠道布局与拓展的目的，解决渠道战略问题，给出有效的渠道布局规划，最大限度发挥渠道效能。

"一表"关注三个问题。一是关注渠道整体问题。一方面关注整个渠道的长尾分析情况，包括头部经销商及尾部经销商情况，腰部经销商的赋能目标；另一方面，关注活跃客户数量及其转化率，力争让渠道系统运转起来。

二是关注渠道销售人员的经销商管理的情况。对比不同区域市场的经销商覆盖情况，及时跟踪经销商情况，有针对性地提出修改完善方案，挖掘经销商的经销潜力。同时，以可持续的销售业绩为基础，剖析相关销售数据，找出影响销售业绩的因素，给出解决办法，并寻找新的市场机会点。此外，在掌握新渠道开发、原有经销商转化、目标市场跟踪等情况的基础上，在区域目标市场寻找新的经销商开发机会。

三是关注经销商的核心客户。这包括跟踪经销商的重点客户以及经销商对目标市场的管理及开发。通过"一表"分析，企业可寻找新的市场机会，并通过对客户流失原因的分析，挖掘新的客户。

"无数据，无未来"，这也是我力推渠道布局"一地一图一表"的重要缘由。在渠道布局中，通过"一地一图一表"分析，我们可以明晰渠道销售人员、销售区域和经销商数量等各方面在市场中的情况，在头脑中形成更加清晰的渠道战略地图。同时，数据的动态更新，也便于我们根据实际情况的变化，积极利用长尾效应，进行渠道布局的优化与调整，以增加企业利润。此外，我们还可通过掌握的渠道商情况，筛选出更匹配的渠道商。

第一节　渠道布局的两个原则

渠道布局是渠道管理的第一阶段，即起点（见图 2-1）。在这一阶段，我们的核心关键词为数量和速度，重点是做加法。在成长初期，企业要以最快速度，尽可能多地铺设渠道，以覆盖更广泛的市场，提高产品或服务的可获得性，从而增加销售机会和市场份额。

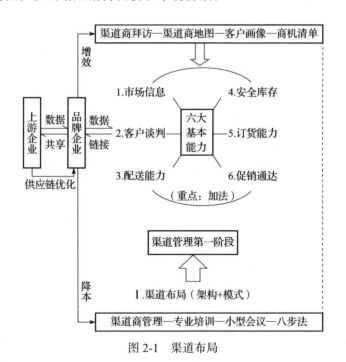

图 2-1　渠道布局

然而，做加法并不意味着企业的渠道布局就是全面开花、四处撒网。此时的企业正处在成长初期，人力、物力、财力等各方面资源非常有限，企业要在有限的资源配置基础上，取得最优的经济效益，这就需要在渠道布局前做好相关考量，例如：在目标市场进行渠道布局的目的是什么？目标市场存在的机会点能否支撑企业达成销售目标？目标市场的客户需求是否一致，是否需要企业采取多品牌渠道模式？在渠道布局中，是先从单个区域市场着手还是全面铺开？企业如何最大限度覆盖目标客户？等等。做好前期考量，企业再开始渠道布局方为最佳。同时在渠道布局中应坚持两个原则。

1. 集中资源，开发重点市场

企业可将产品或服务适销对路的区域划分为重点市场和次要市场，集中资源，开发重点市场。那么，如何判断哪些区域是重点市场呢？

有一个最简单的方法，即以企业工厂所在地为中心画圆，半径为150千米的区域。选择该区域，企业不仅能将物流成本降到最低，还因地缘关系会有比较突出的竞争优势。如此之下，企业便可快速建立起自己的产品或服务销售根据地。然而也有例外情况，若企业是做代加工业务的，则要选择市场容量最大的区域作为重点市场。但需注意该重点市场是否已进入白热化竞争状态，如已进入白热化竞争状态，则建议企业放弃该重点市场，选择开发次要市场。因为市场进入白热化竞争状态，意味着该区域市场价格战频发、竞争对手多。

2. 选择尽可能多的渠道商

在了解不同区域市场实际情况，熟悉竞争对手销售团队以及竞争对手产品或服务的市场占有率等客观现实的基础上，逐步梳理优化自己的渠道布局方案，并最终确定自己要开发的区域市场。当开发的区域市场确定后，企业则要选择尽可能多的渠道商，以数量和规模来迅速打开企业的品牌知名度，保障产品或服务销量，获取更多利润。

当然，虽说渠道商越多越好，但这并不表明任何个人或企业都可以成为企业的渠道商。在渠道商选择中，我们要有一定的标准，那就是渠道商要具备六大基本能力。

（1）市场信息捕捉能力。渠道商应能较为准确地掌握市场变化，包括宏观与微观环境、产品或服务市场占有率、市场发展趋势以及区域竞争对手产品、终端客户分布与购买力等信息，并能对这些信息做出分析，为产品或服务的营销提供支撑。

（2）客户谈判能力。很多渠道人员发现，主动权往往掌握在客户手中。因此，想要与客户实现双赢，渠道商还需具备与客户谈判的能力，能够引导客户认同并信任企业的产品或服务，进而实现交易。尤其在企业成立初期，渠道商应有开拓新客户、新市场的能力。

（3）配送能力。渠道商的一个重要功能便是促成产品或服务顺利到达终端客户手中。因而，拥有即刻达、全速达的配送能力，尤其是能为客户提供"最后一公里"的配送服务非常重要，这关系着企业能否及时在市场上立足并快速打开品牌知名度。

（4）安全库存能力。安全库存是企业保障供应链畅通和满足客户需求的重要方面。当面对市场需求波动、供应延误、原材料紧缺等突发情况时，安全库存能有效减少缺货风险，保证及时交付，提高客户满意度，增强客户的黏性与忠诚度，提升企业在市场上的影响力。

（5）订货能力。这是渠道商的基础能力，包括订货时机选择、订货量确定、货物运输路线设定等，反映了渠道商的综合实力。渠道商订货能力越强，说明其综合实力就越强，也就越可能在渠道营销中取得亮眼的销售业绩。

（6）促销通达能力。大多数情况下，企业需要渠道商先行垫付促销活动费用。因此，对渠道商来说，促销通达能力必不可少。拥有强劲促销通达能力的渠道商，能帮助企业快速拓展市场，达成销售目标，并使企业产品或服务抢先占领消费者心智，为后续企业发展壮大夯实根基。

与此同时，企业还应配以灵活多变的市场推广策略，鼓励渠道团队成员迅速打开市场，建立品牌势能。此外，还应加强对渠道商的培训，让他们快速了解企业文化、产品或服务特性，坚定他们对产品或服务的信心，形成渠道竞争优势，为后续渠道管理奠定坚实基础。

第二节　渠道合作伙伴开发

我认识一名经销商，他在当兵退伍后进入一家专业的畜牧企业学习，从基层人员成长为区域内最年轻的总经理，之后被调到企业总部任职。在这一过程中，他不断学习、拓宽视野，结识了很多志同道合的人，并逐渐从职业经理人转变为创业者，不仅创办了自己的公司，还用专业的眼光去帮助企业进行市场规划和产品选择。可见，一名优秀的经销商，眼界绝不一般。和普通经销商相比，他有向上生长的冲劲，也能在当地形成一定的影响力，帮助企业在当地市场站稳脚跟。

这也从侧面印证了，在现代商业环境下，渠道合作伙伴是企业发展壮大的重要力量，他们不仅能和企业风险共担、经验互补，还能助力企业提升品牌形象、拓展市场。那我们如何寻找到合适的渠道合作伙伴呢？我认为可通过八步法去实现（见图2-2）。

第一步：区域规划，设定目标。选择重点开发市场，圈定主要的开发产品，结合区域市场状况，制订合理的开发计划，包括设定销售目标、设置奖励制度，以激发渠道合作伙伴的工作积极性。同时，我们要对区域市场内渠道合作伙伴各方面的情况，如销售产品或服务、对客服务、市场反馈等，做到心中有数、开发有度、步调一致、逐步推进。

第二步：走访市场，收集信息。具体而言，首先是广泛撒网，即通过扫街式收集信息，全面、广泛地摸清各省、市、县等区域内的渠道商情况。通常来说，在快速消费品领域，采用扫街式收集信息，成效十分明显。其次是重点捕捞，即针对区域内所有的渠道商，筛选出有望成为企业合作伙伴的渠道商进行拜访，建立基础客情。再次是全面评估，即根据已掌握的信息，利用企业制定的渠道合作伙伴筛选标准，对筛选出的区域内渠道商进行评估，盘点出哪些是经销大户、哪些是回款好户、哪些是欠款差户、哪些是领头羊或风向标、哪些愿意经验分享、哪些具有较好的口碑。最后是匹配选择，即一旦区域市场发生变动，企业就要对渠道合作伙伴经销的品牌做及时替换与调整。

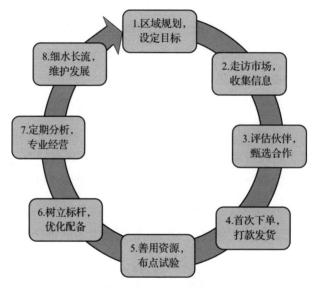

图 2-2　渠道合作伙伴开发的八步法

第三步：评估伙伴，甄选合作。走访重点挑选出的前三名优质渠道合作伙伴，建立基本信息档案。如果遇到不能解决的问题，则可以请负责该区域的企业直线经理、技术经理到现场进行指导，参照企业评选标准，制订相关备选方案，最终甄选出渠道合作伙伴。

第四步：首次下单，打款发货。不要忘记企业下单、发货、收货的标准流程，货物运输的物流信息要跟踪到位，保证企业的产品或服务及时送达；给渠道合作伙伴做好培训，让其明白产品定位、记牢销售话术。在培训中，尤其要讲明年度、季度销售目标以及返利、优惠政策等。此外，还要确保库存安全，保证货物供应，坚持先入先出原则。总之，在这一步，标准化和流程化非常重要。

以安全库存设定为例，一名经销商每月销售产品 10 吨，那么他每月需准备多少吨库存？按行业规定，产品库存量是销售量的 1.5 倍，则这名经销商每月应有 15 吨库存。可是，事实真是如此吗？在实际操作中，经销商不会选择将这 15 吨库存都放在自己的库房里，因为这样产品的生产日期不是最新的，垫付的资金却最多。因此，经销商会按照 1/3、1/3、1/3 的安全库存法——针对客户做建议库存，均等地将 15 吨产品分为三份，其中 5 吨产品在库房，5 吨产品在运输途中，5 吨产品在客户（终端客户的库存合计总量）手中。也就是说，要让产品处在不停周转中，以实现资金周转率最大化。

第五步：善用资源，布点试验。为取得良好效果，渠道管理者可邀请企业的销售人员和技术人员一起，帮助渠道合作伙伴做好初期的产品或服务销售，帮助其树立信心。与此同时，还可组织渠道合作伙伴到企业参观，做好各项数据的收集工作，如产品使用前后的数据对比，为开发其他渠道合作伙伴提供支持。

第六步：树立标杆，优化配备。选出标杆渠道合作伙伴，发挥榜样作用。做好核心渠道合作伙伴跟进工作，建立核心渠道合作伙伴微信群，并经常组织大家互动，鼓励大家进行数据、知识、经验等各方面的分享。其目的是与核心渠道合作伙伴保持积极互动，及时发现各方问题、收集各方反馈意见或建议。必要时还可召开小区域的圆桌会议，通过现场讲课、现场交流的方式，帮助大家解决难题，共同进步。通过对渠道合作伙伴情况的掌握，不断提升渠道合作伙伴的配置成效。

第七步：定期分析，专业经营。用好企业的一系列技术服务工具，渠道合作伙伴的分类等级要清晰明了，时刻关注企业产品或服务的销售数据并定期进行分析，及时与区域销售经理进行讨论。同时，渠道管理者还应帮助区域销售经理将所辖区域渠道合作伙伴代理的企业产品或服务的品牌、口碑做好，坚持专卖经营、聚焦推广，以便尽可能多地得到企业资源的支持。

第八步：细水长流，维护发展。根据目标市场、渠道布局、产品销售等情况，做好月度跟进、重点分析，并积极总结经验教训，使企业与渠道合作伙伴携手共进。

从某种程度上讲，渠道合作伙伴之于企业，就像树根之于大树。一方面，在企业成立之初，人力、物力、财力皆不足的情况下，是渠道合作伙伴给予支撑，才让企业迅速在市场上占有一席之地；另一方面，是渠道合作伙伴建立起了企业与终端消费者之间的桥梁，才让企业产品或服务实现了价值转移。

因此，在渠道布局中，我们尤其要关注渠道合作伙伴，通过对他们的拜访，绘制出渠道商分布图，勾勒出渠道商画像，从而找到商机。在渠道合作伙伴管理中则要注意，尽量为他们提供专业的培训，多召开小型的产品或服务推广会议，进而通过渠道合作伙伴开发的八步法，遴选出更优质的渠道合作伙伴。

第三节　客户需求洞察：4C 分析法

在渠道布局中，寻找目标客户是一个重要环节，而其中洞察客户需求尤为重要。在这里，我将分享既实用又科学的 4C 分析法，即从消费者（consumer）、环境（circumstance）、竞争者（competitor）和公司（company）四个方面洞察客户需求。要注意，客户洞察 4C 分析法与 4C 营销理论并不是一回事。4C 营销理论是由美国营销专家劳特朋教授（R.F. Lauterborn）

提出的，强调以消费者需求为导向，重新设定了市场营销组合的 4 个基本要素，即消费者（consumer）、成本（cost）、便利（convenience）和沟通（communication），认为消费者是企业一切经营活动的核心，企业要重视消费者，要不断去降低生产成本，以便为消费者提供更低价格的产品或服务，要为消费者提供购买便利，要重视和消费者之间的双向沟通，从而建立基于共同利益的企业与消费者关系，培养消费者的忠诚度。

1. 消费者

消费者是产品或服务的最终使用者或购买者。企业一定要反问自己以下几个问题：消费者群体都由谁组成？为什么他们会来购买企业的产品或服务？购买的产品或服务属于哪一类型？消费者每次购买产品或服务的数量是多少、花了多少钱、有什么需求偏好、消费趋势是怎样的？也就是说，企业要绘制消费者画像，挖掘出消费者的真正需求。通过对客户的深刻剖析，企业可以发现很多机会点，从而开发出满足客户需求的产品或服务，使客户与企业建立长久联系。

2. 环境

环境包括外部环境和内部环境。企业可借助 PESTEL 分析模型，从政治（political）、经济（economic）、社会文化（sociocultural）、技术（technological）、环境（environmental）和法律（legal）六大因素，分析自己面临的外部环境，识别对自己有冲击的力量。

政治因素，即对企业生产经营活动有实际和潜在影响的政治力量、相关政策和法律法规等。经济因素，即企业面临的社会经济结构、产业布局、资源状况、社会经济发展水平及未来经济走势等。社会文化因素，即企业所处社会的历史发展、文化传统、价值观念、教育水平、民风民俗等。技术因素，即能够引起社会发生革命性变化的发明，与企业生产发展有关的新技术、新工艺、新材料及其发展趋势与前景。环境因素，即在企业的活动、产品或服务中能与环境发生相互作用的要素。法律因素，即企业所处社会的法律法规、司法状况和人们的法律意识等。通过对这些因素的综合判断，尤其是分析同行业国有企业特点、民营企业特色、外资企业的品牌与文化优势等，去寻找彼此间的差异化和适应性。

3. 竞争者

企业可通过 SWOT 分析法，分析在渠道布局中自己的竞争对手有哪些，整个市场的竞争环境是怎样的，竞争对手所占市场份额是多少，竞争对手情况如何，包括分析竞争对手的渠道团队成员情况，同一区域市场产品或服务销售额、产品或服务价格策略等。通过内外部优劣势对比，知己知彼，精准做出自己的客户服务方案。

4. 公司

企业要分析自身有哪些潜在产品、潜力区域和潜在市场，企业利润构成包括哪些，企业的渠道合作伙伴的选择标准是什么，企业现有人力、物力、财力状况以及整体发展战略规划如何等。通过对自身的正确认知，选出服务的客户对象。

通过 4C 分析法，既可为企业市场营销提供真实客观的依据，又可积累大量分析数据，经过总结提炼形成理论经验，指导企业走可持续发展之路。

在 4C 分析法应用中，我们需要注意四个关键之处。其一，企业在推进渠道优化升级等各种项目之前，应组织成立一个跨部门项目组，并确定一个项目负责人，给予其充分授权。这样，项目负责人可直接与企业高层管理者交流，帮助企业将资源用到刀刃上，无障碍地洞察目标市场，按需访问关键客户，与渠道人员进行有效沟通，从而听到最真实的市场声音，得到有效的市场反馈。

其二，项目负责人必须坚持实地走访调研，深入基层。嘴说千遍不如带头一干，项目负责人亲自去感受、去倾听、去问询，才能得到最真实的信息，制定出符合企业长远发展需要的渠道战略。

其三，通过对所收集的信息进行定量、定性分析，发现企业真正存在的问题，有针对性地给出解决方案，并据此形成走访调研报告提交企业管理层。同时基于已有信息，制订出相应的渠道战略方案（提交三种方案为最佳），以供企业管理层结合企业的整体发展战略目标做出选择。

其四，在运用4C分析法中，在收集、传递信息以及讨论企业发展方向、渠道优化方案等时，应充分利用他人的智慧与经验，切忌把自己的主观经验和观点强加给调研对象。当我们没有探寻到问题的本质时，可通过使用5问法，从问题表面深入进去，寻找问题形成的根源。

举例来说，有人提出如下问题。

（1）地上为什么有油？答：因为汽车漏油。

（2）为什么汽车会漏油？答：因为汽车的垫圈老化了。

（3）为什么汽车的垫圈会老化？答：因为汽车垫圈使用的是低档材料。

（4）为什么汽车企业要选用低档材料？答：因为该种材料便宜。

（5）为什么企业要采购便宜的低档材料？答：因为企业的采购绩效指标只考核短期成本节约了多少。

通过这样层层追问，我们得出结论：要解决地上有油的情况，企业需要修改采购绩效指标，重新设定相关考核标准。所以，使用5问法，不仅能够揭示问题本质，还能辅助我们推导出相应的解决问题的策略。

4C分析法源自我多年的实践经验总结，给我职业生涯带来了很大的助力。其中令人印象深刻的当数我在百事可乐公司和荷兰皇家帝斯曼集团工作期间对4C分析法的应用，它让我的人生以及我对渠道管理的理解有了质的飞跃。

在百事可乐公司工作期间，我有幸主导执行一项名为"蓝锋行动"的项目。该项目是从公司的每个灌瓶厂中选出拥有五年以上多部门工作经验的经理组成项目组，来推动渠道数字化。在项目执行中，我们通过 4C 分析法进行客户数据分析，不仅成功推动项目在全国落地，而且让我的渠道管理能力得到大幅提升。

在荷兰皇家帝斯曼集团，我凭借丰富的渠道管理实战经验，运用 4C 分析法成功帮助动物营养部门制定出多品牌的渠道战略。现在该战略已经过十年运行检验，虽然每三年会完善一次，但战略方向完全正确。

综上所述，4C 分析法是一种来自实践却又能指导实践的科学理论，通过对四方面因素的分析，能准确找到客户的痛点、难点和关注点，进而指导企业产品或服务的研发和销售，助力企业打造出多方共赢的渠道价值营销管理体系。

第四节　渠道模式安装

渠道模式安装，即选用什么样的渠道模式进行布局，这是渠道管理中至关重要的环节，一旦渠道模式选择错误，那将可能让后续的渠道效能为零。所以，渠道管理者要慎重搭建渠道系统模型，寻找最佳渠道模式，才能让渠道价值最大化。

在渠道模式安装中，我们常常遇到三种困惑：是选择直销渠道好还是选择经销渠道好？如何布局线上线下渠道？如何设置终销渠道和分销渠道？

选择直销渠道还是经销渠道

直销渠道，顾名思义，就是生产商直接将产品或服务销售给消费者，减少了传统的批发和零售环节。通常情况下，选择的直销渠道模式为 B2B

模式，客户为集团公司、连锁商超、大型企业等，应用场景有四种。

第一种，为企业客户提供定制化产品或服务。一般而言，此类产品或服务是生产方与客户方共同研发、讨论出来的，为客户独家所有，满足客户个性化需求。与此同时，对生产商而言，其通过掌握核心技术生产的核心产品或服务，能为自己带来良好的收益。对企业客户而言，因产品或服务具有较高的技术含量，可增强自身的市场竞争力。所以，在这种场景下，生产商与企业客户一般会签订战略合作协议，根本不需要中间渠道环节。因此，在这种场景下，生产商与企业客户实现双赢。

第二种，客户为行业龙头企业、领军品牌，要求的订单量极大。这样的客户有很强的议价能力，凭借海量订单背书，几乎把所有环节的利润压缩殆尽，甚至想以成本价成交。一般情况下，生产商因巨量订单可保证生产量、开工率，形成规模效应，从而会尽可能答应与该客户合作。因为达到满产状态可以减少生产商其他订单的生产成本，在其他客户身上赚取利润。这就是281法则，即20%的大客户占到生产商80%的产品销量，但生产商只能从中得到10%的毛利。所以，在这种场景下，仅客户实现单赢。

第三种，客户不具备成为直销客户的条件。生产商不需要投入资源、精力和人员去做直销，只需要渠道商来进行市场覆盖。但因生产商战略定位错误或直销供货的诸多优惠政策，如客户从生产商手中拿货比从经销商手中拿货便宜得多，导致客户直接越过经销商，与生产商对接合作。这就是战略错配或渠道策略制定失误带来的直销。如此之下，有人会有疑问：直销客户拿到的产品价格，必须比经销商客户拿到的产品价格低吗？生产商为直销客户提供特定包装、专属服务、更多的资源和支持，再加上生产商本身的人力投入、账务支持、市场费用投入等，将这些以货币形式折算到产品价格中，直销客户拿到的产品价格怎么会比经销商客户拿到的产品价格低呢？

第四种，客户不是集团大客户、国际重要客户、国内重要客户，而是终端消费者。生产商选择这种直销渠道模式，将中间渠道环节的花费省掉，作为自做渠道的费用补贴，并相信自己能够完全掌控众多的终端消费者。在全球范围内，将这一直销渠道模式应用得最好的是苹果公司。它坚持"以客户为中心"的理念，通过自建门店销售苹果系列产品，不仅极大地缩短了营销渠道的层级，更使公司的营运活动完全围绕客户需求来展开。此类直销渠道模式最适合高利润产品，只有产品与终端消费者保持极为紧密的互动，才能确保该渠道模式长期存在下去。

众所周知，经销渠道是经过中间环节、让生产商与终端消费者产生联结的渠道模式，也就是我们通常所说的 B2b2C 模式。

一般而言，生产商会将直销渠道和经销渠道混合使用。因为在全国范围内，国际重要客户和国内重要客户数量稀少且竞争激烈。众多中小型客户则适合采用 B2b2C 模式。当然，不管生产商选择何种渠道模式，其最终目的是不断提高自身产品或服务的市场覆盖率，增加经济利润。另外，没有一家生产商能够仅靠大集团客户就获得长期发展。相反，只有拥有更多的中小型客户才能保证生产商拥有更多的市场份额，赚取更多的利润。

综上所述，B2B 模式是为了更好地为客户提供解决方案，满足客户个性化需求，因此生产商与客户属于双赢共建。而 B2b2C 模式聚焦以更低的成本实现更广泛的市场覆盖，注重对终端消费者的价值传递和服务质量提高。

如何布局线上线下渠道

在当今数字化时代，线上渠道凭借市场覆盖范围广、运营成本较低、购物体验便捷等优势，成为很多企业进行渠道布局的首要选择。而传统线下渠道可通过优质的服务和专业的产品展示，带给终端消费者优越的用户体验，它不仅能增强终端消费者购买的信心，还能提升企业的品牌形象。在线上线下渠道共存的背景下，企业该如何选择呢？

如果企业的传统线下渠道已经存在很多年，并在全国范围内做了B2B或B2b2C的渠道布局，那么此时企业开发线上渠道的唯一目的就是获取流量，以便为线下物流配送、产品宣传、品牌定位和提升消费者认知服务。若此时企业通过线上渠道售卖产品，则相当于在与自己的传统线下渠道竞争，这种做法会扰乱市场，绝不建议如此。如果企业非要开通线上渠道售卖产品，那就只有研发出一款全新的产品——这款产品不仅在包装设计、功能定位、功效作用及价格上与原有产品完全不同，甚至在产品名称、所属公司上也完全独立。这样，新产品无法借助原有产品的品牌影响力，与原有传统线下渠道营销也没有联系，避免了原有产品和新产品发生冲突。换句话说，原有产品和新产品是两个彼此独立的品牌产品，各有营销渠道，才不会存在市场竞争。

如果企业先建立的是线上渠道，那又该如何开展线下渠道布局呢？此时，企业只有一种选择，就是线下渠道不再是传统的经销模式，渠道商也不再具有经销作用，而是转为线下物流商和服务商，而且它们不再靠差价赚取利润，而是依靠物流配送和为客户提供增值服务求得生存，这是未来渠道商的一种必然发展趋势。

如何设置分销渠道

在当前市场环境下，渠道结构趋向扁平化，无论是电子商务的蓬勃发展，还是直销模式的广泛应用，均对传统经销商的生存空间构成了严峻挑战。面对此种情况，未来分销商的发展道路在哪里？为什么在去中间化的潮流下，我还力推分销渠道模式？

什么是分销商？很多时候我们把经销商和分销商的概念相混淆，这里我用一张简单的流程图来区分两者的关系（见图2-3）。

图 2-3　经销商与分销商的关系

可以看到，分销商是经销商的下设渠道分支。若要追溯分销渠道模式出现的源头，则源自改革开放后，我国经济得到快速发展。到 20 世纪八九十年代，我国国有企业、民营企业、混合所有制企业等遍地开花，商业市场呈现一派繁荣景象，在此背景下，分销渠道模式应运而生。

最初的分销渠道模式一般由总经销商和分销商组成。通常来说，当地实力相对较强的经销商与生产商直接合作。而经销商多以省级区域市场作为产品或服务的销售范围，同时在该省的地级县设立分销商，以此覆盖因自身运力、人力、精力不足而留下的空白市场。同时，生产商向全国各省经销商发货，经销商再将货物销售给分销商，分销商则将货物直接送到消费者手中。经过经销商、分销商对市场的层层覆盖，完成产品或服务的传递。

随着生产商发展规模的壮大，其知名度与产品销售量逐年攀升。生产商从单纯的生产商、制造商升级为品牌商，开始在全国重要省份建立生产基地，由此，一厂供全国的发货模式被取缔。与此同时，生产商还开始精耕细作重要商圈，将市场下沉，其市场渗透能力、对客服务能力逐渐得到增强。在这过程中，省级经销商或全国代理商下属的优秀分销商逐渐进入生产商视野。由于优秀分销商不再甘心依附经销商或代理商而存在，加上生产商随着自身强大，想要开拓更广阔的市场，于是生产商与分销商一拍即合，有了合作。慢慢地，分销商就越级变为与生产商直接签约的经销商，而原有省级经销商或全国代理商逐渐退出分销渠道体系。

分销商越级转变为经销商，反映了分销渠道体系的发展演变，这是渠道模式的必然走向。其原因有三：一是从某种程度上讲，分销商弥补了上游经销商在运力、服务、资金和客户开发上的不足，扩大了产品或服务的市场覆盖率；二是分销商各方面的能力，如管理能力、订货能力、物流仓储能力等均得到了培养和提升；三是分销商最为贴近客户，能及时掌握客户需求和一线市场的反馈意见，因而与客户有较强的黏性。

需要强调的是，分销商越级转变为经销商可能会面临一定的风险。比如，之前分销商从原有经销商处取货，不需要承担过大的库存和资金垫付压力，可一旦升级为经销商后，就需要面临库存和资金垫付问题，尤其当遇到资金实力强的竞争对手抢占同区域市场的客户时，分销商可能会难以应付。再如，之前分销商更多以二传手的身份存在，利用信息差赚取差价，而现在升级为经销商后，其抗风险能力较弱、资金实力不强的劣势就凸显出来了。

所以，生产商要处理好经销商和分销商的关系。首先，将分销商升级为经销商时要与区域市场内的原有经销商充分沟通，尽量得到原有经销商的认可。否则，原有经销商可能会以牺牲小部分利润为代价，通过价格战等击垮分销商所属的区域市场，而这最终损伤最大的是生产商。

其次，生产商要基于自身渠道人员配置的状况，确定是采用经销商直达终端客户的渠道模式，还是采取经销商和分销商共存的分销渠道模式，并确定采取此种渠道模式的期限。

最后，生产商要善于吸纳来自分销商的终端零售建议或意见，在保证分销商产品或服务价格的同时，根据各区域市场发展的具体情况具体分析，切忌搞一刀切的渠道下沉，以免出现大的经销商不愿接受这个品牌，小的分销商接受不了这个品牌的尴尬局面。

在现实商业世界中，每个省份的市场基础不同，渠道商条件也不同。若经销商团队强大，服务能力强、配送效率高，则可直接进行渠道下沉，让产品或服务直达终端客户。若有些地方的分销商把握终端客户的能力很强，与经销商的关系也很稳定，习惯传统的分销渠道模式，那生产商也不要轻易去打破经销商和分销商的这种生态平衡，以免扰乱经销商和分销商的合作关系。所以，在当今时代，分销商有其存在的独有价值。因此，我根据自己的实践经验设计出了经分销模型（见图 2-4）。

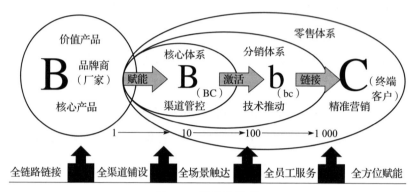

图 2-4　经分销模型

　　一家企业不管选择何种渠道模式，其最终目的都是让产品或服务方便快捷地到达终端客户手中。在 B 端要有优秀的省级经销商，生产商要利用它们在推广、技术、仓储、物流、资金、配送等各方面的强大实力，来降低自己相关方面的生产成本。比如，通过增加核心经销商的产品线和库存压力来增加配送数量、吨位等，以减少生产商的配送频次，达到节省物流费用的目的。通过为 b 端的经销商增加相关配套产品，增强其在终端客户的话语权和产品组合的竞争力。

　　也就是说，我现在所设计的经分销模型，不是传统意义上的经销商与分销商的简单合作，而是通过生产商的专业团队配合，筛选出 B 端省级优秀经销商和 b 端核心经销商，针对他们销售的产品组合、分销策略、价格体系等都是规划好的。最后，结合全链路链接、全渠道铺设、全场景触达、全员工服务、全方位赋能，使经销商的影响力十倍级扩散，让渠道布局与建设效率最大化，进而实现利益共享、销量共增，解决经销商对生产商的不信任问题，这不仅有助于经销商、分销商实现共同成长，也有助于为终端客户提供优质的服务。

渠道模式安装的落脚点是快速触达终端客户，满足他们的需求。因此，企业在渠道模式选择中要因地制宜、因时制宜，将外部竞争态势、行业现状以及内部发展现状、市场定位、战略走向等有机结合起来做判断，切莫人云亦云。当思路未明时，情愿按照传统渠道模式摸索前行、积蓄力量；当出现新机遇时，则快速调整优化自身渠道布局，以便为终端客户打造更好的消费场景，提升用户体验。

第五节　渠道架构设计

渠道架构设计，是指在企业内部设立合理的渠道组织结构，包括目标市场区域划分、渠道层级设计、组织架构分工、渠道商甄选等。构建一个有序且高效的渠道网络，能保证企业持续稳定发展，同时适应市场变化，促进渠道生态健康循环。

以我在荷兰皇家帝斯曼集团（DSM）设计的双品牌渠道架构（见表 2-1）为例。2014 年，我加入荷兰皇家帝斯曼集团时，面对渠道架构已基本僵化、业绩增长明显乏力以及经销商仅靠集团品牌影响力坐收订单挣巧钱的现状，集团决定推出第二品牌，想通过两个品牌的产品，形成相互竞争又相互配合运作的市场。我作为渠道项目负责人，参与了集团渠道架构设计。仅三个月的时间，我们就成功做出一份完整的渠道项目报告，并获得集团总部的通过。

表 2-1　DSM 第一品牌、第二品牌产品的渠道架构设计对比

比较项	第一品牌	第二品牌
区域	● 全国推广 ● 省市级市场覆盖	● 在重点省份试点后再逐步推广：两年推广四省，三年推广十五省，五年推广三十省，十年完成在全国的推广 ● 重点县级市场覆盖

（续）

比较项	第一品牌	第二品牌
市场	• 在广度上力求市场占有率最大化 • 从全面营养角度提供服务	• 在深度上力求重点县精细化 • 提供终端牧场解决方案
终端	• 很少的市场支持 • 全部依赖经销商	• 全面更多的技术服务支持 • 经销商、销售员、技术员与经销商业务人员四位一体提供服务
渠道	• 规模客户为主 • 贸易商为主 • 客户群体不分，全覆盖	• 中小型客户为主 • 服务商、物流商为主 • 按客户类型进行画像区分，分别让经销商进行专业覆盖
数据	• 从原有卖出而不知产品最终流向何处 • 从销售被动提供服务 • 从无销售数据报告分析 • 从无市场作战地图分析	• 到卖出可用手机软件系统进行数据跟踪，掌控货物流向重点终端客户 • 到销售主动提供服务 • 到每月提供渠道销售数据报告分析 • 到每人每地每张作战图的制定跟踪
产品	• 产品内含核心原料 • 区域定制化产品 • 产品可送货到家	• 产品不含核心原料，不做更新替代 • 全国统一性常规产品 • 产品只送货到经销商仓库
商务	• 财务给予赊销额度 • 无业务奖励方案	• 无赊销额度支持 • 有业务奖励方案

具体而言，我的渠道架构设计概要如下。

第一，制定五项渠道对集团的价值贡献诉求。

（1）确定合适的市场覆盖区域，以获得分散的市场和更多的销量。

（2）与市场上的经销商和终端客户保持紧密联系。

（3）以价值贡献来获取长期稳定的利润。

（4）走近终端客户，更好地理解他们的需求，为他们提供所需的、有用的、可展示的服务。

（5）为实现以上目标，与终端客户更多地联系起来，明确经销商的主要职责是保持物流畅通，为用户提供服务。

第二，搭建集团的渠道系统模型（见图2-5）。

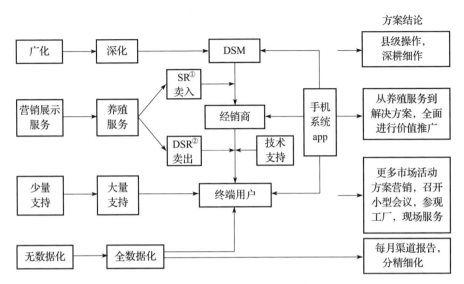

图 2-5　DSM 中国的渠道系统模型

注：① SR，即厂家销售人员；② DSR，即经销商业务人员，但由企业负责发放奖金并对其
　　进行管理。

第三，2015 年制定的愿景：到 2026 年，产品销售量增加到 25.6 万
吨，产品市场占有率从 2% 提升到 10%。

最终结果是，截至 2024 年，集团产品的市场占有率已达 9%，在同
行业中排名第三。产品销售量从 2014 年的不足 5 万吨增长到 2024 年的
近 20 万吨，其中，第一品牌产品的销售量从 2014 年的不足 5 万吨增长
到 2024 年的超 10 万吨，第二品牌产品的销售量从 2015 年的 0 吨增长到
2024 年的近 10 万吨。公司两个品牌的产品在九年时间里增长近 4 倍，年
复合增长率达 15% 以上，远超同行业 10% 的年复合增长率。同时，经销
商合作数量从 2014 年的 355 家，发展到 2024 年的 1 378 家，前 300 家经
销商的产品销量占到总体销量的 82%。

通过双品牌渠道架构，集团成功走出原有困境，销售业绩不断增长。
我之所以取得成功，是因为在渠道架构设计中，我始终坚持三个核心价值
和"三权分立"的理念。

三个核心价值：稳、畅、牢

在第一章中我们已明确定义，渠道是连接生产端和终端消费者的桥梁，将商流、信息流、物流、资金流、人流五流串联起来。为保证桥梁稳固、畅通、安全，我们在渠道架构设计中，必须坚持三个核心价值：稳、畅、牢。

首先是稳。关键在于确保渠道内的每一位成员都能获得合理的经济回报。一般涉及三方利益：一是生产企业，有利润，才能持续生产和创新；二是消费者，有优惠、物超所值，才会持续购买、使用和消费；三是渠道商，有利润，才会有支撑桥梁的根基。

此外，我们要让有价值的产品或服务在渠道内流通，才能让渠道这座桥梁发挥出更大效用。没有价值的产品或服务，迟早会被市场淘汰，也就难以保证渠道系统持续运行。当然，产品或服务的好坏不是由企业说了算，也不是由渠道商说了算，而是需要时间来检验，由消费者说了算。

其次是畅。渠道管理者要找到合适数量的渠道商，让他们按照规则与标准依次上桥。值得注意的是，渠道商过多，如果混入不达标的渠道商，会使渠道商的整体素质下降，容易引起市场混乱；渠道商过少，容易造成一家或几家渠道商独大的局面，让其反而掣肘企业市场营销规划。

所以，一家企业要学会合理设定渠道商数量，根据自己已有的人力、物力、财力等资源状况，在成本最优、利润最大的前提下，科学合理地开发渠道商。

最后是牢。要保证渠道牢固，首先在渠道架构设计中就要坚持科学性，设计标准必须全面且严谨，以确保渠道结构安全。此外，对渠道定期进行维护与检修也不可少，不容有丝毫懈怠。

只有渠道稳定、通畅、牢固，才能在机会来临时，迅速且有效地将目标客户（人）、价值产品（货）、适配的场景展示（场）有机地联系起来，抢先抓住机遇，成功开拓市场，形成固有优势，在终端消费者心中占得一席之地。

"三权分立"的理念

一家企业在发展初期，由于资金与规模限制很难吸引到大量人才为己所用，因而建立形式基本属于伙伴组建或家族联盟。在这一阶段，企业一般掌握在两个部门手中。一个是财务部，握着企业财权，很多时候由企业负责人的直系亲属担任负责人，虽不专业但令人放心；另一个部门是采购部，本着"肥水不流外人田"的原则，企业的原材料采购、进货渠道等一般也由企业负责人的心腹负责。此时的企业没有市场战略部，一切市场营销策划全靠老板一人拍脑袋设计，更无渠道部，与渠道相关的工作全部划归到销售人员的日常管理工作中。企业在这一阶段的工作，全部围绕销售转，一切以产品或服务销售为主。目的是不断增加企业产品或服务的市场覆盖率，促使企业发展壮大。

我不否认销售在企业发展初期的重要作用，但很多时候毁了一家企业的也是销售，尤其是企业的元老级销售人员。他们管理一个区域市场的时间越长，越容易将该区域市场的渠道网络掌握在自己手中，如大区经理或销售总监，由于从头到尾参与了企业区域渠道网络的建设，再加上企业如果没有轮调机制，又无第三方监督机制，那么结果就是：要么他们成为一方区域市场的主导者，企业很难插手该区域市场；要么他们带领核心团队与渠道商、客户另起炉灶，成为企业最有威胁的竞争对手。这容易让企业处于两难的被动局面，若解雇或调任大区经理或销售总监，则企业可能丢掉市场；若保持原样不变，则企业难以有销售增量。

所以，我主张以"三权分立"的理念设置市场部和渠道部，让其与销售部形成三足鼎立的结构，保障企业稳定持续发展。

当企业发展壮大进入快速成长阶段和成熟阶段，销售部逐渐从产品或服务销售的全过程掌控者变为销售执行主体时，市场部随之出现。市场部不仅负责品牌维护、产品形象设计、产品促销、市场咨询，还进行消费者画像绘制、市场战略制定、广告宣传、线上线下产品推广等，在真正发挥市场营销作用的同时，助力企业产品研发。

与此同时，企业要积极着手建立渠道部。渠道部既无企业财权、人权等权利，也和其他部门没有直接的利益关系，是连接企业各个部门的桥梁，发挥参谋、监督作用。比如在经销商选择中，渠道部按企业选择标准选出意向性经销商，之后将意向性经销商名单提交企业高层，组织市场部、人事部、生产部、物流部等进行讨论，以确定最终经销商（见图 2-6）。

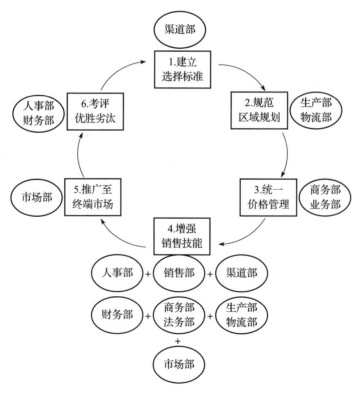

图 2-6　渠道经销商甄选流程

　　如果一家企业未在快速成长阶段和成熟阶段设立渠道部，那它就有可能在不久的将来遇上发展失速点，进入发展瓶颈期。由此，企业产品或服务所占市场份额开始减少、销量下滑，企业不断缩减各项费用开支，甚至出现提价行为，最终影响企业的生存与发展，使企业进入不可逆的困境，以至于被市场淘汰出局。当然，也有些企业会在经历失速点后进行自我革新，通过战略调整、渠道优化、组织升级等举措，打破困局，找到新的增长曲线。

　　渠道部作为企业不同部门建立连接的桥梁，应以走访调研收集到的数据为依据，不断优化渠道架构设计，给各部门提供相应的服务，从而帮助企业提升整体销售业绩，监督企业产品或服务的市场发展，引领企业走向可持续的未来。

CHAPTER 3

第三章

渠道梳理：在"减负"中实现优化整合

在渠道管理实战中，我将渠道梳理作为重点之一，旨在分析渠道布局是否合理，渠道销售人员的绩效产出是否合适。在推动渠道系统优化升级、发挥更大效能的同时，通过挖掘渠道销售人员的潜力，力争为企业创造更大效益。

本章重点介绍渠道五度管理分析法，强调在当今时代，企业要去寻找匹配的渠道人才，并通过科学合理地设定绩效考核指标、巧用情境辅导工具等，充分发挥渠道销售人员的主观能动性，挖掘他们的内生动力，为企业可持续发展保驾护航。

| 案例导入 |

某知名国际企业为何走上下坡路

某国际知名企业作为全球知名快速消费品公司，面对激烈的市场竞争，在渠道布局阶段就制定了较为完善的产品营销策略。比如，针对不同消费群体，坚持目标市场细分，走差异化路线，以尽可能地覆盖更多的消费群体；强化不同子品牌定位，以精准锁定相关消费者，从而使得不同子品牌的产品均在消费者心中占据了独特地位；采取多渠道销售策略，与商超、便利店、电子商务平台等各大零售商建立合作关系，并通过产品定制、联合促销等方式提升渠道效能；与供应商、分销商建立长期合作关系，通过信息共享、优化库存、降低成本，提升供应链管理效率，等等。可以看出，该企业成为行业巨头并多年屹立不倒的原因在于：品牌营销和销售渠道建设。

在品牌营销方面，基于快速消费品行业的特征，该企业利用广告和各种营销手段将自己的产品和品牌努力植入消费者脑海，激发消费者持续多次购买其产品。在销售渠道建设方面，基于快速消费品单价低、绝大部分人需要的特征，该企业建立了广泛的销售渠道网络，尤其在我国，从一二线城市到三四线城市，各地商超、百货店、便利店甚至街边小卖部都有该企业不同子品牌的产品。同时企业还与不同零售商保持紧密合作，以便及时掌握自身产品的各种销售数据，从而更合理地安排生产、促销活动、物流等。在该企业既广又深还密的渠道网络布局下，产品从各个角落触达消费者。

然而，随着互联网时代的到来，该企业原有的"全国性渠道＋全国性广安投放＋接触全国消费者"的做法似乎正在失效。正所谓成也萧何，败也萧何。

首先，触达消费者的方式发生了变化。传统品牌营销渠道（如电视、电台等）的影响力正在下降，反之，各种电商平台、小众购物app、微商等成为触达消费者的方式。换句话说，消费场景的多元化带来的是消费者的购买点无处不在。其次，品牌优势不在。在我国，该企业走的是大众市场路线。然而，随着人们消费升级，消费者对该企业的大众品牌逐渐失去了兴趣。此外，我国众多本土品牌涌现，相较国际企业这种外来品牌，本土品牌更容易实现市场下沉，与当地经销商的关系也更好。最后，在销售渠道和品牌营销的双重影响下，该企业以前最值得炫耀的销售渠道网络开始出现问题。人们开始越来越多地在网上购物，线下实体零售店则越来越冷清。电商的崛起及发展，对企业传统渠道的业务形成了巨大冲击。尽管企业积极拥抱线上电商，但这不可避免地会触及传统经销商的利益，从而引起他们的不满。

我们可以看到，多种因素叠加让曾经盛极一时的国际知名企业走向颓势。但透过现象看本质，不管是品牌营销还是销售渠道，归根结底，问题出在了渠道管理上。面对电商带来的巨变，该企业只想着"迎战"，却没有对自身做出正确的审视，进行渠道梳理，优化调整已有的渠道体系，导致线上线下渠道利益冲突不断。最终在这场时代洪流中，走上了下坡路。

资料来源：本案例根据张潇雨的商业经典案例课改编。

第一节　渠道梳理阶段的"瘦身健体"

当进入渠道梳理阶段后，企业正进入成长期（或成熟期）。相较于渠道管理初期的扩大布局、尽量抢占更多市场份额的策略，此时企业的渠道网络已经形成，产品或服务拥有的市场份额也已经基本确定。在这样的情形下，企业的渠道管理策略也应发生变化，不再以开拓市场、追求销售业绩为主，而是转变为对渠道进行必要的梳理和分析，通过做"减法"，减去不必要的负担，达到提升渠道效能的目的。

如何"减负"？

一方面，企业掌舵人要学会放权。在渠道梳理阶段，企业已拥有相当的实力，在市场上也有了一席之地。此时企业掌舵人要学会放手，敢于将权、责、利下放给区域经理层级的人物，具体做法为：一是企业掌舵人应站在更宏观的角度，对企业做出更大的战略布局，而不能如企业成立初期一样，盯着眼前的小事、琐事；二是充分给下属授权，培养出更多勇于担当的个人，以便为公司持续壮大储备必要的人才资源。

另一方面，渠道管理者要根据企业发展实际，及时调整优化渠道系统。比如，通过提升渠道人员能力，优化人力配置，让原来能管理50名经销商的销售人员，现在能管理60名经销商；积极发展核心经销商，让他们在市场渗透、库存管理、产品或服务覆盖及风险分担等方面发挥主导作用，帮助企业减少成本支出，助力企业实现品牌价值传递。

渠道梳理是渠道管理中必不可少的流程之一。在这一阶段，有两个要点尤其值得关注：其一，对渠道系统信息进行分析，积极利用长尾效应，让企业既能通过多元化的路径增加收入，又能满足消费者独特的需求，从而吸引更多受众，提高企业品牌知名度；其二，通过对渠道销售人员的绩效分析，找到影响渠道销售人员积极性的关键因素并加以改善。通过这一举措，能帮助企业将资源投在关键地方，将钱用在刀刃上，以此减少浪费，实现降本增效。比如，通过渠道梳理，得出还需让渠道下沉的结论，此时企业可以加大对经销商的财力支持，帮助其将产品铺到更基础的市场。

通过渠道系统进阶，渠道商的能力得以增强，从渠道布局阶段的六大基本能力，扩展到渠道梳理阶段的十项能力，即新增技术服务、现金流转、数据分析以及全线触网这四大增值能力（见图 3-1）。

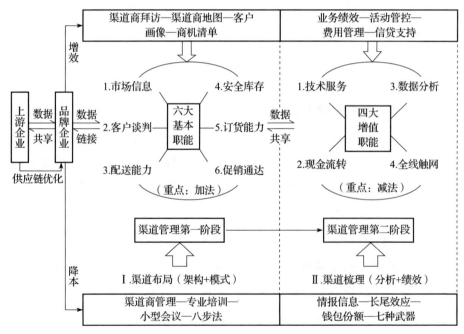

图 3-1　渠道布局到渠道梳理

对企业来说，进行渠道梳理，推动"量身减负"固然不易，但这是必经阶段。只有不断优化整合渠道系统，才能适应不断变化的内外环境，为渠道制胜市场提供保障。

第二节　五度管理分析法

进入渠道梳理阶段，我们将对渠道进行评估，以便及时调整完善渠道布局。在这里，我将分享我使用了十年时间的渠道管理法——五度管理分析法（见图3-2），从广度、密度、深度、活跃度和规范度五个维度，对渠道系统进行有效分析，确保渠道系统持续高效运转，避免企业进入"失速点"时跃迁失败。

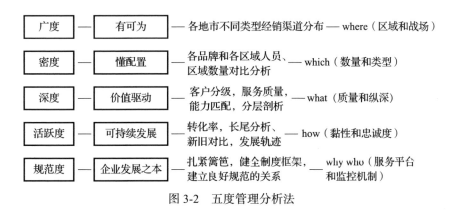

图 3-2　五度管理分析法

广度：有可为

所谓广度，指选择渠道布局的范围，强调企业要根据自身能力、资源及人员等客观现实，量体裁衣，做出有效的渠道布局。

一方面，企业的渠道商不是越多越好，产品或服务的市场覆盖面也不是越大越好，而是要综合企业面临的内外环境以及企业自身的资源禀赋，选择适量的渠道商和合理的市场区域；另一方面，由于事物总处在不断发展变化中，不管是企业所面临的形势还是渠道发展态势，都会随着社会的变化而变化。我们要在变中求发展，在变中保持旺盛生命力，不断调整优化渠道布局方案，明确不同时期、不同阶段的渠道布局重点在哪里、市场在哪里，从而有效调动企业当下的人力、物力、财力等资源去赋能。

此外，还需考虑人力资源配置和重点市场确定。企业要明白，对自己力所不及、服务不到的区域或管理偏弱的区域，宁可放弃该区域市场，也好过将该区域市场做成"夹生饭"，以致影响企业声誉。对于重点市场的渠道布局，企业则要尽量摒弃阶梯代理式的渠道模式，直接从第二层级、第三层级的经销商和分销商中，选择能和自己直接合作的渠道商，以达到效率最高、竞争最优，让产品或服务直达终端消费者手中。

关于渠道布局的广度，因行业不同、企业属性不同等，企业要结合自身实际与内外部影响因素，做综合分析与考量。一句话，渠道布局要因地制宜、因时制宜、因人制宜。

密度：懂配置

对渠道进行密度分析，即企业在已选定的区域市场，根据自身渠道销售人员情况，确定配置多少渠道商才能达到效率和利益最大化。在渠道布局阶段，企业已选定了渠道模式——或直销模式，或经销模式，或混合模式等，但我们要注意，此时企业不能给渠道销售人员过多束缚，要让他们尽量去把自己所在区域市场的潜在渠道商挖掘出来，只有当渠道商的数量足够多时，才方便对渠道商做更有价值的分析，找到与自己匹配的渠道商。当确定了渠道商后，企业则要考虑如何对渠道商进行有效布局，包括在什么地方设置经销与直销，设立什么标准的经销商，在什么地方经销，将产品给谁经销或直销，确定不同经销商负责的区域及产品价格等。对此，我提出三个实战方法，分别是二八法则、蛙跳战略法和班组作战法。

1. 二八法则

二八法则，即一个区域市场80%的销量是由20%的渠道商创造的。以一个省的渠道布局为例，企业要从该省所有渠道商中选出最为优秀、最具发展潜力和最有积极性的前20%的渠道商，将重点资源、主要人力等匹配给他们，以全力配合他们拓展主要市场，达到以点带面铺开作战、实现市场开拓的目的。

2. 蛙跳战略法

通过二八法则，我们确定了前 20% 的重要渠道商，却发现他们所在的区域市场彼此相连、挨得过近，导致他们缺乏战略扩展空间，怎么办？这时我们就要学会舍弃，根据实际情况看是舍弃个别渠道商还是舍弃全部渠道商，避免渠道商之间形成白热化竞争。同时将蛙跳战略法派上用场。蛙跳战略法源自第二次世界大战的太平洋战争，其核心思想是采取跳跃前进、越岛攻击的策略，以避开敌方一线防御重点，攻击其战略纵深中守备较薄弱的地方，实现对敌方的连续打击。应用到渠道商选择中，则是先在重点区域市场站稳脚跟，在此基础上实现对更大区域市场的掌控。比如，一个省有 100 个县，我们采取蛙跳战略法相继"攻占"其中的 20 个重点县进行市场覆盖，这就能保证我们掌握该省的全部渠道布局。我们需要谨记的是，各区域市场之间一定要有缓冲地带，让渠道商有足够的可扩展空间。

3. 班组作战法

经过二八法则筛选出重点渠道商，按蛙跳战略法将一省一县的市场开发出来。这时可能出现的情况是：渠道销售人员能力强的，可能有几十个渠道商与其联系；能力较弱的，可能只有几个渠道商与其联系。如此之下，企业需要思考：如何平衡渠道销售人员与渠道商的配置，要有多少渠道销售人员来管理这些已开发出来的渠道商呢？需要有多少大区经理来分级管理这些区域的渠道销售人员呢？一个较好的实战方法就是采用班组作战法。

何为班组作战法？班组作战法就是让三个班组合成一个相互比拼、相互学习的战斗小组。一般来讲，一个班为 10 ～ 15 人，可配备一名渠道销售人员。大区经理、渠道销售人员和渠道商按 1∶10∶100 的比例配置，即一名大区经理可管理 10 名渠道销售人员、100 ～ 150 名渠道商。

与此同时，在大区经理下面选出一名后备大区经理，赋予其参与权、监督权和协助权，与大区经理一起参与全国性会议、了解企业发展战略，共同管理好一个大区。

在渠道管理实践中，我们一般会设立东、西、南、北四个大区和一个重点大客户直属区，再在全国配备一名渠道销售总监，由此全国的基本销售框架就大体呈现出来了。

深度：价值驱动

深度强调价值驱动，即一家企业想要占领消费者心智，最重要的是让消费者觉得产品或服务"买得值"。站在渠道管理角度，渠道管理者应坚持以价值为导向，围绕市场营销打造渠道价值体系，推动渠道赋能产品或服务销售，促进企业价值传递。

在企业价值传递过程中，通常会遇到两个难题：一是如何避免价值能量递减；二是如何放大企业价值。经销商的主要任务就是解决这两个难题。

然而，我们面临两方面的客观现实。一方面，经销商需要具备出色的学习能力和超强的执行力，以便能像企业的专业人员一样，将产品或服务的卖点与消费者对产品或服务的反馈点无缝对接起来，促成产品或服务成交，实现企业价值传递。但是，由于经销商的背景、学历、能力及所处环境等不一样，往往会在企业价值传递过程中造成一定损耗。经销商能够将企业的产品或服务快速、及时、完整地传递到终端消费者手中，并确保最后一笔货款回流，其实是一项艰巨的任务。

另一方面，要想让企业价值在传递过程被放大，需要经销商深入理解企业的企业文化、发展理念、发展愿景等价值点，并在产品或服务传递过程中放大这些价值点，以强化对终端消费者的教育，这是企业实现从价格销售到价值销售的关键一步。

如此之下，如何找到适合自己的经销商，考验着企业领导者的智慧。根据我三十多年的工作经验，我认为在经销商选择上要采取尖毛草策略[⊖]，并从资源和能力两个维度，分析经销商类型（见图 3-3），从众多经销商中选出生命力顽强，能与企业共成长、同发展的经销商。

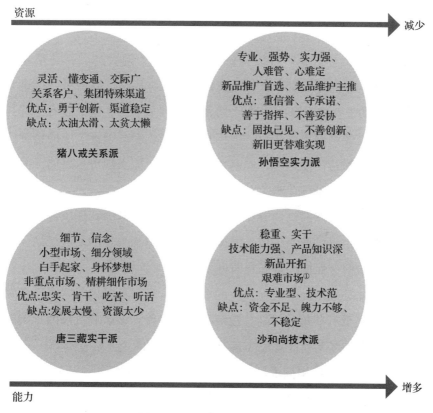

图 3-3　经销商四大类型分析

注：①边缘市场、小市场、非重点市场，统称为艰难市场。

⊖ 非洲大地上有一种植物叫作尖毛草，在最初半年时间里，人们几乎看不到它在生长。但半年后雨季到来时，尖毛草就会向上疯长，展现出惊人的生命力。尖毛草策略强调在行动前做充分的积累和准备，在时机成熟后迅速行动。

1. 孙悟空实力派

此类经销商无疑是业界翘楚，在各自领域和区域市场具有深远的影响力和强大的综合实力，拥有完备的团队、充足的资金以及健全的仓储物流体系等各类资源。此类经销商通常重合同守信用，一旦签订销售协议并确定了销售目标，绝大部分情况下都能顺利完成任务，除非遭遇不可预见的重大变故。在我长达三十多年的职业生涯中，仅遇到一位孙悟空实力派经销商因突发疾病离世而未能完成销售任务。

根据不同特征，我们可以将此类经销商分为两大类。一类是起步较早，积累了丰厚的原始资本，在发展中相对保守固执。随着事业接班人缺失（经销商的子女未投身此领域），可能遇到发展瓶颈，逐渐没有了昔日辉煌。另一类是经销商虽已年迈，但仍具有开拓创新、积极进取的精神。他们对新生事物保持高度兴趣，并有事业接班人，能实现传承发展，但面对再创新高的挑战，显得有些乏力。

与孙悟空实力派经销商合作，企业应当全力以赴为其提供最优厚的资源支持，包括足量的商品供应、最好的服务保障和合理的发展规划。而在每月例行拜访中，保持礼遇周到即可。

此外，此类经销商一般与企业的中高层管理人员保持着紧密且良好的长期关系，甚至有些总监、副总裁级别的高管曾是该区域市场的直接管理者。因此，此类经销商能获取丰富、及时、准确的企业信息资源。

企业管理此类经销商面临的最大挑战是，因其实力强悍、灵活多变、不易约束的特征，管理难度较大。如果企业想要淘汰或对这类经销商进行调整，则需要有坚定的决心和超强的智慧，并付出极大的努力，才能妥善处理。

2. 猪八戒关系派

此类经销商一般是知名企业原高管、销售精英，他们拥有广泛的人脉、丰富的社会资源，能通过自身已有人脉推动产品或服务销售，助力企业业务的发展。同时，他们通常还具有很强的社交能力，能够与不同的人进行交流沟通，进而建立良好关系，因此能帮助企业在激烈的市场竞争中脱颖而出，争取到更多的市场份额和客户资源。

这类经销商擅长点对点地开发区域市场内的大客户，和大集团做生意，不屑精耕细作，推动实现区域市场全覆盖。当然，这类经销商也存在一些不可忽视的缺点，如过度依赖自身人际关系和社会资源，可能会忽视产品或服务质量的提升，或者在遇到问题时，忽视了企业的支持与帮助；因性格强势，使得这类经销商难以具有开拓创新精神，可能导致被市场淘汰。

3. 沙和尚技术派

此类经销商多是科班出身，为院校技术专家或企业技术骨干出来后的合伙人。一方面，他们拥有先进的技术和知识体系，能为终端客户提供高质量的产品或服务；另一方面，他们具有很强的研发能力和创新能力，进而能不断推出新产品或新服务，以满足客户的新需求。在这样的情况下，此类经销商能帮助企业在激烈的市场竞争中保持领先地位，争取更多的市场份额和客户资源。再加上他们对企业的产品或服务有很强的理解能力，因此在企业价值传递过程中往往会放大企业价值。

然而，此类经销商也有一些缺点。比如，过度依赖技术和原有知识体系，可能会忽视人的因素和市场环境的变化；又如，在遇到问题时，过度依赖自身已有认知，可能会忽视企业的发展战略和管理要求；再如，由于创业时间短，自身资金实力不足且多为资源整合型公司，再加上领头羊多为技术型人才，可能不善人际沟通或语言表达欠佳，导致在风险把控上过于保守，使得自身发展虽然稳定但过于缓慢。

4. 唐三藏实干派

此类经销商多由企业销售人员转型而来，由于种种原因选择了自主创业。因此，他们具有以下特征：第一，脚踏实地，从零起步，依靠一辆车、一个人、一间小铺子，逐渐打拼出一片江山；第二，拥有丰富扎实的行业经验和实战技巧，具备吃苦耐劳的精神品质，坚持在本土市场精耕细作，从而在本地市场有深厚的人脉关系和一定的客户基础；第三，对客户需求有着深刻理解，能因地制宜地为客户提供实用有效的解决方案。这种超强的执行力和快速解决问题的能力，帮助其在瞬息万变的市场中稳打稳扎，助力企业稳步扩大市场份额和积累客户资源。

当然，这类经销商也面临一些挑战。第一，创业初期资金有限，社会关系网络和可用资源较为单一，团队规模小，常常需要一人身兼数职；第二，过度依赖个人实战经验虽有助于成立初期的生存和发展，但也可能导致在理论知识更新、创新思维拓展方面有所滞后；第三，由于拥有的各类资源有限，此类经销商更适合在非核心市场或待开发市场长期耕耘，坚持精耕细作。因此，相较资本雄厚、团队成熟的经销商，此类经销商成长速度较慢，但其执着精神和实战智慧不可小觑，是推动企业产品或服务市场化的重要力量。

企业应根据不同市场特点和客户需求，灵活搭配不同类型的经销商，力争实现企业价值传递效果最大化。例如，在维护和发展大客户市场时，猪八戒关系派经销商凭借强大的人际关系网络和客户维系能力取得显著成效，此时若再巧妙引入唐三藏实干派经销商，利用他们丰富的实践经验与高效执行力，为大客户提供更为细致周到的服务和定制化的解决方案，将极大提高客户服务质量，增强客户满意度。

当企业主打技术创新和产品升级的市场时，孙悟空实力派经销商的强大实力和竞争优势不可或缺，但同时也需联合沙和尚技术派经销商，共同推进技术创新和产品研发，通过高精尖技术与优质产品的有机结合，提升企业在市场中的核心竞争力。

实际上，无论哪种经销商组合，都必须建立在企业内部的深度沟通和有效协作上。只有各个角色明确分工、紧密配合，才能真正实现共赢。反之，则可能造成资源浪费，甚至导致原本预期的双赢局面变为双输。因此，充分理解并尊重每种类型经销商的特点和价值，找准他们在市场中的定位，通过科学管理和高效沟通形成合力，是企业在复杂市场环境中持续发展的关键。

活跃度：可持续发展

对渠道管理者而言，经销商没有活跃度，就表示企业品牌缺乏生命力。经销商的活跃度越高，意味着企业拥有更多的订单、更高效的物流和更强的售后服务支持。这也是渠道管理者重视对经销商进行评估的重要原因。

如何评估经销商表现的优劣？在此我们先要对经销商进行标准划分，大致分为三步（见图 3-4）。

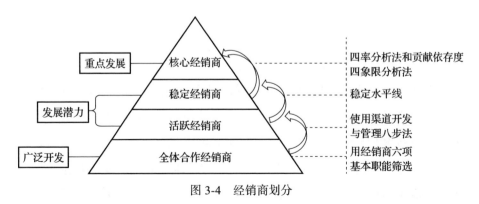

图 3-4 经销商划分

第一步，筛选活跃经销商。一般来说，先列出合作时间满一年的经销商明细表。通过对全体合作经销商整个年度销售数据的分析，将每个月都能正常进货的经销商定义为活跃经销商；将进货不稳定，一个月突然进货、一个月又突然停止进货的经销商定义为非活跃经销商。

第二步，筛选稳定经销商。将活跃经销商中，每月能达到一个稳定销售量的经销商定义为稳定经销商。那如何标定经销商的稳定水平线？我们通常以总销售量除以总经销商数量得出经销商平均销售量，销售量大于等于稳定水平线的经销商，即为稳定经销商。

第三步，筛选核心经销商。在这里，我根据渠道管理实战经验，引入四率分析法和贡献依存度四象限分析法，从稳定经销商中做最后筛选，找出核心经销商。

四率分析法是指从经销商所在市场终端客户维度，按照覆盖率、转化率、渗透率和复购率四个指标，对稳定经销商进行分析，从而筛选出核心经销商。

终端客户覆盖率是市场营销和销售渠道管理的关键指标，衡量产品或服务触达终端客户的程度，在一定程度上反映了市场覆盖的目标。该指标事关经销商经营状况，数值越高，经销商经营得越好。终端客户覆盖率在当地市场排名前三的经销商，可以与企业共同制订新增开发市场的年度计划。

终端客户覆盖率 = 终端客户数 / 终端客户总数

终端客户转化率是检测经销商对特定目标动作结果的关键指标，量化了从接触产品或服务到最终采取行动（购买）的终端客户数量。对经销商来说，终端客户转化率至关重要，直接影响着销售额、利润及客户基数。为获得更好的经济效益，经销商可以将客户需求信息及时反馈给企业。企业通过优化用户体验、增强产品或服务吸引力、调整定价策略、提供优质客户服务等多种举措，努力提高终端客户转化率，帮助经销商在市场站稳脚跟，甚至扩大市场份额。

终端客户转化率＝终端实际客户数／终端潜在客户总数

终端客户渗透率重点关注企业产品或服务对客户的影响程度，能检测客户对产品或服务的认知度、信任度。举例来说，一个客户钱包里有100元，那看他使用了多少元来购买一家企业的产品或服务，从而可看出客户对企业产品或服务的喜爱程度。通过终端客户渗透率，可以测试出企业的主打产品、附属产品、无效产品分别为哪些，从而指导企业构建适合的产品矩阵，提升企业整体竞争力。

终端客户复购率体现了在一定时期内，终端客户对企业产品或服务的重复购买的次数。终端客户复购率越高，终端客户对企业品牌的忠诚度、满意度就越高，反之越低。此外，终端客户复购率还是衡量企业维持现有客户能力的关键指标之一，能检测经销商的对客服务能力，激励经销商始终积极维护现有老客户。这不仅比开发新客户的成本低得多，而且还可以更好地增加渠道利润、稳定市场份额，并助力企业树立更好的品牌形象，扩大企业知名度。

一般来说，终端客户复购率有两种计算方法：第一种是站在客户角度，所有购买过企业产品或服务的终端客户，以每个人为独立单位，重复购买产品或服务的次数，比如有10人购买了甲企业的口红，其中5人重复购买，则重复购买率为5÷10=50%；第二种是站在交易角度，即重复购买交易次数与总交易次数的比值，比如以一个月为限，乙企业的大米交易次数为100次，其中20人进行了第二次购买，在这20人中又有10人进行了第三次购买，那么乙企业大米的重复购买率为（20+10）÷100=30%。

通过覆盖率、转化率、渗透率和复购率四个指标，我们可以对稳定经销商掌握终端客户的能力做出判断。与此同时，我们还要通过贡献依存度四象限分析法（见图3-5），从经销商对企业的贡献度和依存度两个维度，确定企业与经销商之间的黏性。要知道，没有一家经销商能离开企业而存在，也没有一家企业不核算对渠道的投资回报率。企业在投资时一定会考虑回报有多少、经销商对自己的依存度怎么样。只有当投资回报率达到预期时，企业才会觉得这种投资是值得的，才会加大对渠道的投入。

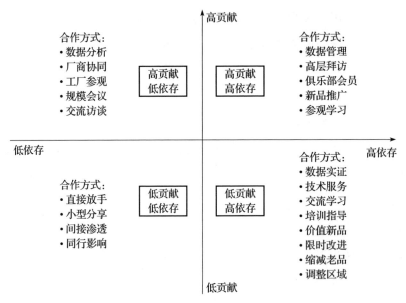

图 3-5　贡献依存度四象限分析法

通过四率分析法和贡献依存度四象限分析法，我们可以筛选出核心经销商，从而有针对性地进行销售渠道费用投入，以便帮助经销商销售产品或服务，提高经销商对企业的忠诚度，并将这种忠诚度转化为对企业品牌价值的推广与传播。毫无疑问，经销商在企业的帮助下，对客服务能力、销售产品或服务能力以及应对市场危机能力等各方面的综合能力会得到提升。所以，对四率分析法和贡献依存度四象限分析法的应用，企业和经销商都是受益者。

从全体合作经销商到活跃经销商，再到稳定经销商、核心经销商，每一层都有相应的转化率且企业希望转化率为 100%。然而，这是不现实的。所以，我们只能保证每一层的转化率尽可能高。根据我的渠道管理经验，一家企业的经销商构成占比一般为 3 : 6 : 1，即核心经销商占全体合作经销商的 30%，稳定经销商占全体合作经销商的 60%，活跃经销商占全体合作经销商的 10%，没有非活跃经销商。经销商这样的占比情况，显示出一家企业的市场开发是稳定可持续的。

活跃度作为企业判断经销商质量高低的重要指标，能帮助企业优化经销商结构。因此，在渠道梳理阶段，企业注重对经销商的筛选和分层，以便帮助企业建立更完善的渠道管理规则，强化企业各部门之间的交流和沟通，实现企业渠道管理效能最大化。

规范度：企业发展之本

一家企业如果没有规范的规章制度，不管在员工管理方面，还是在业务拓展方面，抑或在企业日常运营的各方面，都将混乱，导致企业没法在市场中存活下来。所以，我觉得规范度是一家企业可持续发展的根本，应贯彻于渠道成长的全生命周期，尤其在导入期、成长期和成熟期至关重要。

在渠道导入期，企业正处在创业起步阶段，生存压力较大，主要聚焦市场开拓与客户需求满足，因此首要任务是明确产品或服务定位、获取首批客户，可能无法保证完善的福利待遇制度和正常的工作时间安排。在这一阶段，规范度并非首要考量因素，反而更应注重企业的灵活应变能力和快速适应市场的能力。

随着产品或服务在市场上逐渐得到消费者的认可，渠道进入成长期。此时企业产品迭代加速，进入高速发展状态，并倡导狼性文化，力求在市场竞争中脱颖而出。此时，渠道管理的规范度有待加强，应在保持企业活力与效率的同时，注重与渠道商建立快速联动机制，以满足消费者多元化需求。另外，企业要在坚持渠道系统运转规范度的基础上，激发渠道合作伙伴的潜能，着手建立健全物流运输、库存管理、货物配送等各种规章制度，防止渠道野蛮生长。

当渠道进入成熟期后，企业不再一味追求高速增长，而是寻求稳定可持续发展的路径，因此原有的产品或服务单一导向和企业粗放式发展模式被逐渐放弃。同时，企业可能面临危险期，因为以往的成功模式可能失效，组织惯性和员工固化思维成为企业变革的阻力。在这样的情况下，企业必须正视内部流程规范化、跨部门一体化协同的重要性，坚决去掉不规范的操作，全面加强渠道管理。

在这一阶段，企业即使已有独立的渠道管理部，也要建立起渠道沟通、互动机制，确保渠道系统良性运转，维护各层级渠道商的权利和利益，进而保证企业利益。否则，企业极易陷入一些常见的渠道管理误区，带来一系列不良后果。

典型如缺乏对客户需求的前瞻性洞察，导致企业无效生产、渠道资源被白白浪费，成本飙升；没有跨部门协同的标准化流程，导致各部门遵循自身运转规则，各自为战，让企业整体运作效率大打折扣；在渠道沟通机制中，内部本位主义盛行，导致部门之间壁垒重重，形成明显内耗，阻碍渠道整体效能的发挥；渠道管理呈现随意性特征，经销商准入、退出机制不统一，导致不同区域经销商的评价标准不一致，从而难以形成公平公正的渠道管理体系；在渠道销售人员业绩考核中，过于关注短期销量数据，造成片面追求短期利益现象，忽视了企业品牌的长期建设以及与渠道商的深度合作，这些都不利于企业长远发展。

因此，企业要坚持渠道管理规范化、协同化和长期化，基于平等互动原则，构建长效沟通机制，如推行 REPAIRS 修复法（见图 3-6），确保企业与经销商能有效对接、深入交流。

所谓 REPAIRS 修复法，包含七个方面内容：

R，英文全称 respect，即予以尊重。渠道管理者要尊重每一位经销商，认可其在市场一线的价值。

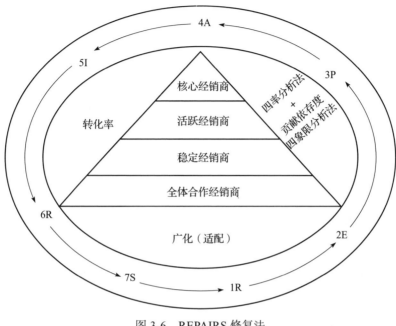

图 3-6 REPAIRS 修复法

E，英文全称 empathy，即保持同理心。在与经销商沟通中，应站在经销商角度思考问题，理解其需求和困扰，并积极给予帮助。

P，英文全称 participate，即鼓励参与。企业应鼓励经销商积极参与企业决策、提出意见和建议，因为经销商掌握着来自市场一线的信息，通过反馈终端消费者的感受，帮助企业有效推进产品升级，强化企业品牌力。

A，英文全称 admit，即坦诚交流。企业与经销商之间保持开放透明的沟通机制，敢于承认问题并寻求改进方案。

I，英文全称 in time，即及时处理。企业对经销商反馈的问题和建议给予及时处理和回应，这不仅是对经销商应有的尊重，还能提高渠道效能，促使企业自我提升。

R，英文全称 rebuild，即重建重组。在发现不足和问题时，渠道管理者应主动重构和优化合作关系及渠道管理机制。

S，英文全称 support，即全力支持。企业提供全方位的支持体系，助力各层经销商（活跃经销商、稳定经销商、核心经销商）成长与发展。

同时，为保证企业与经销商互通有无，渠道管理者与一线的渠道销售经理应深入市场、积极走访，与经销商面对面交流沟通。其目的是双方能共同研究市场，以支撑一线渠道销售人员获取精准、直接和真实的市场反馈信息。通过实地考察，及时发现区域市场中存在的问题，让企业提前做好风险防范，为业务发展筑牢根基。在与经销商交流沟通中，我们可以采取 GROWS 方法[⊖]来指导沟通过程，提升沟通实效。

在渠道发展生命周期的不同阶段，规范度都是必不可少的，并且随着企业发展壮大，渠道管理的规范度需要不断提升，这不仅是与经销商建立良好合作伙伴关系的必然要求，也是企业长远发展的客观需要。

第三节　用人员绩效激发团队潜力

我曾给一家地方品牌饲料企业做培训，当时它的渠道销售人员告诉我，不是企业在给他们背书，而是他们在给企业背书。他们给养殖户讲什么，养殖户就信什么。实际上，很多养殖户并不真正懂产品或技术，而是在与渠道销售人员接触中，建立了对企业产品或服务的信任。这也从侧面反映出渠道销售人员的重要作用，他们不仅是简单的销售人员，还可能是

　　⊖　GROWS 方法：G 英文全称 goal，指明确讨论目标，在对话开始前，清晰阐述本次交流的目的和期望达成的目标，确保所有参与者对讨论主题有统一认识；R 英文全称 reality，指澄清现状，深入了解并客观呈现当前市场及业务的实际状况，包括存在的挑战、机遇以及可能遇到的问题等；O 英文全称 option，指提出发展备选方案，基于对现实情况的理解，集思广益，共同探讨并提出多种可能的解决方案或改进措施；W 英文全称 will，指确定后续行动计划，在众多选项中筛选出最佳方案，并明确各方的责任分工，制订具体的执行计划和时间节点，确保各项决策得以有效落地；S 英文全称 summary，指总结，在交流结束后，全面回顾并总结讨论的主要内容和达成的共识，以书面形式记录下来，以便后期跟踪落实及进行效果评估。

沟通企业与终端消费者的桥梁、连接企业与经销商的媒介以及企业品牌的宣传者等。

所以，在渠道管理中，寻找匹配的渠道人才，并为其设定科学合理的绩效考核指标显得尤为重要，既关系着渠道人员的潜力激发，又关系着企业的品牌传播和价值传递，对企业发展具有深远意义。

寻找匹配的渠道人才

俗话说，人才是第一资源。对企业来说更是如此。一家企业真正得以基业长青的一个关键要素就是拥有各种各样的人才。因此，就渠道管理而言，渠道人才也是必不可少的资源。

我这里所提到的渠道人才，主要是指企业内部的渠道人员，特别是与渠道关联最为紧密的销售人员。世界行业千千万，不同行业、不同企业都有自己的渠道管理模式，从而有自己的选人标准。因此，我仅将自己在快速消费品、农业等领域三十多年的渠道管理实践心得分享给大家。

如今，世界正处于百年未有之大变局，世界之变、时代之变、历史之变正以前所未有的方式展开。唯有一专多能的复合型人才，才能应对来自全球的复杂多变的挑战。正是如此，企业在渠道人才选择中应坚持寻找多面手，以适应激烈的市场竞争。

那么，在渠道人员选择上有哪些要求呢？我将这些要求概括为七点。

第一，具有"远见的眼睛"，即渠道人员应具备敏锐的洞察力，尤其在人际沟通和战略意识方面。也就是说，要透过表面现象去理解事物的本质、内在联系与内在逻辑，从而做出具有前瞻性的决策。

第二，具有"分析的头脑"，即渠道人员应有基于数据和事实，对客观事物做出准确分析与判断的能力。具有这种能力的渠道人员，往往有着独到的见解，能在渠道布局、渠道策略选择、产品或服务定价等方面给出建设性的意见或建议。

第三，具有"聆听的耳朵"，即善于倾听与收集信息的能力。一方面，学会聆听不同人的声音，比如，面对经销商的抱怨，渠道人员应有耐心，并从中找出经销商本质上要表达的意思，是单纯的抱怨，还是想要获取某项帮助，抑或是想要企业在渠道某方面做出改善？另一方面，通过客观、理性听取各方意见，从中挖掘关键信息，并将其反馈到渠道优化整合上，以保证渠道系统始终适应企业发展战略。

第四，具有"敏锐的鼻子"，即有良好的商业嗅觉。这不仅能够及时捕捉市场动态，帮助企业做出预判，发现新的商机，从而制定正确的商业决策，还能帮助企业及时规避风险，少走弯路。

第五，具有"沟通的嘴巴"，即有良好的沟通能力。智者千言，不如愚者一问。对渠道人员来说，沟通能力尤为重要。渠道人员是连接企业与渠道商的纽带，上情下传、下情上达均离不开渠道人员去协调、去沟通。这种沟通讲究客观实际，要求逻辑清晰、措辞严谨、用词准确。当然，也要讲究沟通技巧，让自己的话语具有说服力，能在企业和渠道商之间取得一个很好的平衡，促进双方和谐共生。

第六，具有"实干的四肢"，即执行力强。执行力强的人能坚定地贯彻企业的战略意图、朝着预定的目标前行。渠道工作，重在执行与落地，需要渠道人员对很多事情做出快速反应，并将之落到实处。同时，在渠道管理实践中，很多工作也需要渠道人员的亲力亲为、踏实耕耘，这才能真正了解渠道系统运转的实际，给企业正确反馈。

第七，具有"炽热的胸怀"，即充满工作激情。在工作中，渠道人员应大胆创新、敢于实践，而不能让固有的条条框框限制了思维。同时渠道人员应对工作抱有热情，以赤诚之心做好本职工作。

培养"一专多能""多专多能"型人才已成为当今时代的发展趋势，企业应为渠道人员提供学习、成长的环境和空间。

设定科学合理的绩效考核指标

绩效考核就像一把双刃剑，用好则对于企业大有裨益，用不好则会产生负面效应，甚至影响企业的正常运转。因此，企业要根据自身发展所处阶段、所处环境、所处市场等情况，科学设定渠道销售人员的绩效考核指标，具体从三个方面去分析。

其一，分析投入产出比。分析投入产出比是指在一定时期内，企业对渠道销售人员的投入与其给企业所带来的产出之比。假如，企业对一名渠道销售人员的投入费用是 1 元，那他能产出多少元的利润呢？我们通常用的投入产出比是 1∶5，即 1 元的投入可以产出 5 元的利润，最低的投入产出比也不能低于 1∶3。也就是说，如果一名渠道销售人员一年的工资、奖金、差旅、福利等费用加起来为 50 万元，那么他为企业带来的利润应为 250 万元，而一家企业销售产品或服务的毛利率为 10%，所以渠道销售人员所产生的年度销售额应不低于 2 500 万元，最少也应在 1 500 万元。

其二，分析渠道销售人员负责区域的增长空间。当一名渠道销售人员的投入产出比为 1∶5 时，表明其所负责区域的增长空间已趋于饱和。与此同时，如果该区域可销售的产品已完全投放经销，在存量空间方面也位居前两名，那么该区域市场可给予企业的增量空间就会受限，要是再加上企业没有新产品投入市场，在这时候，企业就必须给该区域的渠道销售人员增加开发空白区域市场的机会。如果没有空白区域市场，而该区域的渠道商又属于核心渠道商，那么企业就要增加该区域渠道销售人员的职能范畴，并将其作为渠道储备人才进行培养，为其创造更好的发展机会。如果存在空白区域市场，那么企业就要制订该区域的市场增长开发计划、新产品落地计划、空白产品铺货计划等。当然，这些计划的目标设定是需要放到渠道销售人员的年度考核中的，一般按百分比计算，如最少完成目标的 50%，才能有年终奖励；完成目标的 60%，给予多少奖励；完成目标的

80%，给予多少奖励。

其三，分析渠道销售人员的工作负载。渠道销售人员的工作负载是指渠道销售人员在一定时期内需要完成的销售任务总量，包括客户开发、客户维护、市场渠道开拓、产品或服务销售、执行企业的销售计划等多个方面的任务。

基于上述三个方面的分析，企业可以制定出科学的渠道销售人员绩效考核指标，从而保证既有销售成绩，又能促进渠道销售人员与企业的长远发展。

客观地讲，企业在对渠道销售人员进行绩效管理时，不仅要关注渠道销售人员创造的利润，还要关注渠道销售人员的过程管理，以便及时、高效地规划、组织、执行和控制销售活动，提高销售效率，降低销售成本，优化客户体验，推动销量持续增长。所以，针对渠道销售人员的过程管理，**我提出五个可供量化的绩效考核指标**。

第一，销售量同比增长率与销售额的同比增长率。制定该指标的目的是，企业不仅要关注产品或服务的销售量增长，还要关注产品或服务的销售额增长，不可仅设置其中一个考核指标。

$$销售量同比增长率 = (本期销售量 - 上一年同期销售量) / 上一年同期$$
$$销售量 \times 100\%$$

$$销售额同比增长率 = (本期销售额 - 上一年同期销售额) / 上一年同期$$
$$销售额 \times 100\%$$

第二，企业全部产品或服务的市场占有率和单一子品牌产品或服务的市场占有率。市场占有率是指企业某一产品（或某一品类）的销售量（或销售额）在市场同类产品（或品类）中所占的比重。通常来说，企业某一产品（或某一品类）的市场占有率越高，该产品（或品类）的竞争力越强。企业要根据自己全部产品或服务在当地的市场占有率来制定每年的增长指标，同时也要关注企业的子品牌产品或服务在当地同类竞品中的市场占有率，并且不能低于全国同类竞品在整个市场中的平均占有率。

第三，销售利润率。销售利润率是指一定时期内渠道销售人员的销售利润总额与销售收入总额的比率，反映的是单位销售收入所获得的利润。

销售利润率 = 销售利润总额 / 销售收入总额

渠道销售人员所在区域产品或服务的销售利润率不能低于企业每年设定的最低销售利润率，或者不能低于同行业该产品或服务的销售利润率的平均水平。对于销售利润率高的区域，企业不仅要加大人力、物力、财力等的投入力度，还要增加对该区域渠道销售人员的奖励。当然，也可以将对渠道销售人员的奖励设置成重要的年度考核指标，当渠道销售人员完成规定的销售利润率时，则可根据年度奖励机制获得奖金；当渠道销售人员未完成规定的销售利润率时，则按制定的规则，按比例扣除奖金，直至完全取消年度奖金。

第四，稼动率。稼动率是指预估销售量与实际生产量的比值，是衡量企业产能利用率的指标。稼动率越高，企业的产品或服务就售卖得越好。因此，这一指标通常在工业工程和运营管理中非常重要，能帮助企业优化资源配置，强化销售前端和供应链后端的配合，从而提高企业的生产效率、运营效率及仓库周转率等。通常稼动率的标准为90%以上，即渠道销售人员预估的每月产品或服务的销售量应占到每月产品或服务的实际生产量的90%以上才为优秀。

稼动率 = 预估销售量 / 实际生产量

稼动率很少被企业作为渠道销售人员的考核指标，最多仅体现在企业的月度、季度或年度销售计划中。我们可以给稼动率完成得好的区域渠道销售人员单独奖励，而对稼动率在90%以下的区域渠道销售人员给予一定的惩罚。稼动率可以不计入年终奖励机制，但可作为发放年终奖金的参照系数。

第五，客户转化率。客户转化率是指在一定时间内的销售活动中，将潜在客户转化为实际客户的比率，是衡量企业营销活动或销售策略成功与否的重要指标之一，很大程度上反映了客户对企业产品或服务的认可度或信任度。通过客户转化率，企业不仅可以评估营销活动、销售策略的有效性，以便不断优化销售策略，提升销售业绩，同时也可以提高客户对企业产品或服务的满意度和忠诚度。因此，将客户转化率作为渠道销售人员绩效考核的指标之一，是企业非常认可的。

客户转化率 = 实际客户数 / 潜在客户数

渠道管理者要将上述五个渠道销售人员的绩效考核指标落到实处，并制定详细的标准。需要注意的是，一切指标设定都要以真实数据为依据，并与在走访中了解到的区域实际情况有机结合起来，做好每日跟进、每周计划且月月反馈、每季度分享、每年总结。

巧用情境辅导工具

实行渠道销售人员绩效考核，归根结底是为了发现区域市场存在的问题，补短板、锻长板，从整体上提升渠道团队的战斗力。在这个过程中，我们既要依靠各个数据指标，又不能仅局限于数据指标，重点是激发渠道销售团队成员的潜力。

实行渠道销售人员绩效考核的目的有三个：一则培养渠道销售团队开拓创新、积极进取的精神气质。二则不断优化渠道团队结构，让团队成员都能发挥最大价值。这就要求渠道管理者要明白每个团队成员的长处和短处，并帮助他们完善短板、强化优势。三则积极利用马太效应⊖。在团队成员资源匹配方面，渠道管理者要让优势一方获得更多资源，以帮助具有优势的团队成员巩固企业的市场地位，促进所在区域市场的拓展，确保企业的产品或服务在该区域保持强劲竞争力。同时，渠道管理者还可以在该区

⊖　马太效应由社会学家罗伯特·K.默顿在20世纪中期提出，描述了一种常见的社会心理现象，即优势往往会产生更多的优势。

域市场组织打造渠道标杆小组, 促使不同团队成员良性竞争, 以挖掘出团队成员的更多潜力。

我在几十年的渠道管理实战中, 发现通过绩效管理激发渠道销售团队成员潜力有一个非常好用的辅助工具, 那就是情境辅导。

情境辅导, 是一种以渠道销售团队成员所处具体工作情境为基础, 针对渠道销售团队成员进行指导和培训的管理方法, 强调根据团队成员所处的不同职业发展阶段的特定需求和状态, 采取不同的管理策略和辅导方法。之所以如此, 是因为不同职业发展阶段有着不同的特征, 团队成员的工作动机、能力水平等也不一样。团队成员处于哪个职业发展阶段, 通常是根据其工作意愿和工作能力来判断的。

在具体实践中, 利用情境辅导工具有如下步骤。

步骤 1: 成员评估——判断被辅导者目前的绩效准备度。

绩效准备度是情境辅导中的一个核心概念, 从"能力"和"意愿"两个维度对团队成员目前的综合能力做出判断, 目的是掌握被辅导者当下的状态 (见图 3-7)。

被辅导者目前的绩效表现是否在渠道管理者可接受的水平并保持持续稳定?

是			不是

有信心, 有承诺和/或有动机　　　　　　　　　　有信心, 有承诺和/或有动机

是　或者　不是　　　　　　　　　　是　或者　不是

高	中		低
准备度四 (R4)	准备度三 (R3)	准备度二 (R2)	准备度一 (R1)
有能力 有意愿 并自信	有能力 没意愿 或不安	没能力 有意愿 或自信	没能力 没意愿 或不安

图 3-7　被辅导者的绩效准备度表现

步骤2：风格选择——给不同的被辅导者匹配相应的辅导风格。

一般来说，我们可以将团队成员的辅导风格分为四种（见表3-1）。

表3-1　给不同的被辅导者匹配相应的辅导风格

辅导风格四（C4）	辅导风格三（C3）	辅导风格二（C2）	辅导风格一（C1）
低关系 低工作	高关系 低工作	高工作 高关系	高工作 低关系
授权 观察 启发 教导	鼓励 同理 疏导 参与	劝服 澄清 解释 分享	告知 要求 监督 指引
授权教练式	鼓励疏导式	解释劝服式	要求指引式

步骤3：跟踪反馈——辅导者定期重新评估被辅导者的状态。

渠道管理者完成对团队成员的辅导后，并不意味着这项工作就结束了，而是要做好跟踪、反馈工作，及时查看团队成员被辅导后的状况，以便对情境辅导效果进行评估，调整情境辅导策略。

总的来说，情境辅导要坚持以人为本、注重实践，并关注个体差异化发展，这是一个具有实战意义的工具。通过为团队成员提供贴近实际的情境，引发团队成员情感共鸣，进而促进对渠道管理知识的理解和迁移，从而激发团队成员的内在学习动力，这不仅能让团队成员获得快速成长，也能提升渠道销售团队的整体实力。

CHAPTER 4

第四章

渠道赋能：从量变到质变的迭代升级

　　进入渠道赋能阶段，渠道管理者面临更多的挑战与考验。如何在压力重重的情况下成功突围，推动渠道系统向更高阶段发展，为企业盈利添砖加瓦，这成为摆在每位渠道管理者面前的现实难题。

　　本章将从渠道赋能阶段面临的严峻挑战谈起，深入剖析渠道赋能的价值与意义，并提出此阶段渠道迭代升级需要参考的三个"风标值"：老产品现状、新产品的占有率、核心经销商的数量。针对渠道管理中的重要对象——核心经销商，我进一步提出打造渠道赋能会员俱乐部和探索新电商全渠道模式，旨在为企业渠道转型升级提供参考与方向。

　　| 案例导入 |

喜家德的渠道赋能与拓展

　　喜家德虾仁水饺（以下简称"喜家德"）自2002年成立以来，其在全国的连锁门店已超800家，遍布40多个城市，员工超1万人。

　　作为快速发展的餐饮企业，要说喜家德的成功之处，则不得不提它的渠道赋能。在二十余年的发展历程中，喜家德在渠道管理方面做了以下努力。

　　（1）在渠道布局阶段，喜家德采取多种举措保证产品品质，扩大品牌知名度，以培养忠实顾客。

　　一是坚持产品聚焦，品质为王。喜家德秉承"少而精"的原则，严格把控原材料质量，确保饺子口感鲜美、品质上乘，让顾客买得放心，这为其发展打下了坚实根基。

　　二是明档操作，透明可信。喜家德注重用户体验，采取明档的操作方式，让顾客看得见，这增强了顾客对它的信任度，也提升了其吸引力。

　　三是采取合伙人制度，实现共创共赢。喜家德通过给予店长和厨师在新店中的股权，激发他们的创业动力，在确保企业快速扩展的同时，也保证了饺子的质量。

　　四是灵活经营，多渠道拓展。喜家德不仅提供堂食服务，还开展外卖服务、线下销售，这种多元化的渠道销售模式，让喜家德可以尽可能多地触达顾客。同时，喜家德的新店铺可以根据当地的市场、资源情况，灵活选择经营模式，实现多元化发展。

五是利用品牌效应，助力创业。在新店铺打造中，喜家德坚持统一的品牌形象和装修风格，并积极利用已有品牌的知名度和美誉度，快速吸引顾客流量，以促成新店铺在当地迅速站稳脚跟并实现盈利。

（2）在渠道梳理阶段，喜家德既推动主业品牌优化升级，又打造新品牌，采取双品牌营销策略。一方面，专注于饺子业务，不断研发新品，丰富产品线，以满足不同顾客的需求；另一方面，坚持因地制宜的原则，为适应不同地区的市场需求，相继推出"一城一策"，开创了定位高端的姊妹品牌"喜鼎"，力争为顾客提供高品质的水饺，创造良好的用户体验。

（3）在渠道赋能阶段，通过采取多样化举措，如打造网红餐饮店、推动门店升级、提升员工服务水平、不接受预订和排队、饺子按个卖、打造VIP、酒水按"杯+试饮"方式出售等，不断突出自身特色，以培养忠实顾客，增强用户黏性。同时，喜德家还通过增加员工收入、培养年轻有活力的团队来留住员工，进而保障饺子品质以及维持贴心服务，最终推动喜家德整体健康持续发展。

第一节　渠道赋能阶段面临的内外部压力

从渠道布局阶段到渠道梳理阶段，再到渠道赋能阶段，渠道系统已逐渐从稚嫩走向成熟（见图4-1）。此时，企业通过做乘法的方式，基于已拥有的较为丰厚的人力、物力、财力资源，在渠道商已具备的十项服务能力基础上，积极提升渠道商各方面的能力，给予渠道商更多物质层面和精神层面的支持，目的是让渠道商更有激情和动力推动销售业绩增长。

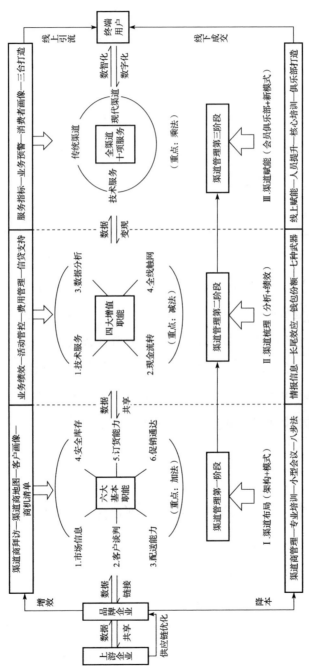

图 4-1　从渠道布局阶段到渠道梳理阶段，再到渠道赋能阶段

在渠道赋能阶段，企业发展已进入成熟期或成熟后期，可能会面临一系列来自内部和外部的压力。随着市场趋于饱和，企业可能会发现，获取新客户变得越来越难，导致销售业绩增长放缓，甚至出现停滞。相应地，市场竞争也在不断加剧，因为此时市场上的竞争者已相对固定，各自都在努力维护已有的市场份额，并想方设法拓展新的市场。

问题随之而来。第一，产品同质化。由于市场上同类产品增多，产品之间差异化较小，企业需要投入更多资源和精力维持自己产品的差异化，以吸引消费者目光，保证消费者的忠诚度。

第二，成本上升。随着企业规模扩大，原材料、劳动力、租金和广告费用等运营成本可能随之上升，这就让企业在创新上面临更大压力。然而，为保持市场竞争力，企业又不得不进行产品、服务和商业模式等的创新，由此各方面成本增加，压力骤增。同时，可能会出现价格战等不良竞争，导致市场环境不断恶化。为阻止这种恶性循环，维护市场秩序，国家相关部门不得不完善法律法规，这就可能间接导致企业成本增加。

上述外部压力会给企业管理团队带来更多挑战。企业的做大做强常常伴随着内部管理的复杂化，管理者需要处理更多关于内部协调、沟通、人力资源等问题。伴随着消费者需求的多元化，原来一个产品通吃天下的现象已经一去不复返，企业需要制定更精细的市场细分策略，专注新技术、新产品研发，推动产品或服务更新迭代，以留住消费者，保持企业在行业内的领先地位。

面对内部和外部的压力与挑战，渠道管理者应推动渠道从量变到质变实现迭代升级，这涉及渠道业态创新、购物场景融合以及数字化转型等多个方面。

首先，企业需要不断创新渠道业态，以适应不断变化的市场环境，满足消费者多样化、个性化的需求。例如，企业可以探索线上线下相融合的新零售模式，或者利用社交平台开展电商，以此吸引更多消费者，提高销售业绩。在此情况下，渠道商也要随之转型升级，但由于缺乏成熟的转型方案和既有经验，往往需要企业对渠道商予以培训和指导，由此渠道赋能的重要性就凸显出来了。

与此同时，企业在该阶段实现了从数据链接到数据共享，再到数据变现这一根本转变。企业需要进一步深化数字化转型，积极利用大数据、人工智能、区块链等技术推动渠道数智化发展。在利用数据资源分析消费者行为、洞察消费者需求的同时，通过数字化工具，助推企业优化供应链管理，提高渠道运营效率。

我始终认为，企业未来最大的资产就是数据资源，包括线上线下供应链数据、客户交易数据、对客服务数据、产品生产数据、用户习惯数据等，这是企业实现盈利的源头。所以，渠道数智化势不可挡，而这意味着全渠道时代正悄然来临。

在渠道赋能阶段的迭代升级中，企业可考虑通过与其他企业或平台进行合作，共享资源，拓展销售渠道，尽可能推动渠道优化升级。同时加强对渠道的精细化管理，包括对渠道商的培训与支持、渠道策略的动态调整、渠道冲突的预防与解决等，以确保渠道稳健运行、健康发展。尤其要和核心经销商保持亲密互动，通过渠道赋能会员俱乐部，增强核心经销商对企业品牌的忠诚度；积极关注核心经销商的各种反馈和消费者的需求变化，以不断优化产品和服务，满足核心经销商、消费者日益增长的品质需求；赋能核心经销商各方面的能力增长，让他们具备敏锐的市场洞察力，能及时捕捉商机，推动新产品快速落地、新服务引领潮流，进而保持渠道的生命力和竞争力。

渠道从量变到质变的迭代升级过程就是企业持续进化和自我超越的过程，这要求企业不断审视自身发展状况，识别潜在的改进机会，并采取相应举措完成蜕变，从而维持和增强竞争优势。

第二节 多维度的渠道赋能策略

在渠道管理实践中，企业可以采取多维度的渠道赋能策略。我根据经验总结出以下八个方面。

一是在渠道数智化方面，企业可通过搭建数字平台、整合线上线下资源，对渠道数据进行实时监控与分析，提高渠道运营的透明度和效率。同时，企业可利用渠道数智化，更好地去分析和理解消费者行为，优化库存管理和物流配送，以提高消费者满意度。

二是在产品策略方面，企业应注重产品标签化，即赋予产品独特的属性和卖点，使其在市场上具有辨识度。同时，根据不同产品的特性，制定相应的促销活动，确保每类产品都有明确的定位和推广策略。此外，企业还应建立一套产品渠道链分级体系，针对不同级别的渠道商提供差异化的支持和激励政策。

三是在品牌建设方面，企业应继续巩固和提升自己的品牌形象。通过持续的品牌宣传和市场营销活动，增强消费者对品牌的认知度和忠诚度。同时，企业还应关注市场发展趋势，适时推出新产品或新服务，以保持品牌活力和市场竞争力。

四是在交易方面，企业可以关注"货"的升级，通过关键角色的交易赋能，提高产品的附加值，增强渠道商的盈利能力。交易赋能包括企业为渠道商提供更好的价格政策、促销支持、库存融资、货款账期支持等服务，以帮助渠道商更好地销售产品。

五是在营销方面，企业可以利用营销一体化的工具和私域运营的手段，提升渠道商在营销和客户关系管理方面的效能。营销赋能包括企业为渠道商提供统一的营销素材，指导渠道商进行有效的社交媒体营销，以及帮助渠道商建立和维护其客户数据库，以便进行精准营销，提供个性化服务。

六是在培训与教育方面，企业应为渠道商提供定期的培训和教育，帮助他们提升专业技能和服务水平，以适应市场变化和消费者需求。培训内容包括产品知识、销售技巧、客户服务、财务知识、物流运营、人员绩效管理等。

七是在激励机制方面，企业应设计合理的激励机制，如通过制定佣金制度、举办销售竞赛、奖励优秀渠道商到企业观摩、优先进行新品推广、提供优秀的服务方案等举措，激发渠道商的销售热情和工作积极性。

八是在信息共享方面，企业应建立信息共享机制，及时传达市场动态、竞争对手信息、销售策略等内容，让渠道商能够做出快速反应，抓住市场机遇。

通过上述渠道赋能策略，企业可提升渠道商的业务能力，即通过专业的培训、先进的技术支持，让渠道商更好地服务消费者；可增强渠道商的市场竞争力，即在帮助渠道商更好地理解市场需求、优化产品组合、提升服务质量的基础上，让渠道商在激烈的市场竞争中占据有利地位；可促进产品和服务创新，即让渠道商参与产品或服务的研发，助力企业发掘新机会，丰富产品线，满足更广泛的市场需求；可深化企业与渠道商的合作关系，即企业向渠道商展示其支持和合作的诚意，加深彼此间的信任，促成更多合作；可实现资源共享和优势互补，即企业和渠道商可以在资源、技术和信息等方面进行资源共享、取长补短，共同开拓更广阔的市场；可提升渠道商的盈利能力和忠诚度，即渠道商通过企业赋能实现跃升和成长，进而有更强的盈利能力，这不仅能让其对企业更忠诚，也更愿意和企业有更多长期合作。

总之，企业对渠道商赋能，有助于打造一个充满活力和竞争力的渠道生态系统，在有效提升渠道商综合实力、保证各方维持长期稳定合作关系的同时，增强企业的实力，推动企业与渠道商走向共赢。

第三节 渠道迭代升级的三个"风标值"

在渠道管理四大阶段中，从渠道布局到渠道梳理，进而跨越到渠道赋能，我们需要寻找渠道迭代升级的关键时机。对此，我总结出三个"风标值"——老产品现状、新产品的占有率和核心经销商的数量，作为企业渠道升级的指南针。

老产品现状

分析企业的老产品现状，我们需要用到波士顿矩阵。波士顿矩阵是由美国著名的管理学家、波士顿咨询公司创始人布鲁斯·亨德森于1970年提出的产品分析工具，又称市场增长率 - 相对市场份额矩阵或四象限分析法等。该矩阵深刻揭示了决定产品结构的两大基本因素：市场引力与企业实力。其中，市场引力作为外部衡量标尺——其核心指标是销售量（额）增长率（以下简称销售增长率），用来评估产品市场需求的变化趋势，它是决定产品结构合理性的风向标。企业实力则是内在竞争力的体现——其核心指标是市场占有率，直观反映企业在市场中的竞争地位。当这两大指标相互作用时，便催生出四种截然不同的产品类型，形成不同的产品发展前景（见图4-2）。

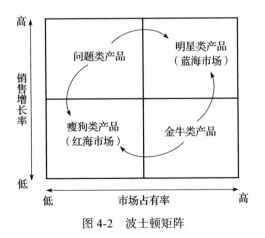

图 4-2 波士顿矩阵

（1）销售增长率与市场占有率"双高"的产品群——明星类产品。

（2）销售增长率与市场占有率"双低"的产品群——瘦狗类产品。

（3）销售增长率高而市场占有率低的产品群——问题类产品。

（4）销售增长率低而市场占有率高的产品群——金牛类产品。

企业可运用波士顿矩阵精准剖析产品现状，即依据销售增长率与市场占有率两大核心指标，细分老产品，并审视其市场定位。这一框架有助于企业明晰产品是已陷入"红海"的竞争旋涡，还是仍幸运地处于"蓝海"的待开发状态，并据此评估其增长空间与潜力，以决定产品是否值得企业持续投入与深度开发，进而优化资源配置，实现资源的高效利用与价值最大化。同样，企业可将波士顿矩阵应用于经销商的评估中。以下是对企业老产品及对应经销商的深入分析。

（1）明星类产品：作为未来发展的标杆与样板，此类产品引领着企业前行的方向，是企业持续壮大的重要驱动力。它们通常处于市场的成长期，急需大量投资以加速发展，巩固市场地位，并进一步扩大市场份额。这些产品的经销商发挥了良好的示范与引领作用，在当地市场已占据较高份额的情况下，仍能实现稳健的销量增长，是企业专营专卖、聚焦经营战略的忠诚践行者。因此，它们是企业宝贵的财富与长期发展的强劲动力，其成功经验值得广泛分享，增长态势更需密切关注。

（2）瘦狗类产品：此类产品尽管在这四个类别中占比不大，但所处市场资源丰富，竞争尤为激烈，从而造成体量小、增长慢、占有率低等问题。它们多处于衰退期，难以为企业贡献收益。对此，企业应适时考虑逐步替换或实施市场细分策略。此外，若这类产品的经销商因过度依赖大客户而缺乏市场动力，则可根据客户清单制定产品开发时间表，或者引入新产品、新模式、新渠道，为瘦狗类产品注入新活力，重燃市场生机。

（3）问题类产品：此类产品是当前备受关注的重点，蕴含着巨大的发展潜力，是企业未来增长的新引擎，但其市场地位尚不稳固，值得深入挖掘与精心培育。在市场上，这类产品可能处于导入期或成长期。企业通过科学的市场分析与战略规划，加上一定的资源投入，有望将此类产品变为新的利润增长点。这类产品的经销商同样拥有巨大的市场潜力，是企业拓展市场的重要力量，需要大力扶持与开发。

（4）金牛类产品：此类产品犹如企业的定海神针，是企业当下利润的主要来源，用来稳固企业的市场地位。它们多处于成熟期，虽增长速度较缓，却以稳定的销售量与市场份额为企业带来持续的现金流与利润。然而，在这些产品的经销商队伍中，不乏与企业并肩作战的元老级人物，他们忠诚度高，但面临后劲不足、市场竞争策略僵化、团队结构老化等挑战。对此，企业需给予这些经销商精神层面的关注，并注入新生力量，如培养新人、引入新产品等，以维持其现有态势。同时，企业应甄选榜样型经销商，发挥其示范效应，进一步巩固渠道稳定性。

在此，我们借助波士顿矩阵将企业老产品与经销商进行深度串联分析，旨在精准区分不同经销商群体的价值，避免将年销售额高达千万元的经销商与仅百万元级别的经销商混为一谈，因为他们的市场影响力、资源掌控力及发展潜力早已显著分层，不可简单并论。当然，这种区分并非单纯基于销售额，更着眼于每家企业、每种产品、每种渠道所独有的市场价值与潜力。也就是说，企业不能再将20%的头部经销商与其余80%的经销商一视同仁了，而应实施差异化管理策略，以更精准地激发各群体的潜能，推动企业持续成长。

然而，部分企业从一开始便对经销商进行差异化对待，按进货量设定不同层级的价格政策，这种做法存在极大的不合理性。因为它忽视了市场的公平竞争原则，未给予所有经销商站在同一起跑线的发展机会，也未经过充分的赛马机制与市场考验，这极易导致市场竞争的扭曲，难以真正筛选出优质的核心经销商。

因此，企业在进行渠道管理时，应秉持公平、公正原则，制定统一的产品出厂价、建议售价、年终奖励政策及年增长率要求等。同时，企业还需深刻理解并尊重不同市场、级别、类型及能力的经销商之间的差异，尤其要聚焦并集中培养核心经销商。渠道管理者要关注，如何推动核心经销商持续成长并带动其他经销商进步，这是渠道管理中的重要工作之一。

新产品的占有率

请问一家企业在推出新产品时，更倾向于哪一类经销商负责其推广覆盖？是有丰富推广经验、强大推广力且对公司品牌高度忠诚的经销商，还是对现有产品覆盖不足、推广力差的经销商？毋庸置疑，一定是前者，因为这类经销商多为企业的核心经销商，能更有效地发挥市场效应，助力新产品迅速铺开。

企业要想实现销量增长，无非两条路径：深化老产品与广化新产品。而在核心经销商群体中，老产品的深化已较为完善，但由于边际效用递减，其投入产出比大幅下降，如昔日 1 元投入能换回 2 元回报，如今却只能换回 0.5 元回报。相比之下，新产品的广化虽更具有挑战性，却成为核心经销商焕发新的竞争力与战斗力的关键途径，是企业持续创新与增长的基本要素。因此，企业必须高度重视新产品的开发与推广工作，精选优质的经销商，确保其市场成功。

企业在全国范围内推广新产品前，应优先考虑在核心经销商区域进行首批布点试验，以此收集新产品的推广、试验、落地、开发及调整等关键数据，为全国市场的铺开积累经验。这些经验丰富的核心经销商不仅熟知新产品推广之道，还擅长精准选择客户与把握推广时机，即便预算有限，也能高效整合资源，精准实施试点。他们所在区域往往是企业业务最强的板块，新产品在此推广更容易取得成功，进而增强企业研发信心，为后续新产品的持续开发提供有力支撑。

此外，新产品上市初期，其售价高于企业建议渠道价且享有比老产品更丰厚的渠道费用支持。这一策略不仅增加了核心经销商的渠道利润，更激发了其销售动力，毕竟新产品推广虽费力，但带来的回报颇为可观。更重要的是，一旦新产品遇到问题，核心经销商能凭借深厚的客情基础，及时反馈真实市场数据，助力企业迅速调整策略。因此，选择核心经销商作为新产品试点，不仅是出于对其能力的认可与信赖，更是企业基于未来市场拓展战略的深谋远虑。

进入销售旺季，工厂会优先保障老产品的供应，新产品则因销售规律难测、预测准确性不足、时间紧迫而面临供应难题，断货现象时有发生。此时，核心经销商的仓库可以发挥关键作用，即作为区域临时仓储中心，适量备货，确保新产品及时供应。同时，得益于核心经销商间的相互熟悉与信任，他们可以灵活调货，有效保障区域内新产品供应充足，精准满足市场需求，从而确保销售旺季的平稳过渡。

因此，新产品唯有在核心经销商中成功立足，方能稳步迈向全国市场。在此过程中，为确保新产品推广的精准高效，企业还需要密切关注三项关键数据：一是终端客户对新产品的反馈、使用数据、口碑，以及相对老产品、竞品之间的差异化表现；二是工厂产能与全线新产品销售需求的匹配度，以及产能全开后的渠道消化能力；三是推广时间节奏，设定六个月的观察调整期，精准预测市场趋势，制定灵活的定价策略。在此期间，若竞品推出同质化产品引发价格战，企业则需要迅速响应，灵活调整推广策略，确保新产品稳健推进，持续扩大市场覆盖，保持竞争优势。

在这里，我提供一个实战参考指标：企业近三年上市的产品均视为新产品。当这些新产品的销售量或销售额占比突破公司整体销售（包括新老产品）的30%时，这无疑是企业成功迈入渠道迭代升级的一个显著且有力的标志，不仅证明了新产品开发与推广的显著成效，也彰显了企业在渠道策略上的创新与升级。

综上所述，企业在全面把握了现有产品后，应将重心置于新产品的开发与推广上，力求提升新产品在企业所有产品中的占比。需要注意的是，关键不在于指标本身，而在于新产品的推出，即明确由哪些经销商推广新产品，及时总结推广经验，广泛收集使用数据，并据此在全国范围推广，这才是实现渠道升级的核心路径。

核心经销商的数量

我们之所以将核心经销商的数量纳入最终考量，是因为它不可或缺：数量多少是其次，但必须有其存在。需注意，各公司对于"核心"的标准可以存在差异，但必须有培养核心经销商的意识。

与此同时，我们将核心经销商组织起来构建渠道赋能会员俱乐部。[⊖] 成为渠道赋能会员俱乐部成员的核心经销商，已超越传统经销商的角色定位，彼此间不再是单纯的贸易、买卖或合同的约束关系，而是升级为平等的合作伙伴，可通过资源共享、优势互补、风险共担，一起追求更高目标，实现更深层次的共赢。这种合作伙伴关系，不仅有助于各方充分利用对方的资源、市场渠道及专业知识，还能提升竞争力，共同扩大市场份额，实现共享利益的最大化。它是一种互惠互利的高级合作模式，也是渠道建设的最高层级。在此情形下，公司的关注度更为集中，管理更为精细，服务更为贴心，组织更为高效，各类活动得以更顺畅地推进与开展。

在渠道梳理阶段，企业凭借四率分析法与贡献依存度四象限分析法，成功筛选出核心经销商。步入渠道赋能阶段，企业应基于既有的经销商分级体系，精准识别符合企业战略的核心经销商，并深度运用三个"风标值"进行细致梳理与渗透。首先，以波士顿矩阵为框架，细分出明星类、瘦狗类、问题类及金牛类产品及其对应的核心经销商群体；其次，通过新产品的开发与推广，试点并验证核心经销商的发展潜力与协同能力；最

⊖　关于渠道赋能会员俱乐部的介绍，详见第四章第四节内容。

后，精选少量而精锐的核心经销商，组建核心经销商俱乐部，并为其提供全方位赋能。

第四节 打造渠道赋能会员俱乐部

在渠道布局阶段，针对经销商的生命历程，只有选择、优化和退出三个阶段。经过渠道梳理阶段的优化升级，我们通过四率分析法和贡献依存度四象限分析法，筛选出核心经销商。因此，当进入渠道赋能阶段时，我们就可以打造渠道赋能会员俱乐部了（见图4-3）。其目的在于，通过全面提升核心经销商的能力，既可以强化核心经销商与企业的黏性，又可以间接减轻企业此时面临的内外部压力，夯实企业发展的根基。

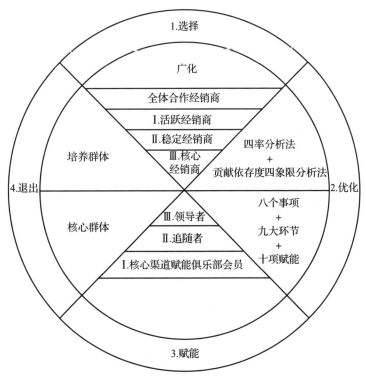

图 4-3　打造渠道赋能会员俱乐部

让核心经销商成为关键意见领袖

受零售端的商超采用会员制的启发，我认为企业可以作为主体，将核心经销商聚集起来打造渠道赋能会员俱乐部。其最终目的不是向核心经销商收取会费，也不是让核心经销商多购买企业的产品或服务，而是给所有核心经销商搭建一个平台。通过这个平台，所有核心经销商可以相互交流产品销售、技术升级、品牌推广、新模式应用等话题，在凝聚力量的同时，形成发展合力，实现互惠共赢局面。比如，核心经销商一起开拓市场，或是共同维护市场秩序与企业品牌地位，或是一起努力扩大品牌知名度，或是共同推动某一产品长期保持稳定的销售量，等等。

换句话说，打造渠道赋能会员俱乐部是为了将核心经销商变成企业的追随者、新产品的推广者、品牌形象的维护者、全心全意的一线市场实操者以及帮助最终消费者形成品牌认知、使用产品或服务的助力者。让核心经销商在企业的帮助下，成为渠道合作伙伴中的关键意见领袖（KOL），不仅是当地同业中的领导者，还是企业产品或服务品质保障、品牌风向标的象征。

具体而言，KOL 有三层引申含义。K 即 key data，表示关键数据。核心经销商身处市场一线，掌握着最真实的终端数据，包括客户基础信息、产品库存信息、竞品真实动态等，这些大量可用、有用的关键信息，不仅是经销商最宝贵的财富，也是企业进行渠道战略部署的重要依据。

在真实商业世界中，企业往往都是想得到而又难以得到最真实的一线市场信息，因为企业与经销商虽然是合作伙伴关系，但由于利益冲突、视角不同、资源分配等原因，彼此之间无法做到真正信任，导致很多经销商从来不会把自己获得的一线市场信息与企业分享并进行交流沟通。而当渠道赋能会员俱乐部建立后，则会改变这一现状。企业与经销商之间休戚相关、命运与共。由此，经销商将自己当成企业的一分子，主动了解企业发展目标、发展方向，将一线市场的真实情况反馈给企业。企业通过对经销商反馈回来的情况进行整体分析，根据客观实际对渠道系统进行适时优化调整，并相应给经销商配以技术支持等（见图4-4）。如此之下，双方当坦诚相待，并通过一线市场信息共享，推动了双方的发展。

图4-4　企业对经销商的支持

O即original logic，表示底层逻辑。渠道存在的底层逻辑就是它是连接生产者和终端消费者的桥梁，解决产品或服务从生产领域流通到消费领域的问题。从传统角度看，绝大多数经销商依靠信息差来争取产品差价而获利，但在未来，这种获利模式绝对会被渐渐淘汰，与之相对的，经销商将靠服务与物流来赢得长远发展。也就是说，未来经销商之间的竞争将聚焦在物流和服务两个方面：既解决物流运输的最后一公里问题，提供全程可跟踪、全程可控且效率最高、成本最低的配送服务，又为终端客户创造最优质的用户体验，从深层次解决终端客户的痛点与痒点。因为在未来产品之间可能不再有差价，赚取利润全靠服务，这就决定了经销商的出路将是逐渐向物流服务商转型。

L 即 leadership model，表示领导示范。根据 150 定律[⊖]，一个人约与 150 人有稳定的人际关系。那么，一家企业培育出 10 名关键意见领袖经销商，就可影响约 1 500 名渠道终端商。采取这种影响力扩散模式，一家企业哪怕覆盖 10 万名以上的终端消费者，也是轻而易举之事。

做好渠道赋能会员俱乐部管理

当渠道赋能会员俱乐部建立后，另一件事情被提上日程，那就是如何做好渠道赋能会员俱乐部的管理。对此，我认为需从三大方面入手。

首先，做好八个方面的事项。

（1）持续为渠道赋能会员俱乐部成员提供优质服务。比如不断为核心经销商提供线上线下的专业知识培训，对核心经销商进行相关的专业课程培训，并将专业课程制作成短视频、撰写成公众号文章等，便于核心经销商反复回放和转发分享。

（2）利用马太效应对渠道赋能会员俱乐部成员进行评估。对能力强的核心经销商，要给予其更多的产品代理权，甚至让其负责某个区域市场；对能力差的核心经销商，则让其退出渠道赋能会员俱乐部，甚至缩小其所经销的区域，减少其产品代理权。也就是说，确保核心经销商能者上、庸者下、劣者汰。

（3）定期组织渠道赋能会员俱乐部成员做推广。企业要积极利用核心经销商的关键意见领袖作用，定期组织其进行产品或服务宣传，在扩大企业品牌知名度的同时，增强核心经销商在当地区域市场的影响力。

（4）提供更为优质、配套的新产品或新服务。企业要积极挖掘终端的需求，加强产品或服务研发，助力核心经销商保持稳固的市场地位，为行业市场注入新的活力。

⊖ 150 定律，又称邓巴数字。英国人类学家罗宾·邓巴于 20 世纪 90 年代提出人类智力将允许人类拥有稳定社交网络的人数是 148 人，四舍五入为 150 人。

（5）增强渠道赋能会员俱乐部成员的自豪感、荣誉感。企业要不定期组织核心经销商参与产品分享会、团队拓展、创意互动等活动，以凝心聚力，增强核心经销商对企业的归属感。

（6）为渠道赋能会员俱乐部成员提供既能节省成本又能增加黏性的服务。比如，根据客户管理系统收集到的核心经销商信息，提供有针对性的个性化服务；为核心经销商提供免费的销售技巧培训；当核心经销商拿货时，给予包邮、返还货款、减免费用等优惠；积极协助核心经销商解决客户投诉等。

（7）各项会议规范化。针对核心经销商的见面会、交流会、座谈会等制定相关的规则制度，让其标准化、流程化，以便能有效进行经验的传播与推广。还可以将会议慢慢转变成行业论坛等，尽可能实现会议价值最大化。

（8）建立培训中心。核心经销商面临的内外部市场环境总是不断变化的，为此，强化核心经销商培训，增强核心经销商团队的战斗力很有必要。这不仅能助力核心经销商在市场中屹立不倒，还能为企业长远发展护航。

为保证上述八个方面的事项全部落地实施与推进，企业一定要建立完整的渠道赋能会员俱乐部章程，甚至可由企业主要管理层和核心经销商一起，共同组建"渠道赋能会员俱乐部监委会"，监督渠道赋能会员俱乐部的管理，并从中总结不足，发扬优势，以不断精进。

其次，严格遵守九大流程环节（见图 4-5）。

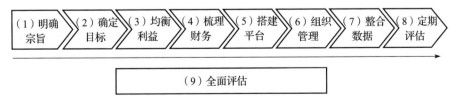

（1）明确宗旨　（2）确定目标　（3）均衡利益　（4）梳理财务　（5）搭建平台　（6）组织管理　（7）整合数据　（8）定期评估

（9）全面评估

图 4-5　渠道赋能会员俱乐部管理工作遵守的九大流程环节

（1）明确宗旨。在渠道赋能会员俱乐部成立时，要明确其成立的初衷，是为了让企业和经销商合作共赢、共同发展；设置成为会员的标准，如企业与核心经销商合作年限是多久，核心经销商专卖店是聚焦经营还是多元化经营，市场占有率及销售额增长率应达多少，核心经销商信用度评估与发展前景等；制定基本行为准则，阐明渠道赋能会员俱乐部的经营思想、管理规范等。

（2）确定目标。渠道赋能会员俱乐部成员应积极搭建经销团队，增强服务能力，力争从原来的代理商、经销商、贸易商等转变为服务商，和企业共同维护品牌价值，并发挥监督作用，保证市场有序运营。

（3）均衡利益。即使经过了筛选，渠道赋能会员俱乐部成员的能力仍有大小之分、资金多少之分、合作长久之分，企业面对此种情况，需一视同仁，坚持公平公正原则，在利益分配与权力授予方面无差别对待，切忌在渠道赋能会员俱乐部中搞小圈子。

（4）梳理财务。保证账务清晰明了，各项支出与收入要一目了然。比如，一般来说，核心经销商的季度会议会轮值召开，这难免造成不同地区的接待规格与标准有所差异，对此企业应理解不同地区的财务支出差异。与此同时，同样的奖励方案因核心经销商完成任务多寡，所获奖励自然有所不同。在渠道赋能会员俱乐部，总有人会多担当、多付出一些，但不管如何，都要做到各项收支标准透明公开。

（5）搭建平台。搭建一个能让渠道赋能会员俱乐部成员顺畅沟通交流的平台，让大家敢说、想说、愿说，能针对企业、市场、产品、俱乐部等，提出各种有益意见或建议。

（6）组织管理。建立完善的组织管理条款细则，制定退出机制和奖励机制；由企业主要部门成员与渠道赋能会员俱乐部成员中年长而持重、口碑好、人品好、双方合作时间长的人作为监事，共同监督渠道赋能会员俱乐部规范运作。

（7）整合数据。通过企业的数据分析系统，建立完整的数据中心，绘制好各区域的客户画像，了解大客户的分布、开发进度，对潜力市场、行业现状等进行分析。同时，将上述各项信息定期选择性地分享给渠道赋能会员俱乐部成员，保证双方信息同步，以便协同而动。

（8）定期评估。定期召开会议，做好季度分析、半年回顾、一年总结、全年展望，通过对不同时期发展情况的分析与总结，及时做出相应调整与优化。

（9）全面评估。一般以年为单位，在年终时对一年的情况进行回顾与评估；对核心经销商进行考核，确定各渠道赋能会员俱乐部成员的留任资格，评价各渠道赋能会员俱乐部成员的表现，给出商誉价值评估，让有多年俱乐部成员的资格成为核心经销商的一种无形资产，具有商业价值，以此鼓励更多经销商努力成为渠道赋能会员俱乐部成员。

最后，坚持十项赋能打造。

十项赋能打造解决了企业应从哪些方面助力核心经销商持续成长的问题，目的是通过帮助核心经销商提升十方面的服务能力，增强其对企业的认同感与信任感，强化彼此的合作黏性。

（1）主动服务。强调以客户为中心，通过预见性识别而非被动等待来挖掘客户需求，进而积极为客户提供相关服务。具体表现为主动联系客户了解其需求，提前告知客户可能会有的服务更新，主动向客户推荐适合的产品或服务解决方案，旨在提升客户满意度和忠诚度。

（2）定点服务。在特定地点或针对特定对象提供专业化的服务，包括设置社区医疗定点诊所，建立企业内部的 IT 支持站，在商场设立客户服务台等。这种服务具有便利性和针对性的特征，确保服务高效、直接触达目标客户群体。

（3）深度服务。越过客户表面需求，深入挖掘客户的痛点和痒点，解决客户的深层次问题。深度服务不仅关注产品或服务本身的使用价值，还涉及技术咨询、专业培训、提供定制化解决方案等增值服务，旨在为客户提供全面深入的服务，帮助客户实现产品或服务价值最大化。

（4）全程服务。为客户提供"一站式"体验，包括客户从接触、购买、使用产品或服务到售后的整个流程。这种服务具有全面性特征，要求保证客户在每个环节都能享受良好的用户体验，从而提升服务效能。

（5）个性化服务。根据每个客户的独特需求和特定偏好提供定向服务。这种服务的关键在于，要通过数据分析、客户反馈意见收集等方法，为客户提供量身定制的产品、服务或解决方案，增强服务的针对性和有效性。比如在物流配送服务上，针对不同客户，有针对性地做好定时、定人、定岗和运输线路规划，保证产品或服务及时送到客户手中，在提高配送效率的同时，还能让客户获得良好的配送体验。即便如此，个性化服务也并不意味着能保证每一位客户满意，因为客户需求变化快、差异大，以及个性化服务花费成本高等，导致核心经销商难以顾全每一位客户。

（6）全员服务。倡导所有核心经销商要有服务意识，参与到为客户服务中来。这就意味着，所有核心经销商要以客户为中心，共同提升整体服务质量，形成良好的经销商服务文化。

（7）有偿服务。有偿服务就是客户支付相应费用才能获得的服务。这种服务往往超出基本的免费服务范畴，属于增值服务，如专家咨询、高级技术支持、定制化方案设计等，企业通过为客户提供这类专业的、高质量的服务，换取合理的经济回报。

（8）会员服务。会员服务就是为会员客户（付费订阅或达到一定消费标准）提供的专属服务，包括优先享受某项权利，提供专享商品、专属活动邀请及积分回馈等，目的在于通过建立长期的紧密联系，增强客户对企业品牌的信任。

（9）远程服务。基于互联网和通信技术的发展，远程服务成为可能。远程服务可跨越时间、空间限制，通过打电话、电子邮件、在线聊天、视频会议等方式为客户提供即时帮助和支持，提高了服务的便捷性和效率，特别是在技术支持、教育培训、咨询服务等方面发挥了重要作用。

（10）配套服务。配套服务就是围绕主要产品或服务为客户提供的一系列辅助服务，目的是增强主要产品或服务的用户体验，强化产品或服务的价值。例如，客户购买家电时提供的安装调试服务、购房时提供的装修咨询与设计服务等，不仅能够提升企业的整体吸引力，还能满足客户更广泛的需求。

通过对核心经销商进行十项赋能打造，能不断增强其整体实力，形成差异化竞争优势。同时也能强化核心经销商对企业的认可与依赖，让双方向着共同目标前进。

助力品牌价值传递

一家企业何以持久？纵观世界百年企业，之所以实现可持续发展，离不开对品牌力的打造以及推动品牌价值的传递。这也是我强调打造渠道赋能会员俱乐部的另一个重要原因。

对企业来说，品牌是其提高市场价值、增强客户黏性、提升自身形象等的重要手段，展示了企业的价值理念、精神文化等。一家企业一旦形成了一定的品牌力，就会自发追求品牌高度，以便获得更多的品牌附加值，让自己被消费者看见。当企业的品牌高度足够高时，品牌势能就会被释放出来，并被转化为品牌动能，反哺企业发展。

然而，企业品牌势能、动能的转换，离不开渠道的打造。企业只有通过符合企业发展规律的渠道系统，依靠过硬的产品力和营销的推拉力，才能建立起企业的品牌势能。当品牌势能达到一定高度后，企业则要顺势而动，积极将品牌势能转换为品牌动能，为企业创造出最大价值。需注意，在品牌势能最初的释放期，企业可不投入促销费用，便可实现利益最大化，但需要做的是进行品牌营销、品牌打造、品牌定位与品牌增值；当品牌势能释放即将放缓或遇到阻力时，再利用渠道系统，施以促销作为润滑剂，让企业的价值传递得更久、更远（见图4-6）。

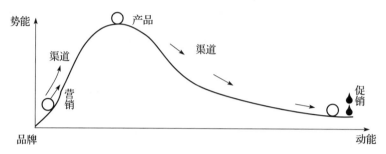

图 4-6　企业品牌势能和动能的转换

可以看到，企业品牌力打造的核心仍在渠道建设上，而渠道建设的过程就是企业品牌价值传递的过程。我问过很多企业的老板或高层管理人员，渠道在他们心中到底起着怎样的作用？绝大多数人的回答仅是将渠道作为产品或服务流通的路径，几乎没有老板或高层管理人员认识到渠道合作伙伴尤其是渠道赋能会员俱乐部对提升企业品牌知名度、传递品牌价值，从而影响终端消费者心智起着至关重要的作用。与之相反的是，几乎所有人都认为企业品牌宣传、价值传递这些事应是市场部负责的。

然而，事实真相如何呢？在企业品牌力打造中，渠道赋能会员俱乐部可以起到三个助推作用。

一是让终端消费者看得到，这反映了终端消费者对企业品牌的认知过程。在这一过程中，核心经销商不仅能够塑造终端消费者对企业品牌的认知，而且能将企业的产品推广覆盖到千千万万的目标客户群体中。

二是让终端消费者买得到，这反映了终端消费者对企业品牌产生信任的过程。在这期间，企业依靠核心经销商对不同区域市场的覆盖，让所有目标群体都能够在需要产品或服务的第一时间就可以轻而易举地看到企业的产品或服务，进而产生购买行为。

三是让终端消费者用得值，这反映了终端消费者对企业品牌产生忠诚度的过程。在这一过程中，核心经销商要确保终端消费者在使用企业的产品或服务后，能明显感受到其价值。简而言之，核心经销商要非常关注用户体验。如果终端消费者未产生良好的用户体验，那么核心经销商就需要进行消费者教育，即通过产品或服务知识传播、广告宣传、举办体验活动、提供与产品相关的配套服务、做好售后服务等举措，有目的、有计划地传播企业的产品或服务，引导终端消费者购买，进而让企业的产品或服务占领消费者心智。也就是说，让产品或服务给终端消费者传递美好感受，提升终端消费者对产品或服务的理解与认可，以此达到让终端消费者心中有企业品牌的目的。

上述三个助推作用层层递进，逐步触达终端消费者和核心经销商的心灵。在强化终端消费者对企业品牌的价值认同，增强终端消费者忠诚度的同时，又加深了核心经销商对企业品牌的理解。与此同时，也道出了渠道的本质——建立起企业与终端消费者之间的信任关系，扩大品牌传播的影响力，实现价值传递，让企业向着百年基业迈进。

第五节　探索新电商全渠道模式

在当今数字化浪潮的推动下，数字化转型已成为各行各业走可持续发展道路的必然选择。聚焦到渠道管理领域，渠道模式正发生着前所未有的变革。其中，线上渠道作为这一时代背景下的产物，正冲击着传统渠道系统，改变着人们的消费方式和消费习惯。我基于多年渠道管理经验，顺应时代潮流，积极探索新电商全渠道模式，力争构建新的渠道生态，为企业发展赋能增效。

线上渠道的优劣势

线上渠道又被人们称为互联网渠道。它打破了传统零售领域的固有边界，终端消费者在互联网环境下，通过使用电脑、手机等移动设备即可完成产品或服务的交易。因此，线上渠道拥有提高流通效率、降低成本、快速便捷满足消费者需求、打破时空限制即时互动等诸多优势。

据《中国新电商发展报告2024》显示，2023年全国网上零售总额达到15.42万亿元，我国连续11年稳居全球网络零售市场领先地位，其中网上实物商品零售额占比攀升至社会消费品零售总额的27.6%。新电商的崛起与壮大印证了线上渠道的重要性。

对企业来说，线上渠道是精准触达消费者、高效精细化运营的主要阵地，以互联网技术和各种移动设备为基础的线上运营和销售，让企业和消费者实现及时、无缝沟通。

同时，企业可以将线上渠道作为展示品牌内核与价值的窗口。在数字化时代背景下，各大网红直播间很受消费者欢迎，企业可趁此风口，将产品或服务的关键信息、功能作用展示给消费者，让消费者对企业产生信赖感。比如，生产商将产品的原料成分、专利技术、功效提升程度等产品细节明确展示出来，带给消费者更具象化的产品印象。此外，企业还可在品牌直播间输出企业故事、塑造企业形象，进而扩大企业知名度。

对消费者来说，线上渠道给其带来了更丰富的选择和比较。传统意义上，消费者只能到实体店进行消费和购买，最多能做到的就是货比三家。而现在，消费者可以通过在网上对比大量的品牌和产品，获取更多的产品信息，做出更适合的选择。同时，基于线上渠道的便捷性，消费者可以随时随地通过手机、电脑等设备进行购物。由于线上渠道减少了店面租金、人工等成本，可以让线上商家将这一部分节约的成本转变为对消费者的优惠，由此消费者可以得到价格更优惠的产品或服务。

然而，万事有一利，也必有一弊，线上渠道也不例外。其一，易造成市场价格混乱。由于消费者对品牌认知、产品特性了解存在差异，加上一些生产商在利用平台流量时过度美化产品，利用低价引流，平台之间进行价格比拼等，这不仅引起市场价格乱象，还让消费者难以对产品或服务质量做出准确判断。

其二，真实体验效果差异大。很多线上平台的图片、图像都是被美化编辑过的，导致产品或服务到消费者手中时，总会产生所看非所要、所想非所用的感觉，从而带来大量的退单退货，造成极大的人力、物力、财力浪费。

其三，导致企业生产稼动率的不平衡。假设一家以生产制造为主的企业，为优化生产计划和设备配置，提高整体生产效率，会使生产制造进程均衡化、平稳化，这就可能需要某些订单提前或延后完成，以平衡生产、采购、库存和费用等各项成本。但线上渠道出现后，就打破了企业的这种生产制造平衡。比如，电商平台在"双十一"开展促销活动，消费者在促销活动的刺激下，一窝蜂地下单，这就导致企业在这一时期计划订单严重超量，无法对产能做出正确预测。在此情况下，集中准备的生产设备等"双十一"后就可能出现大量闲置，从而让生产设备的使用率忽高忽低，没能创造出最大价值。

其四，线上获客成本逐渐走高。由于竞争越来越激烈，线上平台抢占流量的成本越来越高，包括曝光成本、视频制作成本、故事内容创作成本等。与此同时，消费者对产品或服务的要求越发高标准，这就让潜在消费者的转化、已有消费者的留存和复购越来越难，随之而来的是，消费者对企业品牌的忠诚度越来越低。根据"销售额 = 客户流量 × 客户转化率 × 客单价"这一公式[⊖]，客单价一旦锁定，企业就更无销售额增长的余地了。之后企业会进入一个怪圈，即为保证销售额，企业会增加市场费用的投入，这看似增加了销售额，稳住或提升了企业的市场地位，但从根源上分

⊖　客户流量，指访问网站或平台的客户数量，包括自然流量和付费推广带来的流量；提升展现量、点击率等可以增加客户流量。客户转化率，指访问者中实际完成购买行为的比例；提升客户转化率可以通过优化用户体验、简化购买流程等方式实现。客单价，指每个客户的平均消费金额，其受企业管理水平和行业特性影响。

析，却大大降低了企业的利润率。从另一角度讲，即便我们将客户转化率做到了100%，但它是有上限值的，客单价也不可能无限上升，只会在某一区间波动。这就解释了为什么现在流量获客越来越贵。

其五，直播带货等带来的产品质量问题。有些线上平台存在虚假宣传、过度宣传等行为，带来了产品质量问题。这引起了人们的高度重视，加上人们对产品品质的追求，品牌越来越被企业所重视。

相比线上渠道，传统线下渠道可以为消费者提供更加丰富和立体的品牌体验，是占领消费者心智的重要场域。尤其在今天，人们更加强调回归线下社交，如此一来，企业可以将品牌和年轻人的工作、生活方式结合起来，在传统线下渠道去创造更多的新玩法、新场景，力争把各种场域的人群聚合起来，引发更多的消费行为。传统线下渠道让渠道商与消费者天天面对面接触，不仅易于建立起企业与消费者之间的稳定关系，还会增强消费者的服务体验。从这样的角度讲，传统线下渠道对线上渠道具有一定的弥补作用。

所以，在渠道管理实践中，我主张将线上线下渠道融合起来，长短相补，扩大优势。比如，在传统线下渠道，各区域渠道商负责各自区域市场内的客户，在一定程度上，可灵活根据与终端消费者的黏性，决定产品或服务的最终定价。而当加入线上渠道后，就可让产品或服务的定价变得更合理、更统一，这对企业整体品牌形象来说是有益处的。再如，线上渠道能够覆盖传统线下渠道覆盖不了的区域市场，以及线下品牌推广无法触达的地区，能满足消费者诸如随时下单、送货上门等个性化需求，延伸了传统线下渠道的深度和广度，提升了服务效率。

通过线上渠道引流，利用传统线下渠道强化与消费者的互动，增强消费者的用户体验，然后再将传统线下渠道收获的良好反馈引回到线上渠道，形成线上线下良好循环的生态圈，推动企业走向长期经营，完成自我沉淀，迸发出更强的生命力量。这是未来企业发展可考虑的有益路径。

渠道数智化价值

基于线上线下渠道融合，我们将引出渠道数智化这一命题。何为渠道数智化？在我看来，渠道数智化就是依托大数据、人工智能、物联网、区块链等现代数字技术，对传统线下渠道进行改造和升级，以提高企业运营效率、降低成本和升级用户体验。它涵盖从生产端到消费端的全过程，包括生产、物流、销售等各个环节的数字技术的应用，最终目的在于为企业创造更多利润，保证企业可持续发展。

从当前商业环境看，渠道数智化已成为企业发展的必然选择，赋能企业不断攀上新的高峰。具体分析，渠道数智化能给企业带来三方面的赋能。

1. 实现业务增长

对企业而言，渠道数智化的最大价值应是通过对业务流程的在线改造、对渠道数据的处理分析，实现业务增长。在渠道数智化基础上，企业的线上线下全链路数据被打通，一方面可以获取更真实的渠道数据，如终端消费数据、渠道商拜访数据、不同区域市场的渠道铺货情况、企业与渠道商库存数据等。基于真实客观的数据资源，企业可以及时发现问题，根据现有渠道布局中存在的问题与不足，有针对性地提出解决方案，推动渠道管理升级。比如，对于渠道管理中经常出现的窜货问题，企业可通过建立数字化系统，加强全国售价管理，减少区域价格差异；可通过搭建数据平台，对渠道商销售情况进行监测，让其维持合理库存，从根源上杜绝窜货现象。

另一方面，基于已有的线上线下数据资源，优化渠道模式。在现今数字化时代，线上线下渠道融合发展已成为主流，这意味着渠道通路更加多元。在这样的背景下，企业可以根据自身客观实际和市场变化，坚持灵活动态原则，选择适合的渠道模式。比如，可通过线上直播来进行品牌传播、产品讲解、形象塑造，通过线下实体店来提供实地体验，深化用户对品牌的认知。尤为需要注意的是，相较于传统线下渠道而言，渠道数智化为企业推动直销模式创造了更多可能，这就为企业与终端客户的直接对话创造了条件。

2. 助力渠道效率提升

在渠道数智化环境下，全渠道战略应运而生。在此基础上，渠道运营效率得到显著提升。一是基于大数据、区块链、人工智能等数字技术的应用，渠道系统运转发生根本变化。比如，渠道终端走向平台化、线上线下渠道联动、实体店数字化等，不仅能够减少某些重复的渠道运转步骤，提升零售效率，还可通过数字化管控，进行数据采集，优化渠道管理，进而提升渠道效能。再如，通过防伪追溯、扫码营销等，可优化库存管理。

二是各种新技术的应用大大减少了人工，提升了渠道效率。在渠道管理工作中，有很多事项需要花费大量的人力，如排查终端数据是否重复，检核终端陈列照片是否符合要求，安排拜访路线，计算销售人员的绩效奖金等。在渠道数智化环境下，我们则完全可以通过建立渠道销售数据系统、渠道管理平台等，借助数字信息力量，减少人工，从而实现渠道管理工作的事半功倍。

3. 让用户体验更佳

俗话说，"顾客就是上帝"。对企业来说，顾客是利润来源，事关生存发展。因此，在渠道数智化环境下，如何提升用户体验显得尤为重要。一方面，我们要积极通过数字化转型赋能渠道商发展。各家渠道商的经营规模、管理能力不一，为整体提升渠道商能力，促进渠道商发展壮大，在当地市场保持竞争优势，企业要帮助渠道商在各方面都走向成熟与发展，如推动渠道商工作流程标准化、绩效管理精细化、经营管理可视化，让每位渠道商借助渠道数智化这一机遇，实现升华与跃迁。在增强渠道商对企业的信任度的同时，让渠道商能积极给企业传递来自一线市场的信息反馈，从而为终端客户提供更优质的服务。毕竟，渠道商与终端客户接触更多，更能了解一线市场的情况。

另一方面，企业要积极通过数字化转型提升服务质量。企业要通过收集与分析客户数据，对客户数据进行建模，以便实时监控用户数据，洞察客户需求，提供个性化、定制化服务，供应性价比更高的产品，从根本上提高和改善用户体验。

综上所述，不管是对企业而言，还是对渠道商、消费者来说，渠道数智化都有无可比拟的价值。因此，我提出要打造"新电商全渠道价值屋"。这里的"新"有两层含义：对传统线下渠道来说，这是一种新的转变与升级；站在宏观的渠道管理角度来说，一种新的渠道模式正在出现并成为潮流。"全"则是指线上线下渠道和技术服务与研发协同发挥作用，助力渠道系统顺势而变，借力打力，发挥最大效能。

打造新电商全渠道价值屋

新电商全渠道价值屋，由四大支柱（用户、服务、体验和文化），以及三大基石（传统线下渠道、线上渠道、技术服务与研发）构成（见图4-7）。

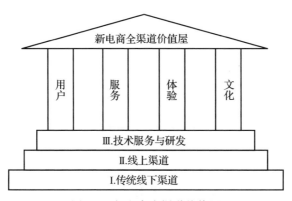

图 4-7　新电商全渠道价值屋

　　为夯实新电商全渠道价值屋的根基，确保渠道系统高效运转，企业急需构建一个全渠道化的中心网络。这个中心网络应以数据化平台为基础，由十大中心构成，在建设中按一定的逻辑顺序或按重要性排序依次进行（见表4-1）。同时，要根据实际情况对十大中心的功能和职责进行调整和优化，确保它们之间相互配合、协同工作，有效推动企业渠道发展、竞争力提升。此外，面对信息技术的进步与发展、市场内外环境的更迭与变化，各个中心也需要不断改进和升级，以适应新的挑战，迎接新的机遇。

表4-1　全渠道化中心网络的构成

序号	名称	描述
1	大数据可追溯中心	负责收集、存储和分析企业内外部的所有相关渠道数据，确保渠道数据的完整性和可追溯性，同时为渠道健康检查做好数据治理和安全保障
2	产品技术培训中心	专注于提升员工对渠道管理的理解和渠道管理技能，同时也可能包括为渠道商提供培训服务，以确保渠道的正确运营和维护
3	产品方案制订中心	负责根据市场需求和终端客户反馈设计、完善渠道方案，确保渠道能够满足市场和终端客户的实际需求
4	全数据链分析中心	利用大数据分析技术，对从渠道数据的采集到处理、分析和应用的整个链条进行分析，为企业的渠道决策提供支持
5	资产组合运作中心	管理和优化渠道商的资产组合，包括金融资产、实物资产等，以提高资产的使用效率和回报
6	市场客户分析中心	深入研究和理解市场趋势、终端客户需求及其行为模式，为市场营销和渠道管理开发提供指导
7	场景数据体验中心	创建模拟真实业务场景的渠道环境，通过数据分析来优化终端客户的用户体验和渠道业务流程
8	仓储物流配送中心	管理渠道商的库存、物流和配送活动，确保供应链的高效运作和成本控制
9	竞争对手分析中心	持续监控和分析竞争对手的动态和渠道表现，为企业战略规划和竞争策略提供情报支持
10	综合配套服务中心	提供全方位的终端客户服务和支持，包括售后支持、咨询解答、投诉处理等，增强渠道商的满意度和忠诚度

1. 四大支柱

　　新电商全渠道价值屋需要四大支柱来保证渠道结构安全，让渠道系统顺畅运转。

（1）第一大支柱：用户。

利用全渠道环境，深入实施数据驱动战略，发挥数据价值，加强对用户的理解，以实现企业与用户更深层次的互动，具体要求如下。

第一，挖掘数据资源的价值，精准绘制消费者画像。 在全渠道环境下，数据资源十分丰富，企业应协同渠道商共同投入人力、物力、财力等各方面资源，做好三方面工作：首先，实现数据通，即推动新旧数据系统兼容，保证数据库信息的及时更新，确保渠道系统稳健运行；其次，做好平台通，即建立同源共享的数据平台，打破"数据壁垒"，保证企业与渠道商之间的数据共享和交换；最后，推动未来通，即基于已有数据资源，应用新技术、新管理模式来重构业务流程，助力渠道效能高效发挥。在此基础上，企业和渠道商去深入分析消费者的需求偏好、购买行为和消费习惯，精准给出消费者画像。

第二，打破数据孤岛，释放数据活力。 在当今时代，没有数据支撑的渠道系统，犹如没有血液的躯壳，难以生存下去。正所谓一切业务数据化，一切数据业务化。企业要将各项业务信息，如业务流程、规则、决策等，变成可利用、可分析、可改进的数据资源，同时通过对数据资源进行深度挖掘和分析，将其转变为带有建议性性质的信息，反哺业务发展，驱动业务创新。我们要注重释放数据活力，通过全渠道数据的收集与分析，做好企业业务监控，并及时推动业务的调整与优化，推动业务运营的标准化建设，进而提升企业营销的能力和服务消费者的能力。

第三，深入分析数据信息，强化用户体验。 渠道商要利用线上线下渠道的数据信息，如线上渠道的店铺访问数据、客户服务电话、平台问答互动、客户浏览平台的停留时间、通过移动工具访问的频次以及展示用户忠诚度的数据等，去分析出用户行为，进而设计出有针对性的最佳用户方案，去满足消费者需求，带给其良好的用户体验。

我认为，在当今新电商全渠道模式下，企业可通过深入的数据分析，挖掘用户没有察觉的潜在需求，主动给自己创造出更多的市场机会。当然也可以帮助企业识别未来可能会面临的挑战与机遇，从而提早做出部署，采取积极的应对策略。例如，星巴克错过了满足我国消费者对外卖咖啡的潜在需求的机会，这给瑞幸咖啡在此空白市场上崛起创造了条件。

第四，零售终端不可或缺。全渠道运营离不开有效的零售商店，因为通过零售商店，渠道销售人员可与用户面对面地交流沟通，从而更好地了解用户需求。

以日本茑屋书店为例，它诞生于1983年，当时日本正处在经济低迷期。在其他企业正经历行业不断洗牌的背景下，茑屋书店却一路凯歌，迅速在日本打开了知名度。原因何在？茑屋书店成功的底层逻辑在于，紧扣消费者需求。例如坚持千店千面原则，每成立一家店，都会根据该店所处地理位置以及周边人口的特征，设计出满足当地消费者需求的产品或服务。同时，日本茑屋书店还坚持品牌赋能、数据赋能策略，运用已有的用户数据信息，在给加盟渠道商提供专业的策划咨询的同时，顺应消费者需求变化，打破传统书店只卖书的单一运营模式，将书店变成了可读书、可购书、可听音乐和可喝咖啡的生活场所。

第五，评估客户质量，完善服务策略。企业应利用数据平台来评估产品或服务的转化率，即访问线上渠道的用户中有多少人购买了产品或服务——不管是访问网站后在网上下单，还是访问网站后从线下渠道购买。同时，企业还应根据客户生命周期理论，对客户进行 RFM 分析[⊖]，以此判断传统线下渠道客户的质量，以便企业能够更精准地为用户匹配产品，给用户提供更完善的服务。

⊖ RFM 分析，是一种客户价值分析方法，用于预测客户未来的购买金额。其中，R 即 recency，表示最近一次消费，是客户最后一次购买的时间，R 值越低，说明客户购买时间越近，客户活跃度越高；F 即 frequency，表示购买频率，是客户在一定时期内的购买次数，F 值越高，说明客户购买频率越高，对企业品牌的忠诚度就越高；M 即 monetary，表示购买金额，是客户在一定时期内的总购买金额，M 值越高，说明客户的购买金额越大，客户价值也就越高。

（2）第二大支柱：服务。

服务，即利用现代技术为用户提供更舒适、更安全、更便捷的增值服务。企业提供增值服务的关键是现代技术，因为现代技术是实现跨渠道整合资源的必要条件——基于现代技术诞生的库存管理工具，能有效兼具成本与效益，让多渠道同步库存管理得以实现，并同步建立起相应的线下实体店，完成货物的拣选或交付，让产品或服务能够以最短的时间、最经济有效的方式送达用户手中；基于现代技术实现全渠道运营，能促使用户做出更明智的选择，获得更好的购物体验；基于现代技术出现的沟通工具，让人们的交流沟通跨越了时间、空间的限制，企业与用户之间的互动变得更为频繁、紧密，在为用户提供详细产品或服务信息、制订有针对性的促销方案的同时，也可让用户进行产品或服务比较，从中选择有利于自己的购买对象。

基于此，企业应在现代技术方面发力，积极利用现代技术为消费者创造优质的消费环境。具体来说，企业必须确保自己的网站适合当下的移动设备，保证其品牌可以通过移动搜索被找到；必须具备移动支付功能，加大对网络安全的投入，以保证消费者隐私和交易安全；根据市场需求变化，及时更新促销信息，适时开展有针对性的促销活动，并保证促销信息能被消费者知道；积极利用社交媒体实现交互式用户体验，在促使消费者与企业保持积极互动的同时，也让消费者了解最新的产品信息、各种产品功能与使用方法、产品安装与故障排除等；加大相关应用程序的开发力度，建议将其纳入全渠道战略。

之所以提出应用程序开发，原因在于：或可让消费者实现线上结账与付款；或可通过为消费者提供电子优惠券的方式，助力线下门店促销活动；或可实现客户旅程编排[⊖]，例如线下实体店通过帮助消费者扫描二维

⊖　客户旅程编排，指在全渠道场景下实时协调客户的体验，以便更好地理解客户需求，并鼓励客户与企业品牌进一步互动。这种客户全生命周期互动体验的管理，强调个性化与全渠道一致的体验。

码，访问产品定价信息、进行产品评论等，使线上线下渠道无缝对接，共同发挥作用，让消费者即使选择不同的渠道路径和旅程，也能享受一致的用户体验。

除此之外，以现代技术作为支撑的数据分析，还可为个性化服务、产品或服务价格优化、产品或服务交付等助力。比如，通过数据分析，可能会带来独特的产品或服务，也可能通过不同产品或服务的捆绑迸发出一个新的创意，还可能促使企业根据消费者的实际购买路径和搜索习惯，设计出更有效的产品线。换句话说，深挖消费者的需求痛点，提供定制化解决方案，助力企业对客服务提档升级，能够增强用户对企业产品、品牌的忠诚度。

（3）第三大支柱：体验。

企业要与经销商、分销商、零售商、特许经营者等渠道合作伙伴一起，努力消除彼此隔阂，为用户提供最佳的场景体验。这里要抓住两个关键点：其一，打破组织孤岛，即改变渠道合作伙伴之间缺乏有效沟通和协作的状态；其二，让不同渠道合作伙伴可以在一起工作并具有相同目的。对此，我们通常采取以下三种举措。

第一，加强对渠道合作伙伴的培训，使其树立全渠道意识。要让每个渠道的合作伙伴清晰认识自己的作用和定位，认识到不管是线上渠道还是传统线下渠道都有其存在的独特价值，并且大家的最终目的都是提高客户的满意度和忠诚度，从而提升企业的整体业绩。加强对渠道管理人员的培训，让其了解线上线下渠道合作伙伴协作的好处，树立利益共同体意识。比如，同一区域市场的线上线下渠道管理人员进行跨渠道合作，可让在线上渠道进行网站访问的潜在消费者，到传统线下渠道购买已在线上渠道选好的产品或服务。这样的做法还有另一个好处，那就是消费者还可能购买传统线下渠道推广的其他产品或服务。

第二，实施全渠道战略。成功的全渠道战略关键在于将线上的数字化沉浸式体验与线下的实体店体验结合起来。一般来说，对于线上与线下的用户体验，消费者会产生体验偏差，继而出现体验崩溃。如何保证在线上渠道看得到、传统线下渠道感受得到，最后让消费者心里觉得值，是当今很多企业售卖产品或服务时面临的挑战。

由此，全渠道模式被运用到企业的市场营销中。但需要注意的是，全渠道模式虽然可以为消费者提供更多、更全面的服务，却有因选择渠道路径不同而导致用户体验各异的可能，因而企业要采取有效的全渠道策略，确保多个渠道不会变成组织孤岛。企业要促进线上线下渠道的深度融合，为消费者提供线上线下无缝、一致的高品质用户体验。

那么，如何确保用户体验无缝、一致？这就要求企业创造真实生动的消费场景，让用户获得良好体验，进而实现公司的价值传递，包括将企业理念、价值观等融入消费者心中，让企业品牌占领消费者心智，完成品牌动能与势能的转化。

以迪士尼为例，作为娱乐行业巨头，迪士尼坚持为消费者提供无缝的全渠道体验。除设计了一个对用户非常友好的网站外，还鼓励消费者使用移动设备，以最大限度地提高消费者在实际访问游乐园时的体验。举例来说，使用"我的迪士尼"应用程序，消费者可以购买快速通行证或获取实时餐饮、景点信息；迪士尼的每个景点都围绕故事主题设计，消费者一走进游乐园，就可沉浸式感受诸多故事的魅力；迪士尼与消费者的互动也被人称道，最典型的是每天有不同主题的花车巡游，将经典与现代的迪士尼故事巧妙融合，让人置身其中，仿佛穿越了时空。

第三，积极利用峰终定律（peak-end rule）优化用户体验。峰终定律由心理学家丹尼尔·卡尼曼提出，是指人们在一段体验中，能记住的主要是高峰时和结尾时的体验。换言之，人们对体验过程中好与不好体验所占的比重、好与不好体验的时间长短没有太多记忆，所能记住的就是"峰"与"终"这两个关键时刻的感受，即如果在高峰时和结尾时的感受是愉悦的，那么对整个体验过程的感受就是愉悦的。峰终定律在各行各业的场景中有着广泛应用，促使人们利用更少的资源或相同的资源实现更高的服务效能，从而在整体上优化用户体验。

（4）第四大支柱：文化。

通过精准的用户定位、提供优质的增值服务、创造身临其境的场景体验，让用户深刻理解企业文化、接受企业文化，融入企业文化的建设。对此，企业首先要建立起自己独特的文化，并得到员工和客户的认同。这就要求，在企业文化建设中，领导者要先通过内部培训、文化活动、定期会议及跨部门合作等，将企业文化理念传递给员工，使企业文化深入员工内心，尤其是要得到企业高层的认同。要发挥领导者的榜样作用，让领导者主动去教导其他人员、培养信奉企业文化的人才与团队。之后才能由内而外，实现企业文化的对外传播。

当一个用户真正习惯了在茑屋书店看书、在网上为亲友订购自己上周刚去体验过的迪士尼的门票、喝着外卖小哥送来的咖啡时，这就说明企业品牌已占领他的心智，并上升为他对企业文化的认同。

真正的文化，应该是人们精神价值的体现，可以映射到人们的生活与工作中。在企业管理中，我们一定要从中华民族优秀传统文化中攫取精髓，同时学习西方先进的管理经验，从而将企业做大做强。

用户、服务、体验、文化四大支柱相互联系，缺一不可。用户是价值的体现，服务是价值的延伸，体验是价值的感受，文化是价值的核心。

2. 三大基石

新电商全渠道价值屋有三大基石，分别为传统线下渠道、线上渠道、技术服务与研发。

（1）传统线下渠道。

这是不可缺少的渠道模式，是建立新电商全渠道价值屋的桥头堡。在当今市场上，传统线下渠道仍占据重要地位，尤其在某些消费场景中仍有不可替代的作用。比如，消费者的基本饮食需求，一般仍以家附近的便利店、小商店为主。最重要的是，传统线下渠道在购买氛围营造和消费者体验方面具有绝对的优势。比如，通过面对面交谈，不仅能增加消费者对品牌的信任感，还能强化消费者的购买意愿，实现消费者与企业的双赢。

（2）线上渠道。

线上渠道可以通过自动化、标准化的销售流程，更快速地完成订单处理、库存管理等，加速现金流的流动；可以通过客户数据分析，更精准地掌握消费者的需求；可以跨越地域、时间限制，广泛地触达更多消费者，等等。总之，线上渠道具有方便快捷、效率高、成本低等天然优势，从而现在受到很多企业的追捧。然而，线上渠道在消费者体验方面存在的不足也不容忽视。

我们要尽量避免不足，积极利用线上渠道的优势，力争达到三个目的：一是为跨部门团队提供更多的知识内容，创造更多知识消费场景；二是为消费者打造一个高品质且稳定的供给生态场景；三是摆脱线上渠道的低价销售，将线上渠道作为企业品牌传播、产品知识培训、消费者再教育等的窗口。

（3）技术服务与研发。

对任何一家企业而言，技术与研发都是其灵魂，更是其探索未知领域、走向更远未来的法宝。

企业在技术服务与研发中，有两点非常重要。其一，足够的资金保障。只有足够的资金，才能够招募到更多的人才，有更多的试错机会，也才会有更多的创新创造和价值服务。华为之所以如此强大，是因为其非常重视创新研发，在研发费用投入上，能占到销售收入的13%。

其二，研发效率。它直接关系到企业的市场竞争力和响应速度。首先，高效率的研发可以缩短产品从概念到市场的时间，有助于企业在当今快速变化的商业环境中，加快产品或服务的迭代更新，抢先抓住市场机会，及时应对消费者需求的变化，进而获得先发优势，保持市场领先地位。其次，高效率的研发往往伴随着成本的降低。企业通过优化研发流程、采用先进的科学技术能够提高资源使用率，帮助自身降本增效。这意味着企业可以在价格上与竞争对手区分开来，既可帮助企业保持价格方面的竞争力，同时又可增加企业的利润空间，是应对激烈市场竞争的有效方法。最后，高效率的研发通常意味着更高质量的产出和产品品质的提高。当企业的研发团队将更多的时间和精力放在创新和精进上时，这可能会让企业推出更优质的产品或服务，吸引更多消费者，从而巩固、强化企业的市场地位。

研发效率事关企业的长远发展，能为企业带来持续的创新，确保企业在复杂多变的市场中持续保持活力。不管是初创公司还是成熟企业，都应将研发效率放在重要位置。

打造新电商全渠道价值屋，意在将企业品牌、平台流量、品质产品和口碑效应融于一体。企业将用户、服务、体验、文化结合起来，通过兼具仓储、物流、配送、云端大数据分析功能的线上线下渠道，加持高质量的技术服务与产品研发，全方位推动企业价值传递，吸引更多消费者认可、认同企业品牌，消费企业的产品或服务，从而为企业带来源源不断的流量，创造更多的利润。

规避线上线下渠道冲突

正如一枚硬币有两个面，线上渠道虽有诸多优势，但其与传统线下渠道的矛盾也不容忽视。如何规避线上线下渠道冲突，科学合理地用好线上线下渠道，发挥全渠道效能，成为当今企业必须面对的问题。

1. 引起线上线下渠道冲突的两大关键因素：产品和价格

在企业实践中，引起线上线下渠道冲突的因素有很多，但综合来看，最为关键的因素有两个：一是产品，即企业基于已有产品、如何避开渠道冲突而选择的产品，解决的是线上渠道与传统线下渠道是选择同一产品或服务还是选择不同产品或服务的问题；二是价格，即企业基于已有产品、如何避开渠道冲突而制定的价格，解决的是线上渠道与传统线下渠道产品或服务是同价还是异价的问题。

基于引起线上线下渠道冲突的两大关键因素，可得到四种不同的组合（见图4-8）。其中，S代表相同，D代表不相同。

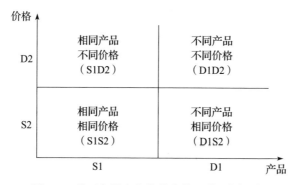

图 4-8　基于产品和价格得出的四种不同组合

第一种组合（S1S2）：相同产品、相同价格。这一组合形成的渠道冲突最容易处理，渠道管理者不需要去管，只需要监控即可。但要知道形成这种组合的原因，即大多线上平台为提升自身流量、增强曝光率而开展补贴活动，从而影响了线下渠道的秩序。不过，渠道管理者可通过限量销售或以人均上限销售的方式制约线上平台销售，最好做到线上线下齐动，以规避线上线下渠道冲突，确保企业的整体利益。

第二种组合（D1D2）：不同产品、不同价格。这一组合形成的渠道冲突看似好处理，但会出现一个问题，即如果线上渠道总是销售新产品或新服务，传统线下渠道总是销售老产品或老服务，则会降低传统线下渠道商的长远合作动力，极易让传统线下渠道商对企业产生异心，导致信任裂痕。因此，在此组合下，一种不错的选择是，企业可以以传统线下渠道销售新产品或新服务为主，线上渠道销售老产品或老服务为辅，在传统线下渠道先推出新产品或新服务之后，再让线上渠道跟进推广。也就是说，将线上渠道当作产品宣传、品牌教育的主战场。

第三种组合（S1D2）：相同产品、不同价格。处理这一组合形成的渠道冲突，关键在于线上渠道销售的产品或服务的价格，必须高于传统线下渠道销售的相同产品或服务的价格。虽然线上渠道会带来冲动性购买，符合客户便捷高效的消费习惯，从而助力客户快速下单，但并不能给客户带来良好的用户体验、增强客户的忠诚度。而传统线下渠道创造的真实而客观的消费场景，会增强客户黏性，对维护渠道系统稳定、全盘价格平稳具有至关重要的作用。

第四种组合（D1S2）：不同产品、相同价格。实际上出现这一组合很可能是一种巧合，或是满足消费者在同等价位下的不同需求。否则，一家企业就应该依据不同的产品特性或服务特征，推出不同的产品或服务，进而制定不同的价格。

总之，不管是线上线下渠道的产品或服务，还是线上线下渠道的定价原则，一定是不相同的。若确实出现产品或服务相同的情况，那么一般要坚持一个原则，即线上渠道的产品或服务的价格要高于或等于传统线下渠道的产品或服务的价格，出现清仓类产品或服务例外。

2. 应对线上线下渠道冲突的工具：渠道权力

渠道系统的正常运转，本质上是以信任为基础，依赖生产商、经销商、终端渠道客户以及消费者等各方的相互合作与配合。但在现实商业世界中，线上线下渠道冲突仍是不可避免的，渠道权力由此而生。

渠道权力，是市场营销和管理领域的一个重要概念。当前，针对渠道权力的定义，有两种被学者普遍接受的观点。第一种是从社会学中的权力概念出发，认为渠道权力是一个渠道成员对另一个渠道成员行为的控制力和影响力。第二种是从渠道成员之间相互依赖的角度出发，认为渠道权力是一个渠道成员对另一个渠道成员的依赖程度，比如 B 对 A 有所依赖，那么 B 就会主动改变自身行为去适应 A 的需求，并赋能 A 潜在的影响力。也就是说，这种定义是渠道成员之间依赖关系的结果。

　　一般来说，渠道权力的五种来源是渠道权力得以产生的基础（见图 4-9）。

图 4-9　渠道权力的五种来源

　　（1）奖励权。奖励权是指一个渠道成员能够通过提供正面激励，如折扣、奖金、独家产品、更好的供货条件等，来影响另一个渠道成员行为的权力。这种权力能被有效行使是基于被影响者期望获得的利益或奖励，以及权力主体拥有权力客体认可的资源。比如，生产商可能会给销售业绩优秀的经销商额外的返点或更优惠的进货价格，以此鼓励经销商努力增加销售业绩。

　　（2）惩罚权。惩罚权又叫强制权，是指一个渠道成员通过行使某种强制性措施，而对其他渠道成员产生影响的权力。这种强制性措施包括威胁或实际执行负面后果，如减少货物供应、取消代理资格、提起法律诉讼等，以迫使其他渠道成员遵守特定行为规范。举例来说，若有经销商违反了销售协议中的某项或某几项条款，如跨区销售产品或服务等，生产商可能会削减该经销商的产品或服务配额，或者终止与该经销商的合作关系，以作为惩罚。

　　（3）合法权。合法权是指一个渠道成员通过渠道系统中权利与义务的合法性，而对其他渠道成员产生影响的权力。其主要特点是，基于法律法规、合同协议、行业规范、各项规则及道德要求等，让渠道权力客体不管是从法律角度还是从道德角度，抑或是从权利义务角度，都去遵从权力主体的要求。例如，根据分销协议，生产商有权要求经销商遵守特定的价格政策，因为分销协议赋予了生产商对产品或服务价格的合法控制权。

（4）声望权。声望权又叫参照权或认同权，是指某个渠道成员作为参照或认同对象，而对其他渠道成员产生影响的权力。该权力产生的深层原因是渠道权力客体对渠道权力主体的心理认同，包括对渠道权力主体品牌声誉、市场地位、成功经验或其他受人尊敬的特质等的认可，反映了渠道权力客体想要模仿渠道权力主体的意愿。例如，一个知名品牌可能仅仅因为其市场领导地位和良好口碑，就能吸引高质量的经销商加盟，即使该品牌提供的合作条件不如竞争对手，经销商也愿意合作，因为经销商相信该品牌能提升自己的市场形象。

（5）技术专家权。技术专家权是指一个渠道成员因拥有某特定领域的专业技能和知识，而对其他渠道成员产生影响的权力。这包括影响其他渠道成员的决策和行为。例如，如果一家供应商在产品设计、市场营销策略或物流管理方面具有先进技术和丰富经验，就能够指导零售商更有效地陈列商品或搞促销活动，从而增强其在渠道系统中的影响力。

在渠道系统实际运行中，渠道权力的五种来源往往相互交织、共同作用，不同场景和关系中可能会有一种或多种渠道权力凸显。而由于渠道权力的五种来源有其不同特征和形成的心理基础，才构成了渠道成员之间相互影响的复杂网络。也因此，渠道成员可通过灵活运用这些渠道权力来维护自身利益，并通过渠道权力来赋能渠道策略，保证渠道战略方向正确，确保渠道成员之间形成更为公平的竞争环境，推动渠道成员走上可持续发展道路，运用渠道权力达成我们认为最好的（见图 4-10）。同时促使渠道系统内的所有要素尽可能地发挥出最大价值，打造和谐共生的渠道生态。

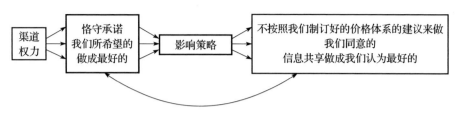

图 4-10 运用渠道权力达成我们认为最好的

新电商全渠道模式作为一种应时代而生的渠道模式，实现了渠道整合、资源共享、体验一致，可有效规避线上线下渠道冲突。在未来，它将不仅是渠道模式的一种补充，还会成为渠道管理者的主流选择。

CHAPTER 5

第五章

健康检查：贯穿渠道的全生命周期

在激烈的市场竞争中，各行业从蓝海的产品差异化探索，历经红海的花式营销洗礼，直至价格战厮杀，渠道管理面临着前所未有的严峻考验。企业是继续深陷价格战的泥潭，还是毅然转向产品差异化的升级之路？渠道定价策略的偏差，会给整个渠道生态带来怎样的致命性打击？企业如何从单一的价格维度迈向全面的价值创造与品牌建设？这一切的背后，凸显了渠道管理中健康检查的重要性。

本章将聚焦"运营管理如何驱动渠道可持续发展""价格管理如何维护渠道稳定性"两大核心议题，结合我亲身经历的渠道管理案例，深入剖析上述问题，旨在揭示健康检查在渠道管理体系中的不可或缺性，助力企业构建更为稳定、繁荣的渠道生态体系。

| 案例导入 |

拜耳集团水产渠道的得与失

20 世纪 80 年代，拜耳集团以全球视野布局水产业务，聚焦亚太地区与拉丁美洲的池塘养殖领域。2008 年，拜耳集团将水产业务独立成专项部门，正式进军中国水产养殖市场。随着业务的不断拓展与深化，该集团迅速成为中国水产动保[⊖]领军者，并在全球范围内树立了行业典范。追寻该集团取得如此成绩的原因，则不得不提其渠道打造。

首先，为改变原来依赖经销商的状态，拜耳集团选择直销，并制定了经销商的选择标准，打造"双品牌"模式，让生产商的品牌名和经销商的名字一起露出，赋能经销商发展。

其次，改变经分销模式，从经销商手中掌握分销商信息，同时设立奖励方案，确定分销的主要利润产品，建立价格管控体系，推动企业与渠道

　⊖　水产动保，作为水产养殖领域不可或缺的一环，专注于为水产动物提供一套全面的保护方案。

商之间实现信息共享。

再次，通达的促销模式，即与分销商、终端零售商保持同步的品牌显现，使产品品牌充分曝光。同时，打造区域配送服务站。

最后，构建核心合作伙伴培训学校体系，为渠道合作伙伴赋能，促使其与拜尔集团共同探索创新发展模式，并通过资源共享、技术交流、经验分享等实现互惠互利、共创共赢。

但在 2018 年 11 月，拜耳集团宣布至 2021 年年底裁员 1.2 万人，加速业务重组，并退出动物健康以及水宝宝（Coppertone）防晒护理、爽健足部护理业务，以强化其核心制药与农业板块。此举震撼业界，引发关于该集团可能退出水产动保行业的猜测。在动摇经销商信心的同时，还为市场新进入者敞开了大门。

拜耳集团在水产领域的成功离不开渠道打造，但正所谓"成也萧何，败也萧何"，其进行业务重组也是源自渠道管理上的失误。深入剖析其根源，这背后映射出渠道管理体系中至关重要的考验——全面且持续的"健康检查"。所谓"全面"，是指许多企业在精心布局渠道、细致梳理关系、积极赋能伙伴之后，往往误以为"大功告成"，却忽略了对渠道这一复杂系统的全视角检查。所谓"持续"，是指这种检查自渠道布局之初，即渠道管理的第一阶段起，就开始同步进行、交叉检查。

每一个渠道发展阶段都有其特定的规则、挑战与标准。但究其本质，企业普遍遭遇的困境可归结为渠道健康成长的障碍。因此，对于任何一家志在远方的企业而言，将渠道管理的健康检查提升至战略高度，并不是选择题，而是必答题。

资料来源：本案例根据拜耳集团官网资料整理与改编。

第一节　健康检查的两种形式：外审与自检

渠道管理中的健康检查一般分为外审与自检两种形式。

外审一般每两年或三年实施一次，由公司总部结合外部专业会计师事务所与公司法务部组建跨部门临时项目组，共同对渠道运营进行审计。此过程尤为注重识别潜在的法律风险、流程失误及管理漏洞等，旨在防患于未然。此类外审往往获得公司上下的高度重视，但其本质更偏向于一种"全面性体检"，只要一切按公司既定规则与流程执行，多数审查结果往往指向可及时修正、易于通过的小瑕疵。诚然，这种"大而全"的审查模式确保了全面覆盖，但在聚焦关键问题、深挖潜在隐患方面，有待进一步优化。

自检则只是渠道部门日常工作的一部分，针对的仅仅是销售部门、经销商或直营 B2B 客户。这一过程不是仅限于单一职能的审查，而是跨越职能界限，将财务、商务、物流、后勤等多个关键部门紧密联结，共同编织成一张全方位、多维度的自检网络。其核心目标在于，确保企业的营销渠道能够精准对接并超越渠道发展的各个阶段标准——从渠道布局到渠道梳理直至渠道赋能阶段的迭代升级，从而更健康的发展。

外部审计与内部自检相辅相成，共同编织成一张 360 度全方位、无死角的渠道检查网络。在了解健康检查的基础分类及其核心概念后，我们再从两个视角，即企业与渠道管理者视角，探讨以下两个问题。

问题一：当企业计划开展一次全国性的渠道健康检查时，应该怎么做？

首先，借助两个系统所产生的数据报告。一是客户关系管理系统（CRM）。它是企业在市场营销与销售活动中收集、管理、分析和运用客户信息的一个信息系统。有经验的管理者能够从中找到商业机会，制定具有高度针对性的战略决策，识别出核心客户群体的独特需求与个性化服务偏好，进而采取积极主动的实地走访策略。这种面对面的交流不仅有助于即时响应渠道商及一线销售团队的转单需求，还能深入洞察客户的迫切需求，直击渠道管理中的痛点与瓶颈，提供切实可行的解决方案与信息反馈。二是 Power BI。它是由微软开发的一款用于数据分析的可视化的商业智能工具，能够将 SAP 系统生成的海量 Excel 销售与财务数据一键转化为直观、易懂的图表与报告。管理者能够掌握每一位销售人员及经销商的业绩全貌，从而多维度、深层次地剖析企业的销售趋势、市场表现及财务健康状况，为企业的战略决策提供坚实的数据支撑。

其次，运用"10% 法则"，筛选出客户清单。比如，我目前所处公司有 1 378 家经销商，不可能对所有经销商进行全面的数据分析。因此，公司可聚焦全国范围内最具有战略意义的 10 个省份，从中随机抽取约 300 家经销商，再依据销量表现，识别出销量排名前 10%、中 10%、尾 10% 的共计 90 家经销商，作为逐一走访和深入检查的对象。

再次，依据渠道发展的不同阶段——渠道布局、渠道梳理、渠道赋能，分别精选出 10 家最核心的经销商。如果在此过程中，有经销商与第二步筛选出的 90 家经销商名单发生重合，则需要进行再次筛选。

最后，经过这一系列的数据分析与精心筛选，企业能够构建出一份年度检查清单。这份清单汇聚了近 120 家经销商，他们分别来自渠道发展的不同阶段、代表不同的类型，并广泛分布于各个区域。

特别注意，健康检查的内容不仅要与销售有关，还要与以下内容有关：

（1）与财务部提供的利润贡献有关。

（2）与物流部提供的运费支出有关。

（3）与市场部提供的活动支持有关。

（4）与技术部提供的技术服务有关。

（5）与产品研发的相关特性有关。

（6）与订单生产工厂的服务有关。

（7）与公司战略未来的展望有关。

问题二：作为渠道管理者，在健康检查中需具备哪些核心能力？有哪些注意事项？

在瞬息万变的市场中，阻碍渠道健康成长的两大核心症结为执行力不足和沟通不畅。如何突破这些瓶颈？渠道管理者必须具备能够从大量数据中发现问题、从实际走访中洞察问题、从沟通交流中深挖问题、最终归纳总结并在现场集中解决问题与即时反馈的能力。这项能力是渠道管理者的立身之本，若缺乏，不仅难担重任，还可能在公司失去立足之地。

此外，我基于多年渠道管理的深厚积淀，特别提炼出健康检查时的十大注意事项，权当参考之用：

（1）不要单独会见经销商，一定要在其主管销售经理的陪同下会见。

（2）坚持工作期间不饮酒的原则。

（3）最好在经销商办公室交流，并顺道检查仓库的库存情况。

（4）最好有同部门人员一起做检查，并做好拍照和记录。

（5）在健康检查工作中不要居高临下，要与经销商平等沟通，多听经销商的反馈。

（6）切勿轻易许诺，即不承诺自己权限以外的事项，不承诺自己无法兑现的事情。即使是面对自己权限之内的事务，也需要深思熟虑。

（7）时刻谨记，你来自企业总部、代表企业总部，杜绝一切私人评判。

（8）在与销售、经销商沟通交流时，务必保持警觉，谨防对话内容被不当录音，规避暗含陷阱的问题。

（9）做好详细的访谈记录，包括时间、地点、人物等基础信息，尤其记录双方讨论中的问题点、矛盾点、解答点和对方的承诺点，以备核查。

（10）待访谈结束时，再次确认相关问题点，以确保双方对关键事项的理解与记录一致。如果销售经理的直线领导未在场，稍后将访谈记录通过正式邮件发送至其直线领导的邮箱，并做好邮件备份记录。

熟知渠道管理的四大核心阶段，是迈向初级渠道主管或渠道经理职位的敲门砖。但要晋升为卓越的渠道总监乃至渠道战略专家，跻身公司管理层，制定出与公司战略相匹配的渠道战略，成为一名合格的渠道管理者，仍需在更多细节上进行系统化的学习与精进。

第二节　运营管理：驱动渠道可持续发展

我在一家公司做渠道管理时，遇到过一个非常严峻的挑战。为做好货物的安全防护，该公司推出配备坚固底盘的单吨外包膜产品，其生产成本显著高于行业平均水平。同时，为降低货物破损率，保证到货的及时性和安全性，终端用户要求公司直配到家，减少中间经销商因出入库装卸带来的潜在污染风险。这一要求得到广大经销商的积极响应，因为它不仅能减少经销商的库存压力和周转成本，还能通过提高客户体验增强用户黏性及对终端用户数据的掌握。

过去，市场环境相对宽松时，由于产品单吨利润较高，以及经销商管理体系不够健全，不少原本可自行安排接收、无须公司直接配送服务的客户也纷纷转向公司直送模式。然而，这导致公司每年额外增加了上千万元的物流费用。在此基础上，随着市场竞争日益白热化，利润空间被逐步压缩，每一份成本的控制都成为企业生存与发展的关键所在。面对此现状，公司深刻认识到改革的必要性与紧迫性。

作为公司的渠道管理总监，我通过深入分析资料与实地走访，策划并实施了一系列战略调整。在短短两年时间内，我们为公司成功减少了超40%的相关费用，节省了数百万元的宝贵资金。我在控制成本的同时，更加注重渠道效能的全面提升，不仅提升了渠道运营效率，还打造了一支核心经销商团队，增强了客户黏性。最终，在这场激烈的市场竞争中，我们比竞品有了明显的差异化竞争优势。

以下是我在这场实战中总结的渠道运营管理经验，希望能为其他公司未来的持续发展提供一定的经验与启示。

第一，合理对经销商进行分类，甄选出一批优质的核心经销商，构建漏斗式分级体系。仅核心经销商享有增值服务特权，即企业直送服务。

第二，依据客户等级、规模大小及渗透率等要素决定是否提供公司直送服务。针对终端用户的直送需求，灵活调整直送策略，如增加每次直送的起运吨位量，降低每月配送频率，从原先最高每月七八次调整为每月一次，最多不超过两次。

第三，对不符合直送标准而产生的运费，由负责该客户的经销商承担相应责任。这一举措非但未引发经销商的抵触情绪，反而赢得了多数经销商的认同与积极响应。原因在于，此举间接促进了经销商内部运营的优化，显著缩短了货物进出库及装卸的时间，从而有效降低了其运营成本。

第四，针对偏远且用户分散的区域，创新配送方式，由零担配送改为大型柴油货车整车配送，大幅降低单位运费。同时，部分经销商转型为DC（distributor center）商，即物流配送商、分销配送中心，将节省下来的运费作为其运营资金，实现底盘回收重复利用率超80%，盈利模式从依赖产品差价转向注重物流服务质量提升。

第五，着力培养一批优秀的DC商成为线上网红宣传商，通过精准布局线上平台，实现高效引流，并将线上流量转化为线下订单。公司给予垫资、商务政策优惠和技术培训等全方位赋能支持，从而在区域内构建起鲜明的差异化竞争优势。

这批具备物流能力的DC商（见图5-1）逐渐成为全国大物流一体化网络的关键节点。他们不再局限于单一的产品竞争、与其他品牌经销商争夺终端用户，或是线上线下割裂化的流量之争，而是逐步过渡至构建供应链服务体系的核心，致力于提升供给效率，快速响应市场需求及实现运营成本最优化等。他们不仅深化代理产品知识学习，还与公司共同探索数智化营销创新，联手品牌厂家打通渠道数据链，以精准数据驱动业务决策。同时，通过供应链优化与终端服务升级相结合的方式，成功实现线上线下全驱动的价值创造。

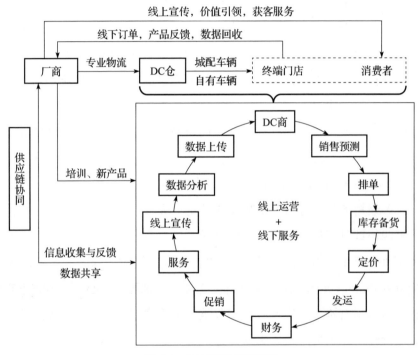

图 5-1　DC 商模式的流程

　　当然，这一系列转型仍存在重重挑战：销售团队观念的转变、经销商层级的漏斗式划分、新旧体系中经销商与 DC 商之间数据信任与透明度的提升、数据库的构建与监管强化、适配新模式的法规制定、线上线下渠道间产品冲突的协调、物流公司成本核算的精细化与竞价谈判的策略优化，以及内部跨部门沟通协作和新 KPI 指标的确立等，都是企业在渠道运营管理中需要考虑的问题。

如果说渠道的健康检查是维持渠道生命力的关键举措，那么在这一过程中，保证渠道运营管理高效则是驱动渠道可持续发展的重要因素。

强化服务能力

时间回溯到 20 世纪 90 年代中期，当我正式步入快速消费品行业时，曾有幸参与了一场历时两周的带薪上岗培训。十四天的培训内容相当丰富，如今已过去近三十年，有两部分内容仍让我记忆犹新。

其一是来自中国台湾的于九如先生所说的一段关于新人培训的话："打工就是求名、求利、求发展，唯此三样。如果一家公司能提供其中一样，可以干两至三年；如果一家公司能提供两样，可以干五至十年；如果一家公司能让你三样全有，那就干到退休，想尽办法也不要走。"这句话也一直影响着我后来的职业发展规划。

其二是一位内部讲师所讲述的 "1% 的故事"。虽然这个故事现已被很多人所熟知，但在当时让我吃惊不已，难以忘记。

首先，我们需要理解企业的利润构成公式，即毛利润的计算方法。

毛利润 ＝ 销售额 －（变动成本 ＋ 固定成本）$^{\ominus}$

问题来了，如果销售额增加 1%，变动成本和固定成本降低 1%，产品的出厂价格增加 1%，那么这家公司的毛利润增长率是多少？

我们通过举例来做一个简单计算。

假如一家公司的某纯净水售价为 1 元／瓶，其生产成本（固定成本）为 0.2 元／瓶，销售成本（变动成本）为 0.7 元／瓶。此时销量为 100 瓶，请问其毛利润是多少？

$\ominus$ 变动成本与固定成本，大致包括仓储、库存、厂房、机器、破损、折旧、人员、车辆、差旅、办公、促销、物料、租金、贷款利息等。销售额暂且简单定义为一家公司全部卖出产品后正常的销售金额，与账款、账期无关。

答案非常简单：毛利润 $=100\times\left[1-\left(0.2+0.7\right)\right]=10$（元）。

按照成本降低 1%，价格提升 1%，销量增加 1%，进行第二次利润分析：

第二次销售额 = 价格 × 销量 =（ $1\times101\%$ ）×（ $100\times101\%$ ）=102.01（元）

第二次成本 = 变动成本 + 固定成本 =（ $100-100\times1\%$ ）×0.7+（ $100-100\times1\%$ ）×0.2=69.3+19.8=89.1（元）

第二次毛利润 = 销售额 − 成本 =102.01-89.1=12.91（元）

因此，毛利润增长率 =（ $12.91-10$ ）÷ $10\times100\%=29.1\%$ 。

最后得出，第二次毛利润比第一次毛利润增长了惊人的"29.1%"！

这里有两个地方值得注意：一是要做到量价齐升；二是要做到成本下降。其中，实现量价齐升，看似矛盾，实则要求企业满足客户九大基本需求中的一项或几项，甚至全部。

（1）能为客户提供更佳性能或功能的产品。

（2）能为客户提供更具个性化或定制化的产品。

（3）能为客户提供降低风险或打消顾虑的产品。

（4）能为客户提供具有优越感的产品。

（5）能为客户提供更具有体验感的产品。

（6）能为客户提供更高端、更时尚的产品。

（7）能为客户提供更流行、更具新鲜感的产品。

（8）能为客户提供更为便利的服务。

（9）非常简单，只有两个字：低价。注意，这里的低价并非绝对性的低价，而是指相对性的低价。

根据前七项，我们可以清楚地看到，产品是一家公司的灵魂，但绝非企业基业长青、渠道可持续发展的决定性因素。在未来，服务和价格更为重要。特别是产品品质已经赢得客户信任时，服务则是客户对企业的另一种期待。尽管将服务视为企业战略的重要组成部分，需要投入不菲的成本，但这一投资的价值远不止于表面。优质的服务不仅是解决客户实际问题的有效途径，还是促进企业与客户沟通的窗口，企业可以借此机会发现客户真正的需求与痛点。

提升物流效率

我们来看几个典型案例。丰田的精益生产管理非常有名，其核心要点是大幅缩短从原物料到最终成品或服务的流转时间，以促成最佳质量、最低成本以及最短的送货时间。

京东的战略定位是以供应链为基础的技术与服务企业。如今电商平台上的网店竞争、价格竞争和流量竞争，归根结底，其实就是供应链竞争。

SAP Ariba 全球总裁安睿山曾表示：在采购环节实现成本与时间的节约，要比提高销售业绩容易得多。因为每节省 1% 的成本，就意味着整个企业的利润将提升 10%。[⊖]

在如此激烈的竞争环境中，那精心节省下来的 10%，极有可能是这家企业唯一剩下的最终利润，甚至决定其生死。企业若能在物流环节大幅削减成本并提升效率，就能在竞争中取得主动权。

很显然，高效、畅通的物流生态，能有效促成渠道整体运营效率的提高。而基于前文客户九大基本需求中的后两项，可以理解为"如何提供便利的服务"和"让产品更低价"。前者的满足条件是时间和空间的转换效率的提升，后者则需要企业在成本控制的两大关键领域，即采购成本和运营成本方面，具有竞争优势。这些目标的实现也都离不开物流的支撑与推动。

可以将上述文字凝练成一个公式：运营 = 转换 + 交换。

其中，转换的核心在于效率，而效率的提升取决于两大要素：时间的节省利用与空间的快速挪位。交换不仅是简单的物权（货流）向现金流的

⊖　2017 年 9 月 6 日至 7 日，SAP Ariba 全球总裁安睿山在 2017 SAP 中国峰会上的采访摘录。

转化，也是深层的信息流转化为商业模式的过程。因此，运营的本质为：

$$运营 = 转换 + 交换 = （时间 + 空间） + （现金流 + 商业模式）$$

首先探讨如何提升转换的时间和空间的效率。有一个最简单的方式就是精简产品从生产源头到终端用户手中的流通环节。

传统制造产品有八个基础环节：研发设计、采购供应、订单处理、生产制造、物流仓储、批发分销、终端销售、售后服务。各个环节彼此相连，属于递进关系。如果要提升转换效率，可以从物流仓储（第5步）越过批发分销（第6步）直达终端销售（第7步），即去除经销商与分销商层级，产品直接面向终端销售。

然而，每一层传递环节的减少虽能带来时间和空间效率上的提升，但往往也伴随着成本的增加。这深刻揭示了一个现实：最低的物流成本、最短的物流时间、最佳的配送距离以及最优的服务体验，这四者之间本身就是一个既矛盾又统一的复杂体系。

因此，企业在追求物流效率与成本优化的同时，必须精心平衡这些相互关联的因素，力求在最低成本、最短时间、最佳距离与最优服务之间找到一个合适的平衡点。这不是简单的取舍问题，而是要求企业深刻理解运营能量守恒定律：如果在转换过程中能量消耗降低，那么必然会使交换过程中的能量增加；反之亦然。比如，当物流转换过程中的直接成本（如运输、仓储）因环节减少而降低时，间接成本（如客户服务、售后支持）在交换过程中可能会相应上升，以维持或提升客户满意度；相反，若过度追求服务体验，又可能无形中加大物流操作的复杂度，增加物流成本，进而影响整体运营效率。

其次探讨如何解决现金流稳定与商业模式持久化的难题。哪怕是在基于数据价值链云端建立的无边界商业模式中，也需要构建多样化的场景与变现的生态系统。这就要求我们将生产、采集、汇总、传输、存储、计算、分析及变现八大环节紧密融合，并将门户网站、搜索引擎、电商平台、社交网络、短视频、虚拟现实等一站式打通，以促进各项资源整合，促进数据、信息及资金高效流动，为现金流的稳定与商业模式的持久化提供坚实支撑。

优化资源配置

渠道管理的资源配置已成为当今渠道管理者一项至关重要的任务，它要求渠道管理者将企业宝贵的人力资源、财务资本及物质资源合理地配置到渠道中，以实现销售目标的达成与市场份额的增加。企业若在运营中出现资源整合与配置不当的问题，即使渠道各环节效率再高，也难以达到市场竞争中的最优状态。

因此，对企业领导者而言，要在深入剖析现有资源禀赋与未来发展战略的基础上，寻求资源配置的最优化。这不仅要求企业领导者具备前瞻性的战略眼光，更需要将渠道管理的专业智慧与渠道运营专家的实战经验形成合力。在此基础上，企业领导者既需要立足于企业现有资源，又要充分捕捉市场将来的发展趋势，采用先进的管理模式，对企业内部的系统资源进行优化与整合。

然而，在商业现实中，这一关键点却常常被众多企业所忽视。特别是一些中小企业，在运营管理中往往受制于初创时期遗留下来的惯性思维而举步维艰。许多企业领导者仍然缺乏渠道管理的意识，仅把关注点放在企业产品的研发和市场营销的拓展上，却未能洞察到，随着企业规模的不断扩大与市场的日益成熟，渠道运营效率已然成为企业间竞争的关键点。

企业在明确资源配置以后，接下来就是构建一套与之相配套的整体运营流程。这一过程本质上是对企业运营流程的精细化管理，要求企业不仅从时间、空间、成本等多维度进行考量，还要深度融合商流、物流、资金流与信息流等要素，进行数据收集和及时反馈，并持续迭代调整，最终形成与企业发展战略相契合的渠道运营体系。

一个好的渠道运营体系，堪称企业生存与发展必不可少的组成部分之一，不仅能够显著提升企业的运营效率，有效削减经营成本，还极大地促进与终端用户服务体系的无缝对接与完整构建。

通过不同资源整合，为客户提供个性化、定制化的服务方案，满足客户的独特需求，构建起自身发展的护城河，是企业制胜市场的重要法宝。

第三节　价格管理：维护渠道稳定性

价格策略决定一家企业的多种利润点，若出现失误，极易导致渠道崩溃。企业在价格管理上应持谨慎态度，以免错失盈利良机，甚至引发渠道体系的动荡；在价格策略的制定上应持续优化，从多维度、深层次解决问题；在盈利目标的追求上应着眼长远，积极开拓新的利润增长点。

产品定价策略：让所有参与者有钱赚

我们生活在错综复杂的经济社会中，经济可以看作无数交易的总和，而交易是一件看似非常简单的事情。每一次买卖都可以视为一笔交易，即买方用货币或信用从卖方那里换取金融资产或实物。我们将货币与信用的总和定义为支出总额，它决定了经济活动的规模和速度。

为更直观地理解价格的形成机制，我们可以借鉴理科中的浓度概念，并引入一个比值：支出总额除以产销总量。这一比值，我们称之为"经济浓度"。它如同化学反应中的物质浓度，高低变化直接映射出市场的交易活跃程度与商品价值的波动。而价格，就是"经济浓度"的直接体现。

然而，在价格制定过程中，市场参与者往往容易陷入两大误区：一是盲目乐观，开价过高；二是过于保守，要价过低。因此，如何科学合理地制定价格，既是一门技术，也是一门学问。

我们仍回到 4P 营销理论中来，假设产品已经生产好，渠道已经匹配，并且合作渠道商的资金与仓储资源均已就绪。那么，聚焦价格策略便成为双方深化合作与共赢的关键所在。在此关键点，企业能够给予怎样的渠道价格支持，以强化渠道商对企业产品定位的认同感与忠诚度？

　　首先，我们要认识到，渠道定价策略的制定犹如一场精心策划的"分蛋糕"，渠道中每一层级的参与者都能从最终消费者支付的总价格中，分得一块足以支撑其运营的"蛋糕"。

　　这就很好理解为什么企业之间的价格战是一场终极之战。因为随着总价格被不断压低，无形之中压缩了整块"蛋糕"，原本应被公平分配的利润空间也被不断挤压，从而导致渠道中可分得的蛋糕越来越小。在这样的情境下，渠道商无法用有限的利润弥补运营成本，更不用说实现令人满意的利润增长了，其参与渠道建设的积极性与稳定性自然会大打折扣。渠道体系因此变得脆弱不堪，难以抵御市场波动的冲击，更无法支撑起企业与渠道商彼此信任、共同发展的愿景。

　　其次，在制定定价策略时，渠道管理者必须了解渠道价格的"黄金法则"——定价仅以市场趋势、内部成本和竞争因素为基础是远远不够的，还需要考虑渠道问题。因此，渠道管理者必须在厂商定价策略中发挥作用（见图 5-2）。

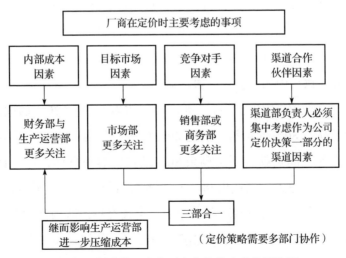

图 5-2　渠道管理者在厂商定价策略中发挥作用

　　对拥有独立渠道商的企业来说，明确分析定价策略如何影响渠道商的行为及其运营策略、合作态度，是定价考量的重要因素。具体而言，当渠道商认为厂商的定价策略与其自身利益高度一致时，他们就可能开展更高水平的合作；反之，若厂商的定价策略忽视了渠道商的真实需求，或者与他们的需求相悖，双方的合作水平就会降低，甚至可能发生冲突。因此，渠道管理者在制定定价策略时，面临的主要挑战便是如何制定出既能促进渠道商合作，又能使冲突最小化的定价策略。

　　最后，渠道管理者应聚焦定价策略背后的渠道分析，深入剖析其中隐含的渠道问题。这里涉及两大核心问题：一是厂商的渠道价格到底由谁来制定？二是双重渠道或多重渠道下如何定价？

　　针对第一个问题，答案似乎呼之欲出：当然是由渠道管理部主导渠道定价，比如利用利润空间规划、渠道奖励方案及终端售价设定等。然而，现实多呈分化态势，多数企业未设独立的渠道管理部，定价常由市场部或销售部的市场导向决定，少数由商务部基于财务利润目标制定。久而久之，此模式易演变为利润导向的底价审批机制，导致渠道多样、客户分散、价格体系类型繁杂，不仅扰乱了市场秩序，还对渠道生态造成破坏，更阻碍了企业的健康发展。因此，我提倡企业构建如图 5-2 所示的"三部合一"机制，即市场部、销售部或商务部、渠道部紧密合作，共同制定定价策略，并在执行中相互监督、灵活调整。

　　此外，企业必须牢记二八法则，即仅占客户总数 20% 的关键客户，虽然贡献了高达 80% 的销量。但这 20% 的客户只为企业创造了 10% 的利润，而更大的利润贡献者则是剩余 80% 的广大客户群体，尽管他们的销量仅占 20%，却惊人地创造出 90% 的利润。可能有人对此质疑。在这里，我讲述一个真实的案例：某欧洲企业的一个大客户团队为其创造了 1 亿元的销售额，三个集团大客户为其创造了 1.2 亿元的销售额，但到年底结算时却发现，该欧洲企业从大客户那里获得的毛利仅为 100 万元，而其中的一个大客户甚至出现了亏损。试问，我们的企业家有遇到过这样的情况吗？生产商的利润真的是依靠集团大客户吗？这就引出了第二个问题：如果厂商采用双重渠道或多渠道结构，即同时直营大客户与通过独立渠道商分销，那么厂商就更需要审慎考量定价策略。

从表面上看，厂商直接向终端客户供货似乎与渠道商之间存在竞争。但实则只要厂商制定好定价策略，做好相关规避防范，确保其直营渠道（包括电商平台）的售价不低于渠道商的售价，二者完全能够并行不悖，实现良性发展，共同促进市场的繁荣。然而，若厂商短视地以低于渠道商的价格直接向终端客户销售产品，无异于"自掘坟墓"。这一举动不仅严重损害渠道商的利益，更可能引发连锁反应，激起渠道商对厂商的强烈不满，最终演变为对厂商产品的集体抵制或迅速替换。因此，渠道管理者应在不损害渠道商销量和潜在利益的前提下，制定多重渠道定价策略，确保渠道商间的利益平衡与和谐发展。

如果厂商在渠道管理中同时犯上述错误，那么渠道生态将陷入怎样的困境？我曾亲历一次"非常独特"的渠道价格模式设计。某公司在历经数年的精心研发和小规模推广后，终于在全国范围内推出了一款具有压倒性竞争优势的新产品。这款产品凭借其独特性、与市场需求的高度契合，仅用短短两年时间便占据了90%以上的市场份额，并在市场上无同类竞品与之匹敌。

看似成功在望的局面却未能转化为丰厚的利润回报，主要原因在于，公司原有的十几家大型直营客户，凭借与公司长期稳固的合作关系，提出直接采购这款新产品的需求。面对这一特殊情况，公司的销售渠道策略调整为多渠道销售模式：一方面，直接面向这些大客户进行销售；另一方面，通过广泛布局的经销商网络，覆盖并服务广大中小客户群体。然而，在定价策略上，公司继续沿用了旧产品的竞价模式。在新品几乎垄断市场的情况下，这种定价策略显然是不恰当的，因为它忽略了公司所掌握的绝对定价权。理论上，当一个产品的市场占有率突破30%时，企业便拥有了竞价权，市场占有率一旦超过75%，企业便拥有了绝对定价权，更何况该公司的市场占有率已达到90%以上，拥有绝对的领先地位。相反，如果公司的市场占有率在10%以下，那公司往往会陷入被动局面，就只有降价权了。

遗憾的是，公司在此关键时刻决策失误，不仅未能最大限度地利用市场优势，反而因渠道设计不合理与错误制定价格策略，导致该热门新品的渠道生态在三年后发生崩塌。这种错上加错的局面，无疑对公司的长期竞争力和市场地位造成了毁灭性打击。

深入剖析渠道定价策略的失误之处在于：该公司对直营大客户给予大幅优惠，其供应价格不仅远低于全国经销商在享受全部奖励政策后的净价，差距高达20%～30%，甚至还有个别集团客户的折扣幅度达到惊人的40%。如此悬殊的价格差异，导致渠道商之间的利益分配严重失衡。经销商在竭力维持正常加价销售时，却惊讶地发现，直营大客户因享受超额优惠而拥有了超过50%的额外利润空间。面对这一困境，经销商不仅要直面来自直营大客户强有力的价格竞争，还不得不承受因价格波动带来的经营风险。在这样的双重夹击下，部分经销商做出痛苦但理智的选择——放弃继续销售该公司的产品，转而寻找那些能提供更稳定价格体系、更强市场保护的公司的产品。

此外，该公司还犯了一个更大的错误：为满足直营大客户的特殊需求，公司竟以裸价直接供货且未采取任何制约措施来平衡各方利益。这种做法不仅严重损害了经销商的利益，也破坏了整个销售渠道的稳定性和可持续性。最后导致的结果是：那些忠诚于公司的核心经销商虽以正常现金方式进货，却拿不到足够的货源。最为讽刺的是，那些享受裸价供货特权的直营大客户，竟能以低于核心经销商正常进货底价的价格获得货源。这种明显的利益倾斜，彻底颠覆了市场公平竞争的原则，并且随着时间的推移，大客户凭借其强大的议价能力和不受地域限制、代理约束、经销束缚的揽单行为，进一步加剧了市场的混乱。于是，在该公司推出热门新品的第三年，竞争对手敏锐地捕捉到了市场缺口，纷纷推出类似产品，价格战一触即发。

面对市场巨变，该公司非但没有及时调整销售渠道策略，反而试图通过提高直营大客户的售价来弥补损失，导致大量的直营大客户毫不犹豫地转投更低价的竞品，那些曾经稳固的合作关系瞬间瓦解，商业本质在这一刻展露无遗。原本应作为合作伙伴共同成长的渠道商，最终陷入混乱与信任危机，直至崩溃。

基于我多年渠道管理的实战经验，该公司在渠道战略上应该采取双渠道供货策略，即无论是直营客户还是经销商，都应受到年度返利制约，实行搭配销售、按需分配原则以及按量占比的激励方式，并与所有客户签订包括全线产品的全年战略协议。

具体而言，在新品推出的前两年，公司应聚焦于快速盈利，确保新品上市能充分贡献利润；随着市场竞争加剧，第三年果断采取撇脂策略[⊖]，依托前期利润优势，率先推出升级版新品，精准打击竞争对手，抢占市场先机。此外，公司还可以考虑通过并购竞争对手的生产厂或实施行业整合，直接控制产能，有效治理市场价格乱象，提升自己对产品的市场定价权。这些策略不仅能稳固市场地位，还能有效防御市场周期性衰退的风险，避免陷入"一年火爆、二年混乱、三年衰败"的困境，以及经销商信任破裂、大客户缩减订单的尴尬局面。

该公司案例凸显了产品定价策略的重要性。渠道管理者当以此为鉴，在深思熟虑与充分准备的基础上，制定符合企业发展客观实际的定价策略。

⊖　撇脂策略，即撇脂定价法，是指在产品生命周期的最初阶段把产品价格定得很高，以求最大利润，尽快收回投资。

灵活选择产品定价方法

定价不仅是一种经济学实践，还是一种融合了沟通、管理及战略策划的艺术。以大小经销商的进货价格为例，表面上看，企业给予大经销商更低的单价，以此促使其增加采购量，这似乎是一种合理的定价机制，但可能导致大经销商逐渐垄断市场，抑制小经销商的发展空间，破坏市场原有的健康竞争格局。企业若将大小经销商的进货价格统一，虽看似公正透明，却可能导致大经销商失去"多卖多得"的直接经济刺激，从而降低扩大销量的积极性。

因此，企业面临的主要挑战在于，如何构建一种既体现公平原则，又不失效率与活力的赛马机制。这要求企业在产品定价上既要利用马太效应的积极作用，激励大经销商越来越强，同时也要设置合理的制约机制，防止其过度膨胀，从而避免市场失衡。

同样地，在对待直营大客户与经销商的关系上，企业若给予直营大客户过低的价格优惠，可能诱使其利用贸易渠道将产品非法流入公开市场，从而损害经销商的合理利益，导致渠道秩序混乱。长此以往，企业极易陷入这样的困境：少数大客户占据了绝大部分利润，而企业本身则承受着提供额外服务、持续降价以及扩大赊销额度等多重压力，最终可能会落得"看似盈利，实则亏损"的局面。

企业的产品定价是一项复杂的系统工程，要求企业在平衡各方利益、维护市场秩序、激发渠道各层级合作伙伴积极性的同时，确保盈利和长远稳定发展。在实践中，常见的产品定价方法有三种，分别为成本导向定价法、市场导向定价法和需求导向/动态定价法。

在介绍这三种产品定价法之前，我们先通过四道小测试题，让你对自己的价格认知程度进行一次快速自查。若你能全部答对，那么说明你已经迈出制定渠道价格的重要一步，正式入门。

测试题 1

假设某产品的成本（进价）为 100 元，此时企业期望达到 40% 的毛利率，那么产品定价是多少？

通常来算，售价 = 进价 ×（1+ 加价率）=100 ×（1+40%）=140（元）。

这就陷入了顺加中毛利计算的小误区——将加价率直接等同于最终销售时的毛利率。如果直接计算，毛利率 =（售价 – 进价）÷ 售价 =（140-100）÷ 140 ≈ 28.57%，此时你就会发现，结果比预期的 40% 少了 11.43%。

实际上，真正的售价 = 进价 ÷（1- 毛利率）=100 ÷（1-40%）≈ 167（元）。

测试题 2

"老板，公司目前 A 产品的毛利率是 35%。如果我们主动调整价格策略，降价 5%，就能达到本季度的销量目标了！"

请问，此时该产品要增加多少销量，才能达到同样的利润水平？

根据量价快速计算公式：$销量变化 = \dfrac{价格变化}{现在利润 - 价格变化}$。

现在假设销量变化为 V，则 $V = \dfrac{5\%}{35\%-5\%} \approx 17\%$。

也就是说，如果 A 产品的价格降低 5%，那么其销量至少得增加 17%，才能保持利润不变。

测试题 3

在前一题的基础上，如果 A 产品现在的利润率为 20%，此时价格上涨 1%，那么销量最多可以降低多少，才能达到同样的利润水平？

$$V = \frac{1\%}{20\%-1\%} \approx 5\%$$

最终得出，A 产品的销量最多降低 5%，才可以保持利润不变。

测试题 4

请继续思考，如果 A 产品现在的利润率保持不变，依旧为 20%，此时销量增加 10%，那么价格最多可以降低多少，才能达到同样的利润水平？

将已知的数据代入量价快速计算公式，并设价格为 P：

$$V = \frac{P\%}{20\% - P\%} \approx 10\%$$

由此得出，P 为 18，即 A 产品的价格最多降低 18%，才可以保持利润不变。

从上述测试中，我们深刻领悟到，定价不仅是一项数字计算，还是一种创造，决定了产品究竟是精品还是次品。在这一认知基础上，我们再来了解三种常见的渠道价格制定方法。

1. 成本导向定价法

这是一种传统而普通的定价方法，其核心在于，企业主要以利润为参照物，沿产品—成本—价格—价值路径，最终产品精准触达渠道与客户。具体而言，企业首先核算产品的生产成本，在此基础上合理附加期望的利润率，从而初步设定出厂价或批发价，最后还需要考虑分销商和零售商的运营成本和利润需求，逐层叠加额外的加成比例，确保整个价值链上的每个环节都能获得应有的经济回报。

顺加法是此方法中的一种具体定价方法。该定价方法的主动权通常掌握在厂商手中。为占据市场竞争优势，厂商通过精细管理变动成本和固定成本，有效压缩不必要的开支，从而减轻成本压力，为定价策略留出更多的灵活空间。在此基础上，厂商将营销费用融入定价体系，并根据企业财务指标认可的合理出厂毛利率，为渠道商制定出既保障利润又具有竞争力的出厂价格。进入渠道环节，厂商根据产品的独特优势与市场需求，顺加出对渠道商具有吸引力的利润和成本，最终成功将产品销售至终端消费者。

为便于理解，这里基于顺加法，以终端售价 7.5 元为例，列出了一个产品的渠道定价过程（见图 5-3）和渠道定价结构框架（见表 5-1）。

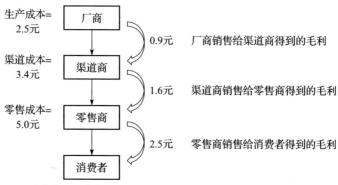

图 5-3　终端售价为 7.5 元的产品的渠道定价过程示意

表 5-1　终端售价为 7.5 元的产品的渠道定价结构框架

渠道参与者	成本 / 元	加价 / 元	基于售价的毛利率（%）	基于成本的毛利率（%）
厂商	2.5	0.9	26.5	36
渠道商	3.4	1.6	32.0	47
零售商	5.0	2.5	33.0	50
消费者	7.5			消费者买单

　　根据表 5-1 可知，在厂商最终至消费者的完整分销链条中，各环节间的毛利分配遵循逐级递增的原则。这种定价方法提供了充足的渠道动力，确保每一层级的渠道合作伙伴都能获得与其贡献相匹配的、逐级递增的毛利回报。反之，如果毛利分配呈现逐级递减的趋势，渠道动力不仅会减弱，还很可能会消失，最终导致厂商为弥补渠道动力不足问题而被迫加大投入，反而降低了自身的毛利率。

　　此外，顺加法参照的主体不是终端用户，也不是渠道商，而是生产商本身。因此，此定价方法即使满足了所有渠道环节的利润需求，可如果过度聚焦于生产商自身的成本与期望，忽视了终端市场的真实需求与承受能力，便可能导致定价方法与市场实际脱节。即便通过不断调整渠道商的利润分配，勉强将产品价格拉回了市场可接受的区间，但这种权宜之计往往伴随着牺牲渠道商的利益。由此，渠道商可能会因利润空间的压缩而失去销售产品的积极性，从而形成一个恶性循环：渠道动力减弱导致产品销量下滑，产品销量下滑又进一步压缩了渠道商的利润空间，如此往复，最终可能使整个分销体系陷入瘫痪。

此时，除非具有极强的产品认知度和品牌推广拉力，才能在一定程度上弥补渠道利润递减的负面影响。如果某产品的品牌推广拉力足够大，人们对产品的认知度足够强，那么渠道商可以把此类产品转化为两种用途。一种是作为走量产品。凭借其高销量、低成本和低利润的特点，成为渠道商提升营业收入、加速资金流转的关键。即便在毛利率低至1%的情况下，若能确保月度周转次数超过四次且全程实现现款交易，那么该产品同样能为渠道合作伙伴带来一笔可观的收入和稳定的现金流。另一种是作为新客合作的"敲门砖"。凭借其受欢迎程度，不以直接盈利为目的，而在开拓新市场、展示品牌实力和建立新客户关系时发挥关键作用。此外，渠道商还可以通过代理其他配套产品进行销售，实现整体利润结构的优化与平衡，从而在稳固既有客户的同时，从竞争对手手中抢夺市场份额，深化与客户的合作黏性，构建长期稳定的业务合作伙伴关系。

2. 市场导向定价法

此方法是指企业通常采取"跟随战术"，即以客户市场的竞品为参照物，紧贴第一竞品或锚定竞品价格的下限进行定价，旨在为消费者营造一种"物美价廉"的深刻印象。在具体实施过程中，企业可以根据市场需求、消费者支付意愿以及竞争对手的价格动态来设定渠道价格。当市场展现出对产品的强烈需求且竞争环境相对宽松时，企业可以适当提高价格；反之，则需要采取降价策略，以保持竞争优势。

倒扣法是此方法中的一种具体定价方法。该定价方法从终端消费者的最终购买价格出发，逆向逐级推导，确保每一层级的定价都紧贴市场需求，最终制定出既具有市场竞争力又兼顾利润空间的产品定价。更为重要的是，倒扣法可以倒逼企业逐一审视从原材料采购到日常运营的每一个环节，实现成本的最大化压缩，提升内部的运营效率与成本控制能力。

在真实的商业竞争中，企业首先依据市场定位与竞争对手的动态，制定出既具有吸引力又符合市场期望的价格区间，其次反向推算出实现盈利目标所需的可承受成本范围，最后根据既定的成本框架，聚焦于产品的研发与创新。

基于上述背景，"可达经济利润"的概念应运而生。它强调经济目标的本质，并非盲目追求那遥不可及的最高投资回报率，而是聚焦与已占市场份额相匹配的最优投资回报率。如果一味地追求最高投资回报率，势必造成竞品的大量进入，共同争夺这块利润丰厚的蛋糕。在此情境下，若企业尚未在市场中站稳脚跟，便极易陷入价格战，导致产品迅速贬值，深陷价值洼地。因此，企业应当聚焦于业务的稳健成长与价值高地的逐步占领，这样才能自然而然地享受由更高价值势能所带来的丰厚的长期投资回报。

在特定行业或独特市场环境中，某些业务凭借其独特的定位能够维持高价，并从有限的产量中获取极高的资本回报率，比如奢侈品。然而，这种高利润模式往往以牺牲行业整体的扩张为代价，限制了更为广泛的市场拓展。而降价尽管短期内资本回报率可能会有所降低，但能够迅速扩大市场份额，显著提升总销量。从长远来看，降价带来的市场扩张效应不可小觑，能为企业创造巨大的成长空间和潜在收益。当然，这也是一把双刃剑。许多企业被短期的市场响应所吸引，盲目降价，迫不及待地加入价格战。其结果往往是市场份额的短暂攀升，并未换来与之相匹配的销量持续增长，反而可能陷入"增量不增利"的尴尬境地，最终导致利润严重受损，销售通路陷入混乱。

在探讨定价方法与追求利润最大化时，企业必须将目光投向短期与中长期投资回报率。其中，中长期投资回报率目标的设定，为衡量企业运营效率与市场竞争压力对定价方法的影响提供了非常有用的标准。同时，在评估价格时，企业需时刻保持对竞争态势的密切关注，因为它是实现既定目标过程中不可忽视的阻碍因素，直接关乎定价方法的有效性。

在复杂多变的市场环境中，企业的实际运营结果是由市场竞争所决定的实际价格与当年实际发生的成本共同决定的，与当年产量无关。通过应用这个与短期产量波动无关的标准，企业可以精准评估当前运营成果与长期战略规划之间的偏离程度，并对潜在原因进行彻底分析。

因此，构建一个科学合理的定价参照体系显得尤为重要。这一体系能够引导企业制定出既符合市场规律又有利于企业长期发展的定价，从而实现最佳的价格管理效果。

3. 需求导向定价法

这是一种以消费者需求为中心的定价方法，它不是以产品成本或者单纯竞争导向为核心，而是根据消费者对产品的需求强度和对产品价值的认知程度来制定产品价格。我更倾向于称此方法为动态定价法，原因有三个。

第一，我认为此定价方法中的需求导向不属于传统意义上的"正常需求导向"。大多数定价场景都有其特殊性，比如在沙漠这样的极端环境中，一名急需喝水的人给出的水的价格一定会远超在舒适、阴凉环境中的人给出的水的价格；一瓶可乐在超市与游乐场的价格肯定是不同的。显而易见，这并非单纯的需求差异，而是在特定环境或封闭空间内，由于选择受限或资源稀缺所产生的一种"狡猾"的定价机制。

第二，需求导向定价法看似紧密围绕消费者需求展开，实则在一定程度上主动引领和塑造消费者需求。甚至在某些情况下，这种定价方法在误导消费者产生超出原本预期的购买欲望，进而引发更多从众性的消费行为。

第三，需求导向定价法的独特之处在于其高度综合性的考量。它不仅关注消费者需求这个单一维度，而且将生产的原料端、终端用户的使用习惯以及市场的整体变化态势三者紧密结合，形成一个全面、动态的定价体系。

因此，我认为动态定价法是一个更为全面且贴切的术语，能够有效涵盖需求导向定价法的范畴。此定价法的精髓在于四个关键要素：普遍性、特殊性、精细性与实时性，这些要素展现出一种高度灵活的定价智慧。

（1）普遍性。在充满变数的市场环境中，价格随着市场行情的波动而上下起伏，并深刻影响着原料采购、运输成本乃至整个供应链的稳定性。在剔除相关政策补贴、市场策略、库存问题以及国际贸易争端等外部因素后，企业主要采用两种定价方法以应对市场变动：一种是"随行就市，涨幅有度"的定价方法，即紧跟原料的行情波动，精准调整价格涨幅，确保既不过度算计消费者，也不因价格调整滞后而陷入亏损；另一种是"保持不变，静待时机"的定价哲学，即坚信价格的涨跌终将回归平衡，选择保持价格稳定，不为短期利益所动，从长远视角布局市场。在年度经营周期内，企业通过精细的毛利率平衡计算，巧妙融合这两种定价方法的优势，既能维护市场稳定，又能有效压缩内部运营成本与销售成本。同时，企业还可以适度降低利润预期，为市场回暖后的利润回填蓄势。

（2）特殊性。在异常严峻的市场环境下，受非正常的价格波动、资源稀缺性加剧、货源紧俏以及产能受限等不可控因素的影响，可能导致产品供需严重失衡，一货难求的现象迭出，这会进一步激化需求的突发性增长，使得货源供应"雪上加霜"。在此情境下，部分渠道商利用市场缺口，趁机哄抬价格，短期内获取远超企业预设的利润。然而，当市场恢复平稳，价格回落到正常水平时，这种价格的剧烈波动会对企业的品牌形象造成难以估量的损害，消费者对企业产品的信任与好感度也随之动摇。

值得一提的是，部分厂家也可能借此机会调高出货价格，试图从中分一杯羹，而非全部由渠道商赚取利润。这种做法非但无法从根本上解决供需矛盾，反而可能加剧品牌形象受损，甚至引发"啤酒效应"——雪片似的订单潮实则暗藏需求泡沫的隐患。一旦过度放大这样的需求，将不可避免地导致一系列连锁反应：原材料库存积压、生产线超负荷运转、通路库存过高、消费者需求降低等。价格如过山车般剧烈波动，不仅严重削弱品牌的市场稳定性，更可能对其长期价值造成难以修复的创伤。因此，企业在采取动态定价法时，必须慎之又慎，避免跳入短视行为的陷阱。

（3）精细性。通过运用4C分析法精准剖析市场与竞争对手态势后，企业可以巧妙地在非主战场且为竞争对手核心市场的区域，通过差异化定价，推出一系列精心设计的"先锋"产品。目的是快速切入市场，直击竞品腹地，获得消费者认知。一旦市场地位稳固，企业便可以适时调整策略，以牺牲"先锋"产品的短期利益为代价，换取厂家主打的正规产品入驻市场，并逐步恢复全国统一的定价标准。

鉴于"先锋"产品自带的品牌认知优势、价格竞争力及潜在的高利润空间，为确保此定价方法成功实施，企业必须在时间规划、产品策划及市场推广等各个环节，具有高度的市场掌控力与判断力。具体而言，企业需要对目标市场进行精准洞察与把控，并与当地渠道商紧密合作，确保执行到位。同时，必须确保"特制"产品不流窜至该品牌的其他核心市场，以免破坏整体价格体系与品牌形象。

（4）实时性。企业需要根据市场供需变化、竞争对手的定价策略变动等，迅速调整产品或服务的价格。动态定价法的核心优势在于其灵活性，使得企业能够在瞬息万变的市场环境中做出即时响应。这意味着价格不再是预先设定并长期固定的，而是在每个交易瞬间都有可能发生变化的，目的是实现利润最大化、优化资源配置、应对市场波动以及提升整体销售收入。

在动态定价法的实施过程中，企业要运用先进的数据分析技术和算法工具，收集并分析市场信息，如消费者的购买行为、季节性趋势、促销活动的效力以及竞争对手的价格变化等，进而设定不同的价格。更为关键的是，企业并非一成不变地执行既定价格，而是根据实时的市场数据和反馈动态调整价格，确保企业定价始终与市场实际状况保持高度同步。例如，在电子商务、酒店预订、航空等前沿服务领域，动态定价的实时性尤为明显。这些行业通过实时分析市场需求的变化趋势、客户行为模式及库存状况，动态调整产品或服务的价格。

动态定价法的实时性还意味着企业在面对市场波动时，比如应对突发的需求激增或者供给短缺等情况时，能够快速做出反应。这种快速反应能力不仅有助于企业实现收益最大化，同时也能为消费者提供更加贴合市场实际、更具有竞争力的价格。然而，企业在享受动态定价带来的诸多益处时，也需要审慎行事，精心平衡短期利润与客户价值、品牌形象之间的关系，确保长期的商业成功。

综上所述，企业要实施好动态定价法，务必做到场景化要真、差异化要强、体验感要足。同时，企业还需要清醒地认识到，价格也是一种重要的产品特征，而定价本质上是一种创造性的行为。从这个意义上讲，商品售价远远超越了经济指标的范畴，成为企业定位与未来命运的决定性因素。

除上述三种常见的产品定价方法外，还有一些基本的产品定价方法。

（1）目标收益定价法：从企业预设的销售收入目标与市场份额出发，逆向推导各级渠道商应享有的利润空间，从而精准确定各级渠道的产品或服务的价格，确保每一环节都能获得合理的回报。

（2）阶梯返利定价法：设置多级销量阶梯与对应的返利或折扣奖励。当渠道商达到一定销量时，可以获得更高的返利或折扣。这种定价方法不仅能够激励渠道商努力开拓市场、提升销量，同时也考虑到了规模经济带来的成本优势与效益提升。

（3）差异化定价方法：鉴于不同渠道在客户群体、销售模式及市场定位上的差异，如 B2B 与 B2C、直销与分销，企业应制定不同的产品或服务的价格。例如，B2B 渠道可提供更优惠的大批量采购价格，而 B2C 及零售渠道则需要保证终端零售价格更具有吸引力。

（4）客户价值定价法：企业根据客户对产品的感知价值，而非产品的生产成本进行定价。因此，高附加值产品即使成本不高，也可能享有高价；低附加值产品即使成本不低，也可能被定低价。

（5）渠道协同定价法：全渠道价格管理要求企业实现各销售渠道之间的价格协同，充分考虑各渠道的独特性与消费者的购买习惯，避免内部竞争与渠道冲突。

每种定价方法都有其适用场景与潜在风险。因此，企业在定价方法选择中，还需要考虑一些与价格制定相关的因素。比如市场供求关系，市场供求状况直接影响产品的价格水平。当供不应求时，价格可能上升；当供过于求时，价格可能下降。又如地区差异，不同地区的经济发展水平、消费习惯及竞争状况可能导致价格不同。企业需要因地制宜，根据不同地区的实际情况来制定价格。再如时间因素，产品在不同时间点，价格也可能有所不同。举例来说，新产品上市时可能采取高价策略，而随着市场竞争的加剧和产品生命周期的延长，价格可能会逐渐降低。

企业要灵活选择与巧妙组合不同的定价方法，以达到最佳的定价效果。同时要注意，无论采用何种定价方法，企业都应长期保证渠道商的稳定利润，这是维持渠道生态系统长期稳定的前提。只有当渠道商能够清晰预见自己的长期利润所得时，他们才会在团队建设、服务优化、车辆运营及仓储管理等各方面加大投资，提升自己的基础能力，进而与企业携手并进、共谋发展。

此外，厂家可以为渠道商提供多样化的定价策略（见表 5-2），以激发渠道商的积极性与创造力，促使他们更好地推广企业的产品或服务，精准传递品牌价值，共同扩大市场份额。

表 5-2　厂家为渠道商提供的定价策略

策略名称	作用	类型	具体描述
让价策略	价格让步	折扣结构	商业折扣、数量折扣、现金折扣、运费预付、新产品展示与广告补贴、季节性折扣、零担货运优惠、直接代发货优惠等
		折扣替代	物料支持、信贷支持与账期支持、票据保证与担保方案、房屋抵押与转贷款方案、应收账款融资与第三方担保等
保护性条款	价格保护	一般条款	培训计划、销售佣金、技术援助等
资金策略	资金支持	贷款协议	定期贷款、代理协议等
		存货保护	自由退换货款、即期过期产品补贴等
		区域保护	选择性分销、聚焦战略等

上述定价策略是我从事渠道管理多年来，为渠道商及其核心终端客户真实提供的多维度、非价格性激励举措。厂家可以灵活运用这些策略，但要精准把握资金与货物的安全，有效规避潜在风险，防止企业因不慎而陷入不必要的债务纠纷。若运用得当，它们将显著提升渠道竞争力，深化渠道商与企业之间的紧密联系，增加渠道黏性，形成双赢乃至多赢的良好局面。

从价格定价到价值定价

"老板！竞争对手又降价了，如果我们再不降价，这单生意就丢了！"在过往的销售会议回顾中，我们听到最多的汇报就是：竞争对手的价格又下调了！可是，假如有一天，我们中的任何一位跳槽到竞争对手公司，或许会惊讶地发现，他们的产品竟然也卖得不那么便宜。而且，他们也在密切关注并讨论着：你原公司的产品降价了。

来看一组数据：1% 的价格上涨，会带来营运利润 11% 的变化；1%的变动成本下降，会带来营运利润 7.3% 的变化；1% 的销量上涨，会带来营运利润 3.7% 的变化；1% 的固定成本下降，会带来营运利润 2.7% 的变化。也就是说，如果价格上涨 1%，销量上涨 1%，成本（变动成本与固定成本）下降 1%，那么企业最终的营运利润竟会增加 29.1%[⊖]。

由此可见，价格的提高相对利润来说是一个巨大的杠杆，即价格的微小调整会造成利润的巨大变动。不仅如此，价格杠杆的这种放大效应在利润率越低的企业中表现得越突出。这就意味着，对于那些在利润边缘苦苦挣扎的企业而言，通过精细的价格策略调整，或许能以最小的资源投入换取最大的利润提升，成为扭转经营困境、实现经济效益快速增长的关键一招。

既然如此，为什么还有那么多企业纷纷投身于降价促销与价格战中呢？其原因需要追溯至愈演愈烈的市场竞争。价格战，这一看似直接且粗暴的竞争手段，往往让企业乃至整个行业陷入"穷困潦倒"的境地，企业利润被不断压缩，品牌价值也遭受重创。然而，在竞争白热化的市场环境中，企业为了争夺市场份额乃至生存下去，不得不采取一切可能的策略。即使这些策略可能暗藏自我毁灭的风险，它们也别无选择，只能奋力一搏。

实际上，通过单纯的降价手段争夺而来的订单和市场份额，既不稳固，也难持久。企业若一味沉迷于传统的价格战，无异于自掘陷阱，最终可能两败俱伤。明智之举是从价格竞争的恶性循环中抽身，转向价值定价的广阔天地。这不仅是一种生存策略的转变，也是对企业长远发展路径的明智选择。

这里涉及价值销售的概念。它强调，企业应当聚焦于为消费者创造并传递独特的价值，而非仅仅依赖短期的价格优势。在价值销售框架下，企业通过持续的产品创新、服务优化以及品牌价值的深度挖掘，能够为消费者提供最有价值的产品与服务，由此消费者从关注产品或服务的价格变为

⊖ 详细计算见第二节强化服务能力中的"1%的故事"。

关注产品或服务的价值。所以，价值销售不仅很好地维系了买卖双方之间的关系，形成了稳固的市场基础，还赋予了企业获取产品完全价格的能力，促使企业有机会创造新的竞争优势，获得更多的利润。

然而，在推行价值销售的过程中，企业不可避免地会遭遇一系列挑战，包括：

（1）客户要求降价，拒绝提价。

（2）管理层既要营收增长，又要利润增长。

（3）竞争对手的价格总是比自己的价格低。

（4）看似只有降价才能击败对手。

（5）客户不接受企业的降价理由。

（6）难以说服管理层接受制定的价格策略。

（7）如何用价值故事打动客户。

（8）产品同质化严重，找不到卖点。

（9）价格谈判越来越复杂，难以驾驭。

（10）如何设计产品或服务的解决方案。

（11）客户要求公开价格成本分析表。

没有任何一本书、任何一位老师、任何一位企业领导者能够将上述问题完美解答并全部解决，但价值定价必须成为企业持之以恒的原则。

那么，什么是价值定价？它是一种深具战略意义的定价策略，其核心在于，精准捕捉并量化企业在特定市场环境中，相较于竞争对手所创造的独特价值，并以此为依据对产品进行定价。它要求企业深入探索并实践两大核心命题："如何创造价值"与"如何获取价值"。为解决这两大命题，企业必须从单一的价格考量迈向全面的价值创造与品牌建设。而这一过程，实质上是价值定价的深化路径（见图5-4），引领着企业经历一系列深刻的转型与升级：从"价格"到"估值"，从"估值"到"价值"，再从"价值"到"品质"，最后从"品质"到"品牌"。

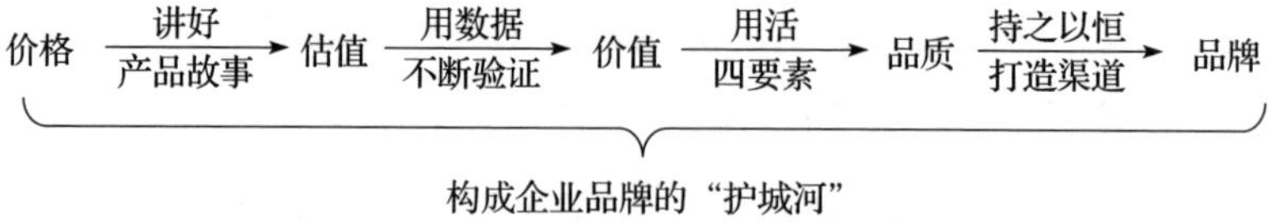

价格 →（讲好产品故事）→ 估值 →（用数据不断验证）→ 价值 →（用活四要素）→ 品质 →（持之以恒打造渠道）→ 品牌

构成企业品牌的"护城河"

图 5-4　价值定价的深化路径

现在，让我们细致而深入地剖析这一深化路径。

1. 从"价格"到"估值"：讲好产品故事

在消费的世界里，一个平凡的打火机能卖多少钱？ 1 元、10 元，还是 100 元，或是更高？答案不置可否。然而，产品真正的价格远非数字所能简单衡量。当一款产品超越了物品本身，被赋予一个乃至无数个传奇故事时，那么它的价格便跃升至一个全新的维度——价值。有这样一组真实且震撼的传奇故事：有一款打火机，被鱼儿误吞，后来被渔夫发现，打火机竟像新的一样能用；在战场上，打火机挡住了致命的子弹，挽救了一个生命；在茫茫荒野中，打火机被当作求救信号或求生工具；在饥饿的绝境中，用打火机竟能煮熟一锅粥……这款打火机名叫"Zippo"。

因此，当谈及 Zippo 时，人们谈论的已不是它的价格，而是它的估值。这种估值，不在于价格的高低，而在于产品背后所承载的文化、情感与故事。Zippo 正是以这样的方式向我们展示了从"价格"到"估值"的华丽蜕变，让我们深刻体会到，真正的价值，往往隐藏在那些看似平凡却又非凡的瞬间。

2. 从"估值"到"价值"：用数据不断验证

从"估值"深入到"价值"的过程，本质上是一场以数据驱动持续验证价值的创造之旅。其关键在于，精准把握客户需求与企业需求之间的平衡，共同维系企业生态的和谐与稳定，确保企业与客户之间、内部与外部之间保持一种和谐共生的关系（见图 5-5）。需要注意的是，二者并非孤立存在，而是相互消长、相互作用，呈现出一种既对立制约又相互转化的复

杂关系。因此，在平衡客户需求与企业需求时，应分别考虑企业价值主张
与客户价值主张。

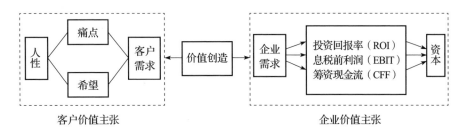

图 5-5　价值创造平衡图

　　然而，客户需求虽为企业的根本，却不能被无限放大；企业需求也应
有所节制，不能无限制地追求扩张与利润最大化。企业只有在不断变化中
寻找动态平衡点，在有限范围内实现经济效益最大化，才能确保价值创造
的持续性与稳定性，避免陷入无限扩张的陷阱与盲目追求的误区。

　　在深度剖析客户需求时，企业必须精准把握人性的微妙平衡，既要正
视并尊重人们对恐惧与贪婪的本能反应，又要以智慧引导其走向理性与合
理。诚然，人类因直面痛点而滋生恐惧，因追求希望而萌生贪婪，但真正
的定价策略应建立在对这些人性特征的深刻理解与恰当引导之上。先说希
望，人不能没有希望，但需要适度调节，以免落入无尽欲望的深渊。再来
谈谈何为真正的痛点？客户需求未能得到满足是痛点吗？企业通过赊销
缓解资金压力是痛点吗？我认为都不是。为什么？因为这类问题虽然迫
切，却未必触及根本。真正的痛点，是那些根植于客户业务核心，关乎其
长远发展，一旦得到有效解决便能激发无限潜能、带来双方共赢的关键
所在。

　　例如，一位客户因资金短缺而无法进货，这虽是其当前的难题，但若
仅仅通过赊销方式解决，或许只能暂时缓解其燃眉之急。这样的需求往往
只是表面上的希望乃至欲望，可以称为伪痛点。而真正对痛点的解决之

道，在于发现客户在供应链管理、成本控制或市场拓展等方面的深层次需求，并提供一套综合性的解决方案，使其不仅能解决眼前的资金问题，而且能长期提升其业务竞争力与盈利能力。因此，当客户的需求得到真正满足时，双方都将从中受益，并实现双赢，这样的解决方案才能称为触及了真正的痛点。

在精准聚焦企业需求时，企业必须巧妙平衡三大核心指标——ROI、EBIT 及 CFF。其中，ROI 是评估投资效率与效果的关键指标，指引着企业如何有效配置资源以获得最大回报。EBIT 则直接反映了企业的盈利能力和经营效率，是评估企业核心竞争力的重要依据。CFF 作为企业资金循环的动脉，其稳健与否直接关系到企业的生存与发展。这三者虽然共同驱动企业的价值创造，但往往难以齐头并进，这就要求企业在资源有限的情况下做出平衡与取舍。

因此，面对这三项指标带来的挑战，企业需要采取循序渐进、量力而行的策略。此外，还应认识到应优先追求 CFF 的最优化，因为它是维持企业运营稳定、促进企业可持续增长的首要任务。在这一过程中，企业应确保 ROI 与 EBIT 在合理范围内波动，避免陷入盲目追求单一指标最大化的误区。唯有如此，企业才能在复杂多变的市场环境中，源源不断地创造价值。

3. 从"价值"到"品质"：用活四要素

（1）STP 战略。STP 战略是现代市场营销战略的核心，包括三个核心组成部分：市场细分（segmenting）、目标市场选择（targeting）以及市场定位（positioning）。这一战略不仅能为企业构建制定与执行市场策略的基础框架，还是推动企业从"价值创造"迈向"品质引领"的关键跃迁。

其中，市场细分作为 STP 战略的坚实基石，将潜在的大市场分割成若干个具有鲜明共性与独特需求的消费者群体。这些群体被称为细分市场，是基于消费者的多样化需求、消费习惯及购买行为等的差异而被区分开的。

目标市场选择，则是市场细分后的战略抉择，要求企业对各个细分市场进行深入剖析，评估其增长潜力、竞争态势及与自身资源能力的匹配度，筛选出最有可能实现价值最大化的细分市场，并为其提供产品或服务。

市场定位，无疑是 STP 战略的点睛之笔。它促使企业在选定的目标细分市场中，明确自身产品或服务相对于竞争对手的独特价值主张，从而确定与自身发展相契合的市场定位，并在消费者群体心中树立起差异化、高品质的品牌形象。

综上所述，STP 战略的应用有助于企业更有效地满足特定消费者群体的需求，从而在激烈的市场竞争中脱颖而出，赢得持续的竞争优势。

（2）USP 理论。USP 的英文全称为 unique selling proposition，即独特的销售主张。它属于市场营销中的一个概念，主要强调产品或服务中某个真实且独特的卖点。该卖点能够深刻满足消费者的核心需求，更是所属领域中竞争对手无法提供的独特优势。简而言之，USP 理论就是让某个产品或服务在市场上有脱颖而出的卖点。因此，在精心构建 USP 理论的过程中，企业需要深入探索目标消费者群体的内心需求与偏好，挖掘出那些能够触动他们，并为他们带来显著增值的独特卖点。而这一过程，也是企业从战略规划跨越至战术执行的关键环节。

在实际应用中，USP 理论的表现形式千变万化，可以是产品的任何方面，比如价格上的极致性价比、品质上的精益求精、性能上的优化升级、成分上的纯天然无公害、设计上的别出心裁，或是使用上的便利与耐用共存。值得注意的是，无论是哪一种独特卖点，都必须是真实存在的，绝不能夸大其词，对消费者产生误导，否则会损害企业的信誉。以 M&M's 巧克力豆为例，"只融在口，不融在手"这一广告语，以其精妙绝伦的创意和无可挑剔的真实性，成为营销史上的经典。这一独特卖点不仅突出了巧克力豆外壳的耐融特性，还为消费者带来了便于携带与食用的独特体验，进而赋予 M&M's 巧克力豆与众不同的品牌形象，让其在竞争市场中独树一帜，深受消费者喜爱。

（3）FAB 法则。FAB，即 feature（属性）、advantage（作用）、benefit（益处）。它是一种用于展示产品或服务优点的说服性演讲结构，旨在向受众清晰阐述产品或服务的本质、不同于竞品的用处以及最终为客户带来的益处。

属性（F）：描述产品或服务的客观现实，即它是客观存在的，不涉及任何的比较或评价。该部分重点阐述的是 what 部分。比如什么材质？木头。

作用（A）：在属性的基础上，促使产品或服务不同于市场上的其他选项，即能够给客户带来的用处。该部分重点阐述的是 how 部分。比如什么功能？桌子。

益处（B）：最后将产品或服务的作用转化为对客户的实际好处，即客户选择你的核心理由。该部分重点阐述的是 why 部分。比如有何益处？办公。

按照上述顺序介绍产品或服务，企业不仅确保了信息传递的准确性与吸引力，还通过深入挖掘客户需求的差异化价值点，为客户提供了难以抗拒的购买理由，即你的就是最好的，从而有效促进销售或影响决策者的选择。

（4）数据中台可视化实现方案。实现数据中台可视化，就是将目标客户群体的信息进行数据化处理，最终建立一个价值闭环：从产品到服务，从服务到数据，从数据到体验，从体验到标准。在标准设立并达成之后，企业聚焦于目标客户的深层次需求，以更高的标准做产品差异化升级，对产品进行一次次的升华与品质的迭代创新，最终实现从"价值"到"品质"的跨越。

4. 从"品质"到"品牌"：持之以恒打造渠道

在将卓越"品质"转化为市场认可的"品牌"的过程中，关键在于打通从产品到渠道流通这一核心环节。这不仅要求企业将集设计、开发与交付于一体的差异化产品或服务精准送达目标客户手中，还需要通过触动目标客户的五感体验，即听觉、触觉、视觉、味觉、嗅觉，与之进行深度沟通，讲好每一个价值体验故事。在此期间，市场部、产品研发部、销售部及渠道部必须紧密协作，即"四部合一"，才能成功打造出一款具有真正价值与品牌势能的好产品。

不可忽视的是，一款产品即便拥有五感体验，但若缺乏差异化价值（见表 5-3），也不过是昙花一现。因此，产品的品质始终是企业的立身之本，是品牌价值构建的坚固基石。唯有那些能够持续提供卓越品质与独特价值的产品，才能在激烈的市场竞争中屹立不倒，实现稳固而持续的价值传递与定价，最终赢得消费者的信赖与忠诚。

表 5-3　为目标客户提供的差异化价值

序号	差异化价值
1	满足客户没有意识到的需求
2	提升产品或服务的表现
3	定制化服务满足客户的特殊需求
4	超乎寻常的设计
5	拓展多元价值，创造增值体验
6	帮助客户找到更容易使用产品或享受服务的方法
7	帮助客户获得未曾得到过的产品或服务
8	帮助客户完成明确任务
9	帮助客户降低风险
10	帮助客户降低成本
11	借助客户对品牌的认可与尊重
12	为客户做价值培训，比如免费的知识普及

　　价值定价的实践，本质上是一场从概念澄清到标准设定，再到系统构建的深刻变革。在这一过程中，企业不仅需要在此系统中精细地收集信息，还要巧妙地进行数据的整合与分析，以期在纷繁复杂的市场环境中拨云见日，透过现象看本质，最终精准把握产品与服务的核心价值。在此，我诚挚地建议，企业应将价值定价视为一项至关重要的考核指标，循序渐进地推动价值定价体系的建立与完善，共同维护并优化渠道的健康生态，促进企业、渠道商与消费者三者之间形成紧密相连、互利共赢的良性循环。

CHAPTER 6

第六章

渠道冲突管理

在渠道管理中，渠道冲突与激励既是推动企业稳步前行的动力源泉，也可能成为制约其进步的沉重枷锁。事实上，渠道冲突管理并非仅仅是对抗与压制，而是需要运用深邃的智慧与精妙的策略去应对，同时配以精准的激励，方能最大化其正面效应。

本章将深入剖析渠道管理中的复杂变量，深刻揭示渠道冲突的内在动因，详细探讨其双刃剑效应及防范策略。在此基础上，我构建了一套科学、有效且具有操作性的渠道冲突治理机制与管理体系，为渠道管理者提供一份宝贵的实战指南。此外，本章还将系统阐述激励经销商的注意事项，并创造性地提出涵盖十种物质激励与二十种精神激励的多元化激励方案，旨在激发经销商的潜力与活力，帮助企业构建和谐共赢的渠道生态，推动企业与经销商的深度合作与共同繁荣。

第一节　渠道管理中的复杂变量

在渠道管理的诸多环节中，渠道冲突管理堪称最为错综复杂的部分。其复杂性主要源于一个名为"X"的变量，该变量通常被视为"不可控因素"，与那些易于界定、量化、建模、复制及调控的明确元素形成鲜明对比。"X"变量可能源自外部环境的快速变化，如政策调整、市场需求突变等；可能受限于特定的情境条件，如地区文化差异、消费者购买习惯等；可能深植于个体间的差异性之中，如渠道商间的经营理念不合、利益分配不均等；或者可能是由其他任何管理者无法掌控的因素所导致的，如自然灾害、突发事件等。

因此，有效管理渠道冲突，首要任务在于透彻把握并灵活应对"X"变量的多变性与不确定性。

渠道管理始终无法脱离两大核心环境：一是人类群体，即人；二是市场环境，即市场。这两者都因其高度的复杂性与不确定性，而被视为预测难题。

第一，人类行为深受多元因素交织的影响，包括情感波动、认知偏差、社会文化背景及个人独特经历等。这些因素相互作用，致使人的决策与行为模式具有很大的可变性与不可预测性。即使情境相同，个体选择也可能大相径庭；而同一人在不同时间，反应也可能截然不同。此外，人们往往会根据新的信息与经验不断调整预期与行为，这无疑增加了预测的难度。

第二，市场是由众多个体与机构参与者共同构成的，其动态变化深受经济周期、政策导向、技术创新及全球局势等多重因素影响。这些因素相互交织，让市场变得极其复杂。市场的波动往往是所有参与者行为导致的综合结果，而这种结果难以精准预测。此外，市场情绪起伏、投资者心理预期及信息不对称等因素也会引发市场的非理性震荡，而且这些非理性震荡常超出传统经济模型与理论的预测范围。

综上所述，人类行为的不可预测性与市场环境的复杂多变性共同构成了预测难题的两面。然而，正是这些相互关联的因素，为我们深入探讨渠道冲突管理中的"X"变量提供了重要线索。

"X"变量的决定要素并不单一，它涵盖了市场变量、关系变量与人性变量三大核心要素。

市场变量

在当今技术与商业日新月异的时代，由于政治经济环境的更迭以及世界格局的瞬息万变，全球市场正经历着前所未有的变革，每一天都充满了创新与颠覆。新的情境下，线上平台正逐步显露出寡头垄断的苗头；新的趋势中，市场供求关系已从昔日的供不应求转变为如今的供过于求，外需萎缩，内需不足；新的思维模式下，人们思考问题的角度越发多元，行动层面越发丰富，但洞察问题本质却越发困难；新的实践中，资源与信息的不对称性加剧，过往的成功经验已难以指引未来的道路。

在此背景下，市场风云变幻，急需新视角与新策略，以应对复杂多变的挑战。然而，互联网技术的飞速发展虽带来了海量信息，却也使无效反馈泛滥，选择权悄然落入算法之手，消费者被模式化的内容所包围。人们逐渐陷入路径依赖，思考的深度与广度大打折扣。表面上看，人们的需求似乎得到了更多满足，实则只是多巴胺的短暂刺激，真正的满足感渐行渐远，取而代之的是无尽的欲望所驱动的追求。

市场焦点正逐步变得分散，以往行之有效的营销策略，到今天却频频碰壁。从"黑天鹅""灰犀牛"到"大白鲨"，再到乌卡时代[⊖]、数字化浪潮、数智化转型，乃至元宇宙等，颠覆时代的新名词不断出现。而这一切的背后，正凸显出市场的不确定性。

那么，面对不确定性市场，渠道管理是否需要随之变化？答案是否定的。尽管渠道选择多样，却远不及市场变化之多、之快，稍有不慎，便可能如"邯郸学步"，迷失了自我。正确的做法是保持大方向稳定，灵活调整小方向。尤其对依赖传统线下渠道的企业，更需要注重渠道模式的变化以及与原有渠道的整合，应以小步慢跑的方式逐步迭代，而非急于求成。

回顾中国数十年的渠道发展历程，从全国代理制细化为省级、市级乃至县（乡）级经销模式，各厂商均稳扎稳打，逐步下沉至市场终端。即使当前的网络极为发达，企业仍需要融合线上平台获客与线下渠道分流，实现传统与现代渠道模式的有机结合。市场变幻莫测，企业需要深刻认清自身特色，逐步调整完善渠道；在拓展新渠道时，企业应从试点入手，探索可复制的成功模式，再循序渐进地推广至全国，以推动渠道网络全面优化。

渠道管理的精髓在于前瞻，而非回顾。也就是说，渠道管理应如探照灯，照亮前路，而非后视镜，回首往事。唯有把握好渠道布局、渠道梳

⊖ 乌卡时代（VUCA）是一个具有现代概念的词，是指我们正处于一个易变性、不确定性、复杂性、模糊性的世界。

理、渠道赋能与健康检查四大阶段，企业方能以不变应万变，在不确定的市场中稳健发展，持续壮大。

关系变量

"关系"一词在中国历史文献中早有记载，用以描述事物之间相互影响的状态，并与社会秩序紧密相连。在中国独有的文化背景下，关系深植于家族观念与社群意识中，共同构筑了社会微观与宏观的基石。关系的稳固虽以相互之间的利益为导向，但绝不可见利忘义。其中，"义"所蕴含的信任与仁爱，与渠道关系建立中的四大核心要素——尊重、分享、互惠与信任紧密相连，共同构成了渠道管理中健康稳固关系的基础，从而确保渠道关系既建立在共同利益的基础之上，又能超越单纯的利益考量，实现真正的共赢与长远发展。

尊重：平等与互惠的基石

尊重超越了形式上的礼貌，源于对双方平等地位的深刻认同。如今，厂商与经销商的关系已从单向指令转变为辅导式伙伴关系。这种平等化的趋势，体现在对渠道合作伙伴市场表现的深入洞察上，如市场覆盖率、渗透率、转化率及复购率等关键指标，并据此设定合理的销量目标，共同探索成长路径。这种基于实际情况的定制化策略，不仅彰显了对合作伙伴能力的尊重，也是对双方互惠合作潜力的信任与挖掘，为渠道关系的稳固与深化打下坚实的基础。

分享：信息流通的桥梁

信息的透明与共享是深化合作的强大引擎。在厂商与渠道合作伙伴相互尊重的基础上，构建高效的沟通机制成为重中之重，能确保市场动向、客户需求变化及战略调整实时共享，促使双方对市场波动做出敏捷反应。此外，厂商借助广泛的下游网络，满足多元市场需求；渠道商则与厂商、品牌深度融合，精准对接消费者需求，实现真正的消费者导向。在此共识下，双方携手共建牢固的合作桥梁，相互分享市场信息，灵活调整策略，共同应对市场挑战。更进一步，双方可以获取多个渠道的信息资源，以激发创新思维，共同研发出更加贴合市场终端、引领消费潮流的产品，在与传统业务互动中焕发新活力。

由此可见，这种共享模式不仅增强了双方的合作黏性，还促进了共赢发展。具体而言，信息的即时分享与交流显著提升了双方的关系质量，加深了彼此的信任度与满意度，为形成良好合作伙伴关系奠定了基础。这种深度互动培养了相互间的依赖，提升了渠道合作伙伴在厂商心中的信誉，能为其赢得更多的市场支持与资源倾斜，推动其经济指标攀升。在此基础上，渠道合作伙伴因信息共享带来了商誉提升，从而在赊销期限、新产品合作等方面获得更多优待，如试点机会增加、市场推广力度加大等，进而优化了经济表现。

互惠：双赢策略的实践路径

随着信息共享的不断深化，双方合作自然迈向互惠新阶段。在这一阶段，互补与合作紧密相连，共同形成一个互利共赢的良性循环，驱动双方共同成长与繁荣，使人际关系更加稳固与和谐。

进一步地，基于互利互惠原则，人与人之间的联系纽带更为牢固。无论何种关系，都应建立在"社会交换理论"的半经济模式基础上。该模式的精髓在于"报酬－成本＝结果"，即报酬与成本的差值，决定了关系的走向。如果与对方相处所带来的报酬不小于一方所付出的成本，那么他更愿意建立与维系这段关系；反之，如果一方觉得自己"无利可图"，这段关系便可能渐行渐远甚至破裂。

因此，互利互惠不仅是关系维系的前提，也是关系存续的决定性因素。只有当双方都能从合作中获益时，关系才能稳固且持续地发展。在渠道管理中，这一原则体现得尤为明显。渠道商在决定是否投入资源前，应对经济回报的预期进行审慎评估，确保其既合理又可行，从而避免盲目承诺与无谓等待。而经济满意度作为一种正面的情感反馈，源自渠道关系所带来的经济回报，它不仅是对过往合作的认可，也是构筑未来双方信任的基石。

在厂商、经销商、终端客户三者关系中，首先需要维护的关系是决定利益分配的经销商，其次是满足终端客户的多样化需求，最后才是保障厂商的自身利益。然而，现实中厂商往往过于关注两端的利益与诉求，轻视作为连接枢纽的经销商，仅视其为既定合作伙伴，对其在产品以外的贡献视而不见，力求在利益分配上压缩空间，对经销商缺乏应有的尊重。殊不知，若缺乏稳固的利益基础，合作将难以维系，信任更无从谈起。

因此，厂商应当深刻认识到，经销商绝非仅仅是销售链条中一个可有可无的环节，而是与其携手并进、共创辉煌的重要战略伙伴。为确保双方合作关系的稳固与持久，并激发经销商的忠诚度与积极性，厂商必须保障经销商获得与其贡献相匹配的经济回报，并提供必要的市场支持与资源投入。这样才能真正实现双方的互利共赢，推动合作关系向更深层次、更广领域发展。

互惠关系强调相互间的利益平衡与经济增值，要求通过深入识别与强化双方的互补优势，促进智慧的融合，确保经济利益的合理分配。在长期合作中，坚守互惠互利的原则，是防止合作关系失衡、助推合作持续深化的核心要素，也是实践双赢策略的关键路径。

信任：长期合作的黏合剂

在庞大的关系网络中，信任是最脆弱却也最强大的元素。它基于对彼此诚实、可靠行为的持续体验，标志着关系的深化与升华。

在渠道合作中，判断经销商对企业是否信任，一句话中的用词便见分晓:"你们"与"我们"之差——是"你们公司、你们政策、你们产品",还是"我们公司、我们政策、我们产品",这直接反映了经销商的归属感与信任度,是双方信任关系的微观体现。而公开透明的流程与公平合理的分配机制,则是双方信任基础的宏观构建。它们不仅在经济层面上满足经销商的需求,也是深化人际关系、促进经济成果显现的关键。通过流程透明化、公平分配及持续的经济满足,经销商对企业的信任得以不断巩固,成为高效合作的催化剂,这能够激发双方的潜力,共创更大的经济与社会价值。

在具体合作过程中,当一方在合作关系中收获更多的经济回报时,信任会正向增强,促使双方共享更广泛的信息与资源,实现更互惠的经济交往。这不仅深化了合作,也形成了承诺与回报相互促进的良性循环,推动双方关系螺旋式上升。

总而言之,信任不仅是厂商与渠道合作伙伴间维持平衡的强大力量,也是双方追求更高利益的必然条件。它体现在非经济层面的成果满意度上,彰显于对公司各项新举措的坚定信赖中,如多品牌、多渠道战略的构建,新价格体系的设定,以及对产品质量的高度认可与对未来发展的坚定信心等。作为长期合作的黏合剂,信任以其独特的力量,引领着双方携手并进,共谋发展,共创辉煌。

尊重奠定基石,分享促进交流,互惠确保双赢,而信任则是维系这一切的纽带,四者共同确保渠道关系的长久与稳固。在多变的市场环境中,这四大要素相辅相成,缺一不可,共同支撑着企业的持续盈利与可持续发展。

人性变量

在渠道管理领域,鲜有图书将人性作为核心变量进行深入探讨。但基于我三十多年的实战经验,我认为人性在渠道管理中是至关重要的因素。它不仅深刻影响着渠道管理的质量、效率与结构,还可能成为重塑管理格局、决定销售成效的关键。

人性中的贪婪与恐惧，犹如一对矛盾体，既可能在某些情境下驱使人们奋力进取，获取成功，又可能在另外的情形中蒙蔽人们的心智，引发灾难，这需要智慧来平衡：适度的激励能激发渠道活力；适时的规则约束则能维护管理秩序。这两者的巧妙结合，是应对复杂人性挑战的有效策略。

在渠道管理实践中，企业即使采用监督机制（如"三权分立"），也应兼顾人性特点，既引导积极效应发挥，又制约负面影响，实现管理与人性的和谐统一，提升整体管理效能。这就要求企业具备"灰度管理"的能力，认识到人有从众、趋利性且向往榜样力量。因此，树立典型、建立标杆并在全国范围内推广，对大部分企业而言，是激发员工潜能、促进管理成效、引领企业发展的必要举措。

此处关于人性变量的探讨，希望能为渠道管理者及广大读者朋友提供一定的启示，而非单纯揭露人性阴暗面。渠道管理的艺术，在于理解与驾驭人性的微妙平衡，以探索成功之道。最后，为精准预测并积极利用"X"变量，企业必须全面考虑并深入分析上述三大变量，从而制定出更具有针对性与实效性的策略，以应对渠道冲突。

第二节　引起冲突的内在动因

从根本上讲，冲突发生在至少两个相互依赖的个体之间，当他们在追求各自目标的过程中，意识到目标之间的不兼容、资源的稀缺以及来自对方的阻碍时，冲突便以斗争的形式浮现出来。这种斗争既是对各自利益的捍卫，也是对对方行动的抵制。在渠道管理中，冲突几乎不可避免。

内在动因

若企业对渠道间的各类冲突缺乏深刻认识、处理不当或应对迟缓，势必产生负面的连锁反应。首先会损害企业优质产品的形象，进而摧毁整个企业的市场根基，严重扰乱市场秩序，最终使各方利益遭受重创。因此，准确把握渠道冲突的内在动因，是有效解决上述问题的先决条件。

在此，我列出以下十种引起渠道冲突的内在动因，以供参考。

（1）潜藏的隐患。在选择经销商时，若缺乏深入的背景调查、口碑调研及深度访谈，仅凭表面印象或片面之词便仓促签约，极易让那些惯于破坏规则、不守信用、追求短期利益的"惯犯"乘虚而入，成为合作伙伴。他们很可能在合作初期就为区域市场的稳定与发展埋下了重重隐患。这些隐患随时可能引发渠道冲突、市场动荡，甚至对行业整体生态造成不可估量的负面影响。

（2）企业制定政策时的漏洞。在制定渠道政策、产品策略及定价策略等核心环节时，企业可能因考虑不周全、缺乏深入调研，或者政策制定者专业性不足、实战经验欠缺等，导致区域间价格差异化、政策执行不一致等问题。这些漏洞一旦在制度层面得以确立并推行，便可能如同点燃导火索，引发渠道间的冲突与矛盾。

（3）目标设定偏颇。企业在为各区域分配销售目标时，缺乏合理性，未考虑区域内存量与增量市场的实际情况，仅依据年增长率进行简单划分，忽视了各区域的开发难易程度、人员配备能力、长期发展态势、战略规划布局以及消费者偏好等关键要素，致使目标设定不科学，不仅影响区域发展，还会加剧渠道间的冲突。

（4）历史遗留问题。企业在初创或快速发展阶段，通常会遗留诸多未妥善处理的问题，如区域划分模糊、产品代理权争议、价格政策混乱以及与前任渠道经理的历史纠葛等。倘若这些问题长期悬而未决，将逐渐演变成企业难以治愈的顽疾。

（5）区域划分混乱。经销商的销售区域与其承担的年度销量目标不匹配，制约了其在区域内的短期发展规划。此外，区域划分未严格依据实际的地域范围及法定的行政区划边界进行，导致划分结果与实际地理特征及管理需求存在偏差。这不仅影响物流配送的效率，还会导致与现有区域布局的冲突。

（6）新旧产品错配。由于新旧产品分配不均衡，未按照区域特性合理匹配，导致产品覆盖不当，市场供需错位，即所需产品缺失，非需求产品却被强行推广。此做法不是以市场与客户需求为导向，而是单纯以企业任务为目标，这可能间接造成跨区域冲突，扰乱市场布局，降低客户满意度。

（7）实力悬殊。在某一区域内，经销商的配置明显失当，缺乏有效的地域划分与产品分配策略。这导致像"孙悟空实力派""猪八戒关系派"这样的强势经销商，对"沙和尚技术派""唐三藏实干派"这样的新兴经销商实施不当打压与排挤，剥夺了后者公平发展的机会，最终加剧市场竞争的失衡，形成单一经销商势力过大、难以制衡的不利局面，进而影响区域市场的健康发展与多元化生态构建。

（8）受政策与行业环境双重制约。面对当地政府政策调整、拆迁动迁及环保标准提升等外在挑战，企业需要应对地址迁移、库房重组等难题，这直接导致物流运营成本飙升。同时，人口结构变化与行业转型等不可控因素，使得目标市场需求骤减，企业产品销量下滑，库存压力日益增大，资金周转面临考验。为确保运营稳定及下一年度经销权不受影响，企业不得不迎难而上，灵活适应市场波动，竭力完成年度销售目标，以谋求长远发展。

（9）预期判断失误。企业一线销售人员往往过度追求短期销售目标的达成、年度返利及年终奖金的获取，却忽略了对中长期目标的科学规划。这种短视行为被称为预期判断失误，因为它促使销售策略偏离正轨，即短期销售业绩出现泡沫式增长，它会威胁整体业务的健康发展，进而削弱企业长远发展的稳固性与可持续性。

（10）员工职业操守缺失。部分一线销售人员受个人私欲驱使，利用企业管理漏洞，与个别经销商建立非正当合作关系，故意采取不当手段谋取私利。此举不仅破坏了渠道秩序，还导致渠道内部冲突频发。此外，冲突方在感受到企业态度模糊且多次调解未见成效后，可能会彻底丧失对企业的信任。在此情境下，他们可能采取一些极端行动，比如突然中断合作，转投竞争对手的怀抱。更有甚者，他们可能会利用对企业运营模式的熟悉，在竞争对手的核心区域发起反击，角色由受害者转为施害者，对企业造成重创。这一转变不仅加剧了渠道内部的损害，还可能引发整个行业的动荡。值得警惕的是，一旦渠道定价体系崩溃，重建终端客户的信任将变得极为艰难，最终可能让竞争对手"坐收渔利"，趁机抢占市场份额，使整个局势更加棘手。

综上所述，企业若未能精准识别渠道冲突的十大动因并及时管控，冲突将迅速升级为区域性纷争。

防范策略

在多年的渠道管理实战中，我同样不可避免地遇到了由十大内在动因所触发的渠道冲突。基于此，我总结并提炼出三个方面的防范策略，希望企业能未雨绸缪，从冲突根源处精准施策，将冲突扼杀于萌芽状态，确保渠道和谐与业务稳健前行。

1. 目标

一般情况下，企业会与每位渠道合作伙伴签订年度销售目标合同，明确完成或超额完成目标的佣金奖励比例。但需注意，返利不宜过高，超额奖励也应设定合理的上限，以防合作伙伴为达成本年度目标而盲目追求短期利益，从而导致年底区域库存积压严重，生产秩序遭受干扰，甚至可能促使他们将在本年度因高额利润而过度生产的产品在次年年初实施低价倾销，进而对整个区域的长期利益与品牌形象造成不利影响。

对此，防范策略如下：

（1）严格把控经销商的进货节奏，以确保其合理的库存水平，防止年底出现过度压货的现象。

（2）密切监控终端客户的进货频率与库存动态，通过精准的数据分析，实现出货、进货与囤货的有序规划与平衡，进一步优化供应链管理。

（3）将每年的春节档期设定为关键的考核季、促销季与活动季，通过巧妙利用时间差，提前进行市场布局，有效避免年底业绩的盲目冲刺，从而确保渠道与市场的持续健康发展。

2. 观念

经销商在代理众多品牌时，通常会巧妙组合不同厂家的产品，以满足市场的多元化需求。他们可能会利用企业的一线热销产品作为开拓新客户、吸引大客户的"敲门砖"，以此向终端客户展示其产品线的全面性与高性价比。然而，由于各厂家在市场区域划分上的不同，那些专注于销售本企业产品的经销商可能会遭遇产品组合单一、市场竞争力不足的困境。在这种情况下，他们容易陷入价格战的漩涡，成为产品订单的价格洼地，导致利润流失与市场地位被削弱。

上述问题的根源在于，经销商之间的运营观念存在差异：一部分经销商采取纯贸易行为进行市场开发，追求快速的市场渗透与短期利益最大化；另一部分经销商则坚守企业理念，逐步稳健地进行市场开发，注重长期发展与品牌建设。这两种截然不同的策略导向，最终导致后者在竞争中处于劣势地位，难以与前者抗衡。

对此，防范策略如下：

（1）坚决制止经销商利用组合销售策略，将企业热销产品作为推销其他高毛利产品的"敲门砖"。企业必须明确立场，避免被不当利用，成为其中的牺牲品。

（2）优化企业自身的产品组合，精心策划推出产品套餐活动，从而提升整体产品组合的吸引力与竞争力，削弱竞争对手通过单一产品促销带来的市场冲击。这样既能维护企业产品的市场领先地位，又能为经销商提供更多元的销售机会，促进其健康发展。

3. 渠道类型

在企业多渠道运营的战略布局中，渠道的三大核心类型包括：经销与直销模式的优选组合、全渠道模式（涵盖线上与线下）的深度融合，以及创新与保守间的微妙平衡。然而，这三种渠道类型间可能出现的冲突与不协调现象并非源自经销商的行为，而是源于企业内部在渠道类型选择上的不匹配，以及策略制定与实施过程中的偏差或失误。

对此，防范策略如下：

（1）面对复杂的渠道管理挑战，理论上，通过加强部门间的有效沟通、明确各渠道的管理界限，确保各司其职、各负其责，问题应能迎刃而解。但在实际操作中，却挑战重重：沟通成本高昂，管理效率低下且决策过程艰难。更棘手的是，每个渠道背后都涉及不同的利益群体，他们往往对问题后知后觉，直至问题显现甚至恶化才有所警觉，最终促使更具权威性的决策机构或管理层来参与或主导问题的解决过程。然而，遗憾的是，即使权威介入，决策也未必绝对正确。

（2）最佳且直接的策略是将产品系列化，通过产品差异化、价格分层等措施，清晰区分不同的渠道类型，最终降低渠道间的冲突。但需要注意，这种做法虽有效，但也可能分散企业的产品组合、渠道合力及品牌势能，难以汇聚强大的市场合力。

第三节　渠道冲突的治理机制

冲突管理是指通过采取一定的干预手段改变冲突的水平与形式，以最大限度地发挥其积极效益，同时有效地抑制其可能带来的负面影响与潜在危害。其关键在于管理，而非简单地消除渠道成员间的冲突。由此我们引入渠道冲突治理机制。

治理方式

事实上，冲突是一个由潜在状态逐渐演变为显著行为的动态过程。要评估其显著性，最有效的方法便是观察分歧的频率与争议的强度。

在此背景下，弗雷兹耶于 1983 年基于权力与任务执行的紧密联系，创新性地提出了一个实战性强的渠道冲突研究方法，包括整体治理、局部治理及表面治理三种方式，为冲突管理开辟了新径。这三种治理方式共同形成了渠道冲突的治理机制，强调在动态视角下，全面理解冲突行为、区域管理以及渠道成员间的关系，从而实现对渠道冲突的灵活管理。

将上述文字精练成一个公式，即：

$$冲突 = 评估重要性 \times 确定分歧频率 \times 测量争议强度$$

该公式以三项显性冲突指数为基准，通过综合评估实现冲突管理的精准量化与高效应对。具体指标如下：

（1）评估重要性（0 ～ 10 分）：从微不足道到至关重要。

（2）确定分歧频率（0 ～ 10 分）：从鲜有分歧到广泛争议。

（3）测量争议强度（0 ～ 10 分）：从双方关系无碍到产生巨大鸿沟。

综上所述，在冲突管理的过程中，我们先通过三项指标的得分情况精准识别冲突程度，再对应采取治理方式：三项指标均高，为高度冲突，需"整体治理"；一至两项指标较高，为中度冲突，宜"局部治理"；各项指标均低，则为低度冲突，仅需"表面治理"。

接下来，我们一一探讨如何有效运用这三种治理方式。首先，我们聚焦于"整体治理"，这是渠道冲突管理中的核心难题。当冲突升级至区域销售层面难以解决时，渠道部门负责人必须亲自介入，作为公正的第三方进行裁决。同时，企业要及时治理渠道中的机会主义者，防止其形成恶习，并产生负面传播效应。因此，引入渠道冲突的全程管理显得尤为迫切与重要。

全程管理主要涉及三大问题：一是跨区窜货问题，这往往源于完成年度销售目标、获取年终返利、降低库存及回笼资金等动机，选择销量好、利润高的区域进行窜货，从而对当地渠道商造成致命打击；二是区域内部有实力的渠道商利用自身优势，通过低价策略打压中小渠道商或新进入该区域的渠道商，以维持自身的垄断地位；三是新进入该区域的渠道商触犯了老牌渠道商已形成的价格体系。其中，前两种情况多发生在老牌渠道商身上，因为他们一般与企业有着复杂的关系，是最大的机会主义者。后一种情况则反映出两个问题：一是原有渠道商利润空间不合理，因长期处于无竞争环境中而过于安逸，急需新的渠道商进行合理冲击，促使其从原来的舒适状态转变为更加健康、有序的竞争状态；二是终端客户界定模糊，市场规划不够细致，导致新老渠道冲突频发，这类冲突多源于老牌渠道商，但有一种例外情况，即新的渠道商在选址或市场定位上不当。

要解决上述冲突，仅凭少数人或某一部门的沟通难以和谐处理。此时，需要渠道负责人运用多年的管理经验与沟通技巧，迅速有效地清理冲突市场——通过综合运用经济杠杆、管理杠杆、合同杠杆、法律杠杆与预警杠杆五种杠杆手段，在不影响企业与渠道商继续合作的前提下，让老牌渠道商有所忌惮，从而实现有序协商、共同发展的目标。

其次，进行"局部治理"时，企业应充分利用销售区域的自我调节与修复能力，避免除销售部门外的团队过度介入与管理，以免干扰其内在机制的顺畅运行。在此背景下，渠道部门更多的是扮演监督者的角色，秉持"少言多行"原则，即在有效监督执行过程的同时，减少不必要的直接表态，转而更多地通过实际行动参与其中，确保治理措施得以落实。值得强调的是，在全程见证治理过程的同时，渠道部门务必坚持公平、公正、公开的原则，因为这不仅是对治理工作的基本要求，也是市场环境透明、健康的重要保障。

此外，为进一步提升治理效能，企业可以精准运用经济杠杆、管理杠杆及预警杠杆，通过三者的协同作用，实现对市场的精细调控与高效管理。这一协同机制在日常治理中发挥着重要作用，特别是在有新的渠道商加入时，其作用更加凸显。因此，加强跨部门沟通以及与销售部门的协同合作变得尤为关键。通过统一、规范的渠道管理手段，企业可以促进渠道商之间和谐共生、共同发展，从而推动市场整体向更加稳健、高效的方向迈进。

最后，针对"表面治理"，核心在于关注各大区的交界处、区域经理所负责区域间的交界处。由于各区域管理上的差异，以及渠道商能力的参差不齐，这些交界地带常出现产品价格波动、知名度不一、品牌影响力各异等现象。同时，鉴于人力、精力与资源有限，企业在管理冲突时，应快速而谨慎，强化协调沟通与地方自治，侧重安抚冲突双方，避免事态扩大，力求化冲突于无形，最终消除所有潜在的不和谐因素。在此过程中，企业应首选五种杠杆手段中最为温和的预警杠杆，以最小干预达到最佳的治理效果，确保交界区域和谐稳定。

由此可知，渠道冲突常常以多种形式显现，例如：利益冲突，不同渠道商因利润分成不均而产生矛盾；服务冲突，体现为因服务标准不一或服务质量参差不齐导致客户不满；关系冲突，可能源于沟通不畅或信任缺失造成合作中断。这些冲突的本质在于它们的现实破坏性、竞争淘汰性以及潜在问题性。现实破坏性可能损害企业声誉；竞争淘汰性导致合作伙伴流失；潜在问题性则为未来埋下隐患。

为应对这些挑战，企业需要灵活运用多种治理方式：整体治理着眼全局，调和各方利益；局部治理针对特定区域或问题，进行精准施策；表面治理则需迅速响应，缓解短期内的紧张态势。其中，五种杠杆手段——经济杠杆、管理杠杆、合同杠杆、法律杠杆及预警杠杆，构成了治理渠道冲突的有力工具。它们多维度、多层次地化解矛盾，从利益调整、服务优化、权责明确、法律保障到风险预警，全方位地保障着渠道的健康稳定发

展。这些手段协同作用，共同构建了一个高效灵活的渠道冲突管理体系
（见图6-1），为企业的持续发展铺设了坚实的道路。

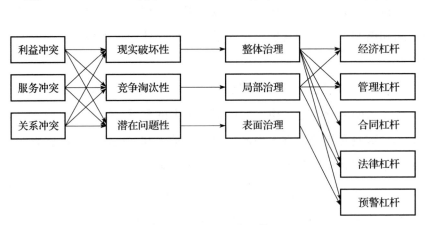

图 6-1　渠道冲突管理体系

以下是五种杠杆手段的基本类型及重要作用。

（1）经济杠杆。通过限制订单、暂停供货、终止促销计划、取消返
利、取消会议补贴、移除俱乐部成员资格等手段，直接触动渠道商的经济
利益，以达到调控目的。

（2）管理杠杆。通过确立共同愿景、共享战略规划、加深信任、高层
走访、组织座谈会议、开展技术合作、实施人员轮换、强化情感沟通等手
段，提升渠道商的合作意愿与忠诚度，为长期合作打下基础。

（3）合同杠杆。通过协商谈判、签订补充协议、共同开发新项目、制
定区域合同、设立新的选择标准、细分区域产品市场、定制特定区域包装
等手段，清晰界定双方的权利与义务，规范渠道行为，确保渠道的稳定与
持续发展。

（4）法律杠杆。在必要情况下，通过公司法务部门签发通告函、终止
合作关系、提起仲裁诉讼、清理违规人员、开发新的经销商等手段，坚决

维护企业的合法权益，有效处理渠道冲突。

（5）预警杠杆。通过剥离长尾产品与弱势区域、调整或撤换区域负责人、停止新产品代理经销权、优选区域新产品渠道商、剥夺核心会议的参与资格与获奖机会、减少或停止技术服务支持（包括人员与费用）等手段，提前预警并应对潜在风险，确保渠道健康有序发展。

此外，为构建并高效运用渠道冲突管理体系，企业应设立专业的渠道管理部，全面监督销售与经销商活动，并配以完善的监督机制与投诉热线。例如，各区域配置大区经理，专门负责管理经销商，并使其投诉渠道畅通，确保渠道运营透明化。同时，渠道管理者还需要定期走访经销商，与销售团队紧密协作，形成一套行之有效的协同机制，以全面优化渠道管理效能，促进其健康发展。通过这些举措，企业将能更有效地管理渠道冲突，确保业务平稳运行，实现长期的可持续发展。

综合素养

渠道管理人员在处理冲突的过程中，需时刻保持高度的警觉，注意自己的一言一行，展现出快速决策与高效解决问题的能力。这既是对他们实践经验的考验，也是对其应变能力的挑战。

因此，为应对渠道管理冲突，渠道管理者急需把握好以下六大关键词：稳、准、狠、快、拖、不扩散，确保冲突得以高效、妥善解决。

（1）稳：处理渠道冲突，沉稳为先。面对对方情绪的波动，一定要沉得住气，保持冷静，耐心倾听其诉求，不为所扰；在未全面掌握事态前，切忌仓促下结论，应多方考量，沉稳应对，以防事态进一步升级。

（2）准：解决渠道事务，态度需要准确。要么彻底放手，置身事外；要么全力以赴，负责到底，直至问题圆满解决。在发表意见时，若未深思熟虑，则应保持沉默；一旦决定发声，那就最好一针见血，直击要害，避免陷入无关紧要的细节之中，要做到把握大局，以精准洞察事态的发展方向，并据此做出正确的决策。

（3）狠：制定渠道规则，应展现出决绝与果断。规则需要周全细致，确保每一项条款都有法可依，有标可循，不容丝毫疏漏。渠道部门在制定规则时，务必未雨绸缪，对各种可能的情况进行充分预估，并制定出相应的应对措施。在执行过程中，对各类经销商都应一视同仁，客观公正地提出意见，严禁以大欺小。若执行受阻，原因也需要迅速查明，并清晰阐述，确保整个过程的公正无私，以维护规则的权威性与公信力。

（4）快：一旦决定按规章办理渠道事务，就需要迅速行动，如同快刀斩乱麻，力求高效解决。长时间的拖延只会加剧各区域销售人员与经销商因私利而紧密勾结，加上小道消息满天飞，更容易引发不必要的误解与纷争。因此，必须快速决策，即使问题无法立即解决，也应在第一时间明确表明渠道的观点与立场，以稳定局势，避免事态进一步恶化。

（5）拖：在局势不明、信息不全、关系复杂及利益纠葛多的情况下，宜采取策略性拖延，以争取时间，广泛探讨。切勿草率决策，时间能让真相自然显露，待情况清晰后，再坚决表态，防止因了解片面而产生误判。

（6）不扩散：渠道管理时，应秉持就事论事的原则，不追溯过往历史，不随意给人贴标签，也不对未来做无谓臆测，全心全意地解决眼前实际问题。渠道调查过程中，需要平衡深度与广度，既要避免浮于表面、浅尝辄止，又要谨慎深入，防止过度深挖内因，造成不必要的复杂局面，应以教育引导为主，点到为止。

同时，渠道管理者应保持开放心态，促进团队协作，避免独断专行。销售领域的事务应交由专业的销售团队自主决策与执行，而我们则作为渠道管理专家，要明确自己的定位，不是直接介入管理、干预执行，而是提供咨询与建议，至于最终是否采纳与执行，则在于销售团队自身。我们应深知，问题来源于哪个环节，就应在哪个环节解决，做到责任明确，不越俎代庖。

此外，我们还需谨慎行事，避免无端制造问题。若相关部门领导已达成共识，则无须过度深究。毕竟，关键绩效指标（KPI）的完成最终还是要靠他们来负责。渠道部门虽处于可能得罪人的位置，但绝不是无端背黑锅的部门，渠道管理者的职责是向总裁负责，确保渠道工作的高效与公正，而平衡各方利益的职责则应由总裁来承担。

应对态度

在渠道冲突治理的复杂情境中，渠道管理者的态度起着决定性作用，具体表现为**竞争、调适、合作、妥协、逃避**五种态度导向（见图 6-2）。这些态度导向不仅引领着解决冲突的路径，还预示着不同的情境与结果，对维护渠道关系的和谐与稳定具有举足轻重的意义。因此，明智的渠道管理者应当具备敏锐的洞察力，审时度势，灵活而精准地选用最适合当前情境的态度。

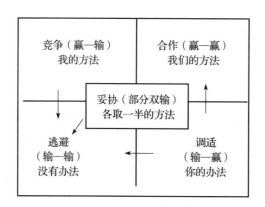

图 6-2 渠道管理者应对冲突时的五种态度导向

1. 竞争态度

在特定的情境下，渠道管理者应采取竞争态度来应对冲突，例如：时间紧迫，无法寻求双赢的结果；议题本身并不值得投入过多时间进行协商；对方缺乏合作意愿，拒绝妥协；渠道管理者坚信自己的立场不仅正确而且至关重要；特别是，冲突对方是一个贪得无厌、得寸进尺的人，渠道管理者有必要采取防御措施保护自身利益时，竞争便成为渠道管理者的最佳选择。

然而，自由竞争虽看似公正，实则拉大了渠道冲突方之间的胜负差距。例如，满足一方经销商往往以挫败另一方为代价。此时，挫败方能否坦然接受结果成为关键。更值得注意的是，竞争背后潜藏的危机难以仅凭表面和解消除，可能会暗中滋生出更为隐蔽的攻击。这些攻击突如其来，或明或暗，往往给渠道各方带来诸多意想不到的困扰与挑战。面对这种局面，渠道管理者的应变能力、智慧与远见显得尤为重要，他们在维护渠道稳定中的作用越发突出。

2. 调适态度

在特定的情境下，渠道管理者应明智地选择调适态度来化解冲突。当意识到自己犯错、议题对对方的重要性远超自己、追求长期获胜的代价远超短期收益、为未来冲突预留筹码，或者希望对方能从错误中汲取教训时，调适态度成为渠道管理者的优选。

具体而言，面对冲突，渠道管理者可以展现出高度的灵活性，通过有原则地让步来缓和紧张局势，防止矛盾进一步升级。例如，在某次供应链纠纷中，为了大局，渠道管理者可能选择暂时放下对某一关键条款的争议，通过协商达成初步共识，从而有效避免冲突的全面爆发。然而，这种将关键问题暂时搁置的策略，虽能暂时平息风波，但也可能埋下隐患，导致"按下葫芦浮起瓢"的现象，使渠道管理者在未来不得不疲于应对一系列新的问题与挑战。因此，渠道管理者在采取调适态度时，需要具备长远眼光与卓越的问题解决能力，以应对可能出现的各种复杂情况。

3. 合作态度

在特定的情境下，渠道管理者需谨慎把握合作态度，例如：议题关乎核心利益、不容妥协；双方长期关系极为重要；尤其是当对方持有不同见解时，而你试图融合双方观点；或者为了深化合作，就彼此关切的问题做出承诺时；乃至探索创新性或独特性的解决方案时，合作无疑是明智之举。

例如，在面对紧迫议题时，合作能迅速化解冲突。因为它意味着同时关注自己与他人，并要求双方超越"我的方法"或"你的方法"，共同追求双方都认可的"我们的方法"，最终实现双赢。在此过程中，负责处理渠道冲突的人员必须是具有权威、公正性、良好口碑、高地位及强话语权的人物，如高层领导亲自参与，以确保合作顺畅，这样更易于达成双方满意的解决方案。因此，选择合作态度并配以恰当的人员配置，是确保冲突有效解决的关键。

4. 妥协态度

在特定的情境下，渠道管理者可适时考虑妥协态度，例如：面对渠道相关的复杂议题，需要快速达成临时解决方案；双方均坚决维护各自目标，但这些目标又互相排斥；议题尚未升级到双方必须决一死战的地步；或者在合作努力未果的情况下，作为备选方案时，妥协便成为一种合理的选择。

需强调的是，妥协绝非无原则退让。在妥协的边缘，最不可取的是牺牲自身价值观。比如，某企业在与渠道商就价格策略争执不下时，若企业为了短期利益而放弃长期品牌原则，这种妥协便是短视的。尽管妥协在某些情境下看似是出路，但与双方携手合作共创更佳方案相比，它往往略显逊色。合作能激发创新，而单纯的妥协可能只是权宜之计，从长远来看，或许会带来更多隐患。因此，渠道管理者在采取妥协态度时，务必审慎权衡，切莫以牺牲核心原则为妥协的代价，确保决策既明智又长远。

5. 逃避态度

在特定的情境下，渠道管理者应展现出智慧，选择暂时性的逃避态度，例如：议题的重要性远不及直面冲突可能引发的信任危机；冲突升级的成本远超解决冲突所能带来的短期利益；双方情绪高涨，急需抽身以获取冷静分析与全新视角，这时逃避不失为一种策略。

然而，需要明确的是，此态度并非逃避责任，也不是对冲突的悲观放弃，而是策略性地迂回。例如，某电子产品分销商与供应商因微小价格差异陷入争执，此时若坚持硬碰硬，可能导致长期合作破裂。渠道管理者选择暂时逃避，待双方冷静下来，之后不仅沟通更顺畅，还共同发掘了成本节约的新途径。诚然，逃避虽能暂时维系表面的平静，却非长久之计。倘若双方冷静后未能产生新见解，那么关系中的裂痕可能加深，误解、失望与怨恨将逐渐累积，最终从个人层面上升至公司层面，迫使渠道管理者不得不面对并解决。此时，逃避的代价便显得尤为沉重。因此，渠道管理者在采取逃避态度时，需时刻警惕，确保逃避期间双方关系不至于恶化，同时积极寻找解决冲突的契机。如此，逃避方能成为智慧之选，而非逃避责任的借口。

无论渠道冲突表现得多么复杂多变、棘手难解，我们都应当保持高度的灵活性与适应性，积极采用多种治理方式与手段，不断提升自身的综合素养，以从容选择每种情境下最适宜的应对态度。

第四节　冲突的双刃剑效应

渠道冲突犹如一把双刃剑，既潜藏风险，也孕育良机。一般而言，冲突在渠道管理中展现出以下四个方面的独特价值。

　　第一，冲突能促进更深层次的交流与沟通，因为真正的合作往往始于对分歧的坦诚面对。既然冲突无法避免，那么妥善及时处理便成为关键。有效地沟通，不仅能化解矛盾与冲突，还能像纽带一般，增强双方关系的韧性，使合作基础更加牢固。比如，某家汽车制造商与其核心零部件供应商之间，就技术创新与成本控制产生严重分歧。然而，双方并未因此放弃合作，而是选择成立联合研发团队，加强沟通，共同攻克难关。这一举措不仅成功解决了技术难题，还促进了供应商的技术升级，实现产品性能的飞跃与市场份额的大幅增长。这生动诠释了冲突在渠道管理中并非合作的绊脚石，而是推动双方共同成长与进步的催化剂。

　　第二，冲突可以打破地区原有的平衡状态，为公司产品创造更广阔的市场空间。在部分区域，经销商常常同时代理多家公司的产品，他们追求单品利润率最大化，而非整体销量提升。他们通过微调产品组合比例，即使总销售额不变，也能轻松达成年度利润目标。然而，这一策略对于厂家而言，却未能带来实质性增长。尽管厂家在活动、促销及人员费用上持续投入，但可能只是为他人做嫁衣。有的经销商甚至不惜牺牲销量，只保单品高利润，售价远超厂家指导价。这种利益固化现象，唯有借助冲突的力量才能打破，进而恢复市场的公平竞争，为厂家与经销商获得新的增长机遇。

　　第三，冲突能激发变革与创新，尤其在提升渠道绩效上作用显著。在某些情境下，对立反而能强化关系，促使渠道商正视彼此的贡献，深入理解成功模式，并批判性回顾各自的过往行为，不断寻求改进之道。例如，当经销商与厂家因资源分配不均发生冲突时，双方可借此机会设计更公平的分配方案，平衡权力结构，并制定标准化的冲突解决机制，确保冲突在可控范围内得到妥善处理。这一过程不仅能成功化解双方之间的分歧，彻底打破长久以来形成的传统思维模式与惯例，还能极大地促进双方之间的理解与共识，缩小彼此之间的差异。在此基础上，双方通过深度协作与持续创新，共同探索出更为高效与先进的运营模式，有力地推动渠道整体绩效迈向一个全新的高度。

第四，冲突促使企业完善冲突处理流程，及时构建并激活冲突治理机制。这就像实战演练一样，能有效预防更大的冲突，从而让渠道运行效率更高，成员间信任更深。在此过程中，企业还应深度复盘自身发展历程，不断强化数据追踪能力，优化物流系统运作，提升渠道对终端用户的精准掌控力。以某电商企业为例，在面对供应链冲突后，需要立即启动治理机制，通过数据追踪与历史分析，精准匹配用户需求。这一系列举措确保了整体运营的高效稳定，有效降低了冲突的发生频率，从根本上提升了渠道的效能与竞争力。

由此可知，没有冲突便难以彻底暴露潜在问题。冲突的产生、显现与管理，实则是对人性的深度试炼，展现出渠道商在包容度、容忍力、沟通协作能力及职业素养上的真实面貌。但世事无常，利弊相依，渠道冲突作为渠道管理者必须面对的挑战，固然有其不可规避的弊端。

（1）合作关系破裂风险：渠道冲突若未能得到及时且妥善地处理，其后果可能是逐渐侵蚀合作关系的基础，最终导致合作关系彻底破裂。这不仅会严重削弱渠道的运作效率与稳定性，还可能引发连锁反应，影响整个供应链条的顺畅运行。

（2）品牌形象受损危机：渠道冲突公开化，特别是当个别渠道商因此选择放弃代理公司产品时，将如同一场信任危机，迅速蔓延至终端用户层面。这不仅会造成市场混乱，短时间内影响销量，还将长期损害品牌的形象与声誉，削弱品牌的市场竞争力，降低其势能。

（3）销售效率下滑困境：渠道冲突会产生内部消耗，它可能使渠道商将主要精力投入到对抗而非销售活动中，从而导致资源错配与浪费。这种内部竞争状态将严重降低整体销售效率，阻碍业绩持续增长。

（4）管理成本攀升压力：解决和管理渠道冲突需要企业投入大量的人

力、物力、时间及资源。这不仅增加企业的运营成本，还可能因处理不当而引发更多的问题，进一步压缩企业的利润空间。

（5）生产与库存失衡风险：对冲突信号的误读或过度解读，比如错把渠道内的正常竞争看作衰退迹象，或是对退单情况反应过激，都容易使企业误判市场形势，进而引发生产过剩与库存积压等问题。这不仅会占用企业的资金与资源，还可能因产品滞销而加剧经营风险。

（6）规则体系瓦解威胁：若对冲突制造者未能采取切实有效的处理措施，任由其破坏渠道合作的秩序，将导致渠道商之间的合作变得无序且混乱，如同一盘散沙，难以形成合力。这将严重影响整个渠道的健康发展，同时削弱渠道管理者的管理权威，使渠道管理规则形同虚设，为未来的冲突埋下隐患。

渠道冲突如双刃剑，渠道管理者应智慧地捕捉正面能量，巧妙转化负面能量，最终实现冲突的高效管理与利用。

第五节　经销商激励

在渠道管理中，如何设计并实施一套既高效又符合市场规律的激励政策，已成为摆在企业面前的重要课题。这就要求企业在制定激励策略时，必须遵循一系列科学、合理的指导思想与原则，确保激励策略能够真正落地生根，发挥实效。

注意事项

激励政策并非单一的奖励机制，而是奖惩并重、相辅相成的完整体系。其中，既有全面覆盖的普遍激励，也有针对特定情况的特殊激励；既有直观的物质激励，也有深远的精神激励。这些多样化的激励方式共同构成了激励政策的丰富内涵，为企业与经销商的共赢提供了坚实保障。因此，我将深入探讨设计与实施激励政策时的注意事项，希望能为企业制定更加科学、合理的激励政策提供一些有益的参考与启示。

（1）明确激励目标、对象及预算。其首要任务是确立激励政策旨在达成的具体目标，如提升销售额、扩大市场份额、对抗竞争对手、推广新产品或增强客户满意度等。随后，需要清晰界定激励对象，是全渠道覆盖、特定渠道还是某产品线的经销商。最终，务必做好预算评估，确保激励费用控制在合理范围内。

（2）确保公平、公正、公开。将激励政策与经销商的业绩紧密挂钩，全面考量销售额、毛利率、市场占有率、销售增长率及客户渗透率等关键指标。在此基础上，针对不同规模、现状、市场潜力及经营能力的经销商，制定并实施差异化的考核与激励方案，实现真正的公平与公正。更重要的是，此激励政策应面向所有参与者，确保其公开透明，避免成为个别核心经销商的专属政策，从而更有效地激发全体合作经销商的潜能，强化整体激励效果。

（3）易于理解与执行。激励政策需要简单易懂，避免复杂的计算与过多的约束，确保其能有效落地，并具备广泛的适用性，便于经销商快速理解并积极参与。同时，定期与经销商沟通，包括每一季度的完成情况、政策细节、达标要求及奖励发放的时间与方式等，以增进信任，使经销商认可这是一个值得投入并可以达成的激励方案，从而激发其合作意愿。

（4）定期评估与即时调整。面对市场趋势与行业环境的快速变化，建立一套高效的绩效监控机制极为重要。该机制需要定期评估政策效果，迅速捕捉市场动态，精准收集经销商及客户的反馈，并对激励方案进行即时微调。这不仅能确保激励政策的持续有效性，还通过灵活应对市场变化，使政策始终贴合实际需求，有力提升企业的竞争力与适应力。

（5）注重稳定人心。高度重视激励政策的连贯性与稳定性，因为频繁的政策变动会严重削弱经销商的安全感与信任度，对渠道稳定构成威胁。

为此，需要构建一套高效、透明的沟通机制，确保政策意图能够清晰、准确地传达给经销商，减少误解与疑虑；同时，设立快速响应的服务支持体系，第一时间解决经销商问题，以实际行动展现企业的诚意与决心，增强经销商的信心与归属感，最终有利于整个渠道的稳定。

（6）建立长期合作愿景。鼓励经销商参与企业战略规划，共同设定并分享发展目标，确保双方利益的一致性。在此基础上，倾听并珍视经销商对激励政策的反馈与建议，促进双方深入沟通，从而持续优化政策设计。为进一步巩固合作纽带，企业可加强对企业文化与价值观的传播，通过组织定期的培训会、分享会以及线上线下的互动活动等，增强经销商对品牌文化的认同感，形成超越一般物质激励的深度文化共鸣。此外，还要注重统一的市场形象、话术及着装，这些不仅能提升品牌形象和专业度，还能在无形中强化渠道团队的凝聚力与归属感，让经销商在市场中更加自信、专业地代表企业，共同塑造市场影响力，推动合作迈向新高度。

多元化的激励方案

在构建科学有效的激励体系时，企业需要深刻理解并巧妙运用多种激励策略。根据已有的实践经验，我认为企业应设计一套集物质激励与精神激励于一体的多元化激励方案。

首先是物质激励，我依据丰富的实战经验，精心归纳并总结出以下十种高效且实用的奖励措施。

（1）**任务完成奖**。厂家在年度协议中通常会为经销商设定销售任务指标，包括销售总指标、各产品的销售分解指标、终端覆盖率及分销要求等。为激励经销商达成上述目标，厂家常采用年终统一返利、阶段性返利、国内外旅游奖励、培训奖励等措施。这些奖励机制旨在确保任务顺利完成，同时也鼓励暂未完成任务的经销商通过提前订货等方式努力追赶目标。

（2）**超额完成奖**。激励经销商超额完成所有指标，是每一个厂家共同的愿望。为此，厂家在年度协议中通常会对超额完成的部分给予特别奖励，比如提高超额部分的返利比例，或者在下一年度增加市场费用等。此外，该奖项实行梯度奖励机制，梯度越高，奖励越丰厚，以此激励有能力超额完成的经销商实现更多的销量。

（3）**阶段性达成奖**。厂家在进行阶段性的销售冲刺或季节性产品销售时，常采用阶段性达成奖来激励经销商。此奖项在一个销售年度的特定阶段，能提供超越常规销售协议的优惠奖励，以确保阶段性销售目标的顺利实现。该奖励内容丰富，包括销量提升、活动促销、细分市场开发等多个方面，旨在全方位激励经销商。同时，奖项的持续时间一般由厂家根据市场需求灵活制定。目前许多厂家每季度都会选定不同的产品和主题，引领经销商紧密围绕企业目标，高效规划并执行销售与市场拓展任务。

（4）**回款奖**。在经销商经营多产品且终端回款不佳的情况下，回款成为厂家争取经销商资金资源、确保资金链稳健运作的一种重要手段。鉴于经销商普遍倾向于优先保障大品种、优势品种及品牌品种的回款，厂家精准设定按时回款的物质激励便成为保障资金回笼、维系财务健康的关键激励机制。该机制通常与回款时间紧密挂钩，根据回款期限（如现款、30日、60日等）采用不同的结算价格，或者维持统一价格，但根据货款到账时间给予不同的销售折扣，以此激励经销商加速回款，确保厂家资金及时回笼。

（5）**促销奖**。促销活动的成效是衡量经销商市场竞争力与活跃度的关键指标，同时也是厂家评估其市场表现的重要参考。因此，厂家高度重视并积极支持经销商在终端或渠道举办各类促销活动，不仅提供设计精美的促销礼品与赠品，以增加活动的吸引力，更依据促销活动的实际成果，给予经销商相应的奖励。比如，根据终端促销会上订货量的增长情况给予奖励，以此激励经销商加大促销力度；根据促销活动所投入的费用，提供一定比例的奖励，帮助经销商分担成本，提升促销效果。

（6）**批量折扣奖**。由于订货批量的大小直接影响厂家的运营成本，所以厂家鼓励经销商有计划地订货，避免零散订单，以便高效组织生产与运输。为此，精心设计的批量折扣奖成为灵活调整经销商订货数量与时间的有效手段。实施该奖励时，可依据订货批量的不同，设定阶梯式价格优惠，或者提供相应的折扣及不同数量的赠品，以此激励经销商优化订货行为，进而促进生产与物流的高效协同，提升整体运营效率。

（7）**产品销售专项奖**。鉴于厂家多产品线运营的现状，它们普遍期望利润丰厚、主打产品及潜力产品能够占据更多的销售份额。因此，设立此奖项可以有效保障企业的推广重点。在具体实施时，可通过一系列措施，如增加专销产品的返利比例、提升销售折扣幅度、加大广告费用投入、增配销售人员，以及为经销商提供专项市场推广费用等，多角度促进销售增长，精准提升目标产品的市场占有率。

（8）**终端开发奖**。在以终端制胜的时代，无论是经销模式还是代理模式，厂家都应将终端视为战略重地，紧握不放。经销商作为连接厂家与终端市场的关键纽带，其终端开发能力直接关乎产品的市场表现。鉴于此，厂家特别设立了终端开发奖，旨在充分激发经销商在终端开发方面的积极性与创造力。该奖励机制灵活多样，包括依据终端开发的级别与数量给予奖励金，为直接参与终端开发的业务人员设立专项奖金，以及在达成既定开发数量后提供相应的返利与折扣等，全面推动终端开发工作，助力销售业绩的飞跃式提升。

（9）**新产品开发奖**。新产品作为市场的新鲜血液，其销售难度远远高于已经成熟的品种。因此，在新产品上市的初期，为了迅速占领市场并激发经销商的积极性，厂家会采取一套专门的奖励方案。该奖励方案的主要目标是，吸引经销商的注意力，提升他们对新产品的关注度与信心。为了更有效地实现这一目标，新产品开发奖可以灵活运用上述奖项提到的所有激励措施，如提供促销礼品、增加返利比例、设立专项奖金等，旨在全方位地促进新产品的市场推广与销售增长。

（10）**空白区域开发奖**。此奖项专为表彰那些勇于开拓、敢于拼搏的"沙和尚技术派"与"唐三藏实干派"这样的新兴经销商而设，他们凭借非凡的勇气与决心，在空白市场及低市场占有率区域展现出了卓越的开拓精神。此奖项不仅是对经销商辛勤耕耘的认可与回馈，也是对其勇于探索未知市场、填补市场空白并有效提升整体市场占有率的鼓励与支持。尤其对于偏远地区，企业更应大幅提升奖励与支持的力度，以进一步激发经销商的开拓热情，共同推动市场向更加全面、繁荣的方向发展。

其次是精神激励，其形式更为多样，重点涵盖以下二十种激励方式。

（1）**全产品线经销承诺**。经销商被正式授权，成为本区域内企业现有的全系列产品及未来新品的首选战略合作伙伴，享有全面且深入的经销权益。这意味着他们在产品线的各个层面都享有优先权，从而最大化其市场影响力与收益潜力。

（2）**特别发货、送货承诺**。针对经销商的紧急订单需求，企业特别提供加单及特快发货的特殊通道服务，即使因此带来额外的物流成本，企业也义无反顾，旨在最大限度地提升经销商的满意度与忠诚度。

（3）**存货退换方案承诺**。处理退货问题，作为经销商与生产商合作中的关键环节，始终受到双方的共同关注。当产品因瑕疵而引发退货时，生产商必须迅速响应并妥善处理。然而，退货过程中产生的滞销产品，同样不容忽视。为解决这一难题，生产商通常会采取积极的存货退换方案，愿意接收一定数量的滞销产品，以此减轻经销商的负担。但这一方案的实施，往往伴随着经销商需要下达等额或更高价值的新产品采购订单的条件。通过换货与采购相结合的激励方式，不仅有助于经销商有效消化库存、缓解现金流压力，同时也为新产品的快速上市与市场推广提供了有力支持。

（4）**免费直达服务**。常规配送遵循工厂至经销商再至终端客户的流程。但针对部分大宗产品、特殊客户需求以及多点发货等情况，企业提供直接运输至终端客户的免费服务。这一激励措施不仅大幅节省了经销商的出入货的时间与成本，还实现了货物的快速抵达，缩短了整体配送周期。此外，企业采取一站式无拆卸的配送方式，能够确保产品从出厂到终端客户全程安全无损，尤其对于一些特殊产品而言，这种服务能够提供更佳的使用体验与更高的安全保障，让终端客户感受到更为贴心、专业的服务。

（5）**全方位服务支持**。企业提供优于竞争对手的售前咨询、售中指导及售后保障等一站式服务方案，并配备经验丰富的专业技术人员，线上线下即时响应，提供精准的技术支持与专业培训。这些强有力的激励措施有助于经销商更顺畅地推广产品至终端客户，显著提高销售效率，从而吸引更多经销商青睐并选择企业的产品。

（6）**价格保护机制**。面对市场存货价值的波动，企业特设保护价格机制，旨在为经销商在产品价格下降或大幅波动期间提供坚实的后盾。这一机制确保了经销商库存产品的价值稳定，有效缓解其因市场变动可能承受的经济压力。同时，该机制也解决了生产商在快速响应市场需求、确保当地及时供货方面所面临的挑战，避免了因库存缺货而错失订单的风险。通过实施价格保护，生产商进一步激励经销商提升存货水平，确保供应链的顺畅运行，从而实现双方的长期共赢。

（7）**合作广告与促销补贴承诺**。在此框架下，企业与经销商建立起紧密的合作关系，双方共同承担当地市场的广告费用。通过精心策划的合作广告项目，企业旨在有效扩大品牌影响力，深化市场推广效果，进而提升产品的市场认知度与接受度。与此同时，企业还提供促销补贴，以精准回扣的形式直接且高效地投放于现有经销商的负责区域。这种定点促销策略不仅强化了促销活动的针对性与时效性，还极大地提升了经销商的销售动力与市场竞争力。

（8）**销售陪同开发支持**。针对特定的关键客户或核心产品，企业会精心安排具备深厚专业知识背景的销售精英或来自生产商的资深产品经理，陪同经销商一同拜访客户。在拜访过程中，双方紧密合作，共同挖掘客户需求，协同制定市场开发策略。这一举措为经销商带来了许多益处，不仅强化了市场竞争地位，助力其精准捕捉市场机遇，快速响应客户需求，还深化了与客户的合作关系，增强了客户对品牌的忠诚度与信赖感，进而加速了市场拓展，促进其长远发展。

（9）**信贷条款**。在长期合作中，对于那些有着稳定销售量基础的经销商，厂家通常会给予一定数额的信用额度，既作为激励手段，也防控货款风险。随着经销商销售量的增长，适度提高信用额度能激励他们进一步开拓市场。反之，当经销商销售量下滑时，厂家则会通过减少信用额度来缩短回款周期，实现资金的有效控制。此外，为了支持核心经销商的发展，厂家会在正式签约时，提供他们更为优越的信贷条款作为短期支持，并给予一定的商誉支持。这种商誉评级通常只授予企业，但对渠道赋能会员俱乐部成员而言，厂家会以其会员资格、全年返利及激励政策作为担保，短期内适当放大他们的赊销额度，从而助力他们提升现金流周转率，实现更快的发展。

（10）**线上引流服务**。企业可充分利用已建立的信息平台、网络平台及公众号等多渠道资源，为经销商提供精准的线上引流服务。通过初步的市场教育与产品引导，激发潜在客户的兴趣，再将其精准转至所在区域的经销商处。同时，整合各类公众资源，如行业媒体、社交媒体等，为经销商打造全方位的区域及产品宣传，形成强有力的销售引导，以吸引更多潜在客户，提升销售转化率。

（11）**区域仓储服务**。针对特定类别的产品，生产商可以提供此服务，以减少经销商必须持有的库存数量，缓解其资金压力，降低仓储成本。同时，它还能显著缩短订单等待时间，提升客户满意度，并有效避免对终端用户脱销的风险，确保市场稳定供应。作为供应链整体优化与提升效率的重要一环，区域仓储服务体现了生产商对经销商的强力支持。但需要强调的是，该服务目前仅面向企业核心俱乐部成员开放，以确保能够为这部分关键合作伙伴提供更加高效、优质的供应链支持。

（12）专业培训服务。鉴于经销商对主营产品的深入了解是其销售成功的关键，特别是当企业的产品成为其核心销售品时，企业将提供不同类型的教育支持。这包括个性化的培训方案以及定期的团队培训指导。提供个性化的培训方案旨在根据经销商的实际需求，精准传授产品知识与销售技巧。定期的团队培训指导则是通过实战演练与经验分享，持续强化经销商的专业能力。通过这一系列专业培训服务，企业致力于与经销商共同提升市场竞争力，共创双赢未来。

（13）展示样品的特殊政策。在产品销售流程中，若展示环节被确认为驱动销售的关键要素，企业则需采取创新策略，确保经销商能够便捷获取并高效使用展示用的产品或设备。为此，企业市场部精心制定并实施了一系列特殊政策。具体而言，市场部将深入分析经销商的展示需求，根据其业务规模、市场定位、过往销售业绩及未来增长潜力等因素，合理分配展示用的样品资源。同时，还将探索多样化的展示解决方案，如提供易于搭建与拆卸的展示架，制作吸引人的产品演示视频等，以减轻经销商的展示负担，提升其展示效果，最终实现销售业绩的显著提升。

（14）经销商年度评比奖。在激烈的市场竞争中，没有比较就没有差距，没有差距也就没有压力与动力。为了激励经销商在相互比较中认识自身的优势与不足，明确未来的努力方向，厂家往往会通过年度经销商会议，对上一年度经销商的业绩与贡献进行全面评比，并颁发各类奖项。值得注意的是，经销商评比奖励的设定并非一成不变，而是根据企业的实际情况灵活调整。常见的奖项包括业绩达成奖、业绩增长奖、终端开拓奖及促销奖等，旨在表彰在销售、市场拓展及促销活动中表现优异的经销商。

奖励的形式更是丰富多样，从奖杯、奖牌、牌匾、证书到金指环等纪念品，再到平台宣传、总裁家宴、总部参观等独特体验，全方位满足经销商的荣誉需求。

（15）**合作年限奖励机制**。经销商的销售业绩与能力固然重要，但经销商与厂家之间的契合度与忠诚度同样不可或缺。为了表彰那些与厂家和谐相处、忠诚相伴的经销商，企业特别设立合作年限奖励机制。这一机制涵盖了多种奖项，如精诚合作奖、五年（十年）合作奖、最佳配合奖、终身成就奖及杰出区域贡献奖等，这些奖项的体现形式与经销商年度评比奖项相似，同样包括奖杯、奖牌、牌匾、证书等荣誉象征，以及平台宣传、总裁家宴、总部参观等独特体验，旨在全面彰显经销商的杰出贡献与深厚情谊。

（16）**出国交流奖励**。为表彰在市场中表现卓越的经销商及其下属的优秀成员与尊贵客户，企业特别提供出国交流奖励基金。这一奖励不仅是对他们工作成就的认可与嘉奖，也是一次难得的休闲、学习与国际交流的机会。通过这样的精神激励，企业期望能够进一步增强经销商的忠诚度与归属感，同时深化渠道团队内部的凝聚力与合作精神。

（17）**客户营销推广会议**。企业可以定期举办客户营销推广会议，诚邀经销商的核心及潜在客户共同参加新产品发布会、政策解读会、技术服务推广会等盛会，旨在深化客户对企业营销战略与发展方向的理解，从而更好地配合企业的市场推广活动。

（18）**客户经理制支持**。企业推行客户经理制，即为经销商配备专属的客户经理，提供一对一的精细化服务。通过专业指导与高效支持，协助经销商解决各类难题，优化销售流程，从而助力经销商提升工作效率，实现业绩突破。

（19）**有限合伙人深度合作机制**。对业绩斐然的经销商，企业可以考虑将他们吸纳为有限合伙人，不仅共享短期的销售提成，更赋予其参与企业长远发展规划及利润分配的权利与机会。这种深度合作模式，能够深化双方合作，构建更为牢固的利益共同体。

（20）**共建检测与服务中心**。企业依托国内研发、服务及检测中心等宝贵资源，助力核心经销商建立小型检测与服务中心，并对核心经销商进行专业培训，使其获得开展检测与服务工作所必需的资质与能力。这一举措旨在推动经销商从传统的销售角色向服务商角色转型，成为区域小型服务站，从而优化服务效率与质量，提升客户满意度，最终促进双方业务的持续增长与发展。

尽管上述三十项激励方案无法覆盖渠道市场的所有需求，但它们无疑为企业提供了宝贵的思路与参考。同时，我们可以将经销商科学地划分为三大类，通过差异化实施上述激励策略，达成更精准高效的激励效果，激发出经销商的无限潜能。

第一类是新合作的经销商。此类经销商的合作年限基本在一年以内，对他们的精神激励要多于物质激励，以便快速融入企业文化。因此，对于新合作的经销商，企业不仅要"扶上马"，提供必要的支持与指导，还要"送一程"，通过一系列的精神引领，如企业文化培训、渠道团队建设、成功案例分享等活动，加深经销商对企业文化的理解与认同。这些激励措施不仅能加速其融入的进程，还能培养其成为品牌文化的忠实传播者。

第二类是已合作的经销商。此类经销商的合作年限大多在两年以上，他们正处于业务发展的关键时期，既需要物质上的奖励以激发其持续发展的动力，也离不开精神上的鼓舞以增强其归属感与忠诚度。因此，企业必须制定更为全面且有针对性的激励政策，以更好地助力其成长为企业的核心经销商，提升其从稳定经销商到核心经销商的转化率，从而稳固双方的合作关系，共同推动企业的持续发展与壮大。

第三类则是核心经销商。此类经销商的需求超越了基础物质激励，他们专注于在原有已开拓的成熟区域进行更深入的精耕细作。依据边际效用递减规律，他们需要更大的投入来维持并提升区域优势地位。为此，企业应当制定更为细致、针对性强的物质激励政策，以激发核心经销商持续投入，确保其拥有足够的动力与资源在成熟区域深化布局，持续巩固并提升竞争优势。

此外，核心经销商更渴望获得高层次的精神激励与特殊荣誉，如总部参访、总裁拜访、参与战略规划、新项目落地执行及定制化产品研发等激励措施，旨在提升其归属感与荣誉感。为实现上述目标，企业应当鼓励渠道赋能会员俱乐部成员贡献部分奖金作为年费，为俱乐部活动提供资金支持。同时，邀请他们共筹、共建并共同参与团队建设、经验分享会等活动，从而构建强大的团队凝聚力，推动企业持续向前发展。

经销商的激励政策是企业渠道战略乃至整体战略版图中的重要一环，不仅是对经销商当前现实需求的及时且精准的响应，也是对未来合作深度与广度的长远布局与战略投资。企业要站在战略高度，灵活选择并巧妙组合不同的激励策略，力求达到最佳的激励效果，以实现企业与经销商的双赢，进而推动整个行业生态的持续繁荣与发展。

CHAPTER 7

第七章

让渠道战略与企业战略深度融合

在当今瞬息万变的商业环境中，战略作为企业长远发展的引擎，关乎企业生死存亡。然而，令人遗憾的是，我所接触到的众多国内企业，最大的问题就是战略不清、定位不准，将愿景、使命与战略混为一体。所以，清楚理解企业战略是企业持续健康发展的前提和基础，也是制定正确渠道战略的先决条件。

本章重点剖析企业战略的本质、企业战略与渠道战略的区别与联系以及如何制定渠道战略等，旨在引导读者共同探索渠道战略与企业战略的深度融合之道。需指出的是，因战略课题站位较高，且在实操中由于内外环境变化过快、各方利益难以保证绝对平衡、战略执行不力等客观因素，导致战略显得复杂而且存在极大的不确定性。因此，我建议进入渠道管理领域三年内的人可暂时略过该章内容。而对于真正想在渠道管理领域扎根的人，则建议认真阅读本章，这不管是对个人职业发展规划而言，还是对做公司战略规划来说，都有极大的借鉴价值。因为本章内容不仅来自我的实践，也正指导着我目前的工作开展，更是本书的核心所在。

第一节　了解企业战略部署

在现代社会中，战略常被应用于政治、经济、文化、科技等领域，指在一定时期内引领全局发展的方针和策略，比如经济战略、企业战略、文化战略等。

何为企业战略

在此，我们深入聚焦企业战略这一商业领域的核心概念。它是每一家企业都会涉及的，强调全局视角与长远规划，常因其高度的抽象性而让大家对其有不同的理解。比如，不少企业将企业战略简单地理解为只要能"占"稳市场，其余皆可忽"略"。更有企业决策者将企业战略定义为关键时刻的重大抉择，认为企业做正确的事和正确地做事便是企业战略。然而，在我看来，这些关于企业战略的定义更接近于战术的定义，即让企业战略落地的方法或策略。

此外，部分企业常将企业管理与企业战略等同，但实际上二者有本质的区别。企业管理追求持续稳定，多为常规的、线性的、渐变的及量变的过程；企业战略则聚焦于重大转型，常呈现出非常规的、非线性的、突变的及质变的特征。简而言之，企业管理重"精益守成"，企业战略重"开拓创新"，两者虽相辅相成，但本质截然不同，不可混淆。

也有部分企业将企业战略与使命、愿景混为一谈，实际上这三者虽紧密相连、互为支撑，但还是有区别的。企业战略回答的是"方向和目标"的问题，将企业远大的使命和愿景分解为一个个可实现的目标，确保企业的每一步行动都向着长远目标前进。使命回答的是"为什么存在"的问题，表明企业存在的根本理由和价值。愿景回答的是"企业将成为什么样子"的问题，是企业对未来发展的描绘和期望，也是企业员工奋斗的方向和动力。

所以，使命和愿景是企业文化的内核，为企业所有行动指示方向，也为企业战略目标与方案的确定奠定了基础。企业战略作为企业发展的路线图，具象化了使命和愿景，将其变成可操作的一个个阶段性目标。

在我看来，企业战略虽各有理解，但本质一样。其一，正确的企业战略能够反映企业发展规律，精准捕捉关键问题点，并通过一系列措施方法，解决企业发展中的两大问题，即效率与差异化问题。也就是说，正确的企业战略能有效提升企业整体运营效率，包括管理、生产、沟通等各方面，不仅可以减少资源浪费、提高利润，还可以提升客户满意度、增强竞争力，实现企业产品、渠道、定价、定位等各方面的差异化发展，在行业中保持特色优势，以便为企业长远发展保驾护航。

其二，企业战略的核心在于为企业发展指明方向，引导企业做出正确抉择。何为正确？唯有历经长期实践的检验，才能得出正确的结论，制定出正确的战略。简而言之，企业战略是通过实践锤炼出的一套科学方法论，用以指引未来的行动方向。因此，通过实践探索并发现真理，又通过实践验证并发展真理，这才是制定企业战略的最高准则，也是保证企业战略正确性的关键。

其三，企业战略既在于行动，也在于认知。企业战略绝不是简单的占领市场与非核心事项的权衡，而是关乎企业长远发展的综合布局与整体行动计划。

纵观所有的企业战略，我们不难发现，其绕不开三个关键词：长期、方向与组织。按此角度，我们将企业战略细分为以下三个层面。

一是公司层战略，又称顶层战略。它确定了企业的核心业务与不涉足的领域，明确了企业要做与不做的事，给出了企业长期发展的目标和方向。其核心价值在于全局性和前瞻性，是企业发展的指南针，保证企业在复杂多变的市场环境中能一直有正确的航向。

以百年企业亨氏公司为例（见表 7-1），它能在历次市场寒冬中获得新生，源自正确的公司层战略。

表 7-1　亨氏公司历次经历的市场寒冬

事项时间	第一次危机（19世纪70年代）	第二次危机（20世纪60年代）	第三次危机（20世纪90年代）
宏观背景	美国经济发生大萧条，社会底层消费力骤降	宏观经济持续向好	美国经济短期步入衰退，消费趋于性价比
行业发展	调味品处在快速导入期	番茄酱保持稳定增长	番茄酱需求被辣酱冲击
渠道变化	食杂店占据主流	食杂店逐渐被连锁超市取代	下游零售巨头向上游挤压
承压表现	1875年企业破产，1930年增长停滞	市场份额流失，本土调味品业务持续亏损	20世纪90年代初企业营收下滑严重，未达成1995年百亿美元的目标
危机诱因	宏观经济大幅波动	亨氏内部管理老化，渠道战略严重落后	品类老化且被辣酱挤压导致人均消费下降，同时性价比趋势下零售商对利润形成挤压
报表体现	破产、资产重组、增长乏力	1963年利润大幅下降	1991年、1993年营收下滑

（续）

企业策略	19 世纪 70 年代重新创业，20 世纪 30 年代实现业务多元化	优化企业治理，重组渠道架构，推进降本增效	剥离低效业务，聚焦核心主业，番茄酱降价以提升市场份额，同时发力新兴市场求增量
变革后续	成长加快，发展为领先的调味品巨头	收入增长，盈利能力大幅提升	恢复到平稳低增长，分红比例由 40% 提升到 60% 以上，彰显价值，获得巴菲特青睐

第一次危机是在 19 世纪 70 年代，由于美国经济发生大萧条，公司现金流出现问题，亨氏公司破产。后来吸取经验教训，亨氏公司重新创业，开始主动进攻，通过资产重组，积极拓展新的业务领域，最终实现业务多元化，带动销量翻倍，逐渐成长为调味品巨头。

第二次危机是在 20 世纪 60 年代，由于"二战"后商业模式的更迭，美国食杂店逐渐被连锁超市取代，亨氏公司未能及时应对，导致其调味品市场份额不断流失。从 1964 年开始，亨氏公司开始重点优化企业治理，重组渠道架构，推动降本增效，同时加强广告投入及产品创新，最终实现收入增长，盈利能力大幅提升，到 20 世纪 80 年代，亨氏公司步入黄金时代。

第三次危机是在 20 世纪 90 年代，美国经济短期步入衰退，消费趋于性价比。在此背景下，在渠道上，下游自有品牌挤压亨氏公司的市场份额；在品类上，番茄酱需求被辣酱冲击，亨氏公司营收下滑严重。为此，亨氏公司开始剥离低效业务，聚焦核心业务，发力新兴市场，并对番茄酱实行降价促销、迭代包装、加大品牌营销等，重新实现番茄酱的增长。

复盘亨氏公司的发展路径，其之所以能够穿越周期，成长为全球领先的调味品企业，离不开顺时而变的战略调整。针对不同宏观大势、行业背景，亨氏公司总能放眼整体、推动自身变革、优化经营策略、抓住市场需求，最终勇立市场潮头。

二是业务层战略，又称竞争战略。它解决企业如何赢得市场的问题，即通过成本领先战略、产品或服务的差异化战略、最优成本战略等，帮助企业建立行业竞争优势，确定市场定位；通过协调企业的生产、研发、营销等活动，提高企业整体运营效率，进而形成企业的核心竞争力。业务层战略的核心价值在于帮助企业在特定业务领域发挥竞争优势，实现盈利。其成功与否，直接关系着企业的市场竞争力和财务表现。

三是职能层战略，又称职能战略。它确保公司层战略和业务层战略的具体实施和有效执行。通过明确各职能部门的职责和目标，更好地实现企业资源的优化配置，确保各职能部门围绕同一战略目标，协同作战，进而提升企业的整体执行力。职能层战略的核心价值在于发挥企业各职能部门的指导、协调作用，旨在实现企业总体目标、践行企业使命，是企业战略实施的关键环节。

我们必须注意到，公司层战略、业务层战略和职能层战略并非孤立存在，更不是对立关系，而是共同构成了企业战略的整体框架，围绕统一的战略目标，各司其职，协同而动，推动企业发展。

随着企业战略的制定，企业的使命与愿景变得具象化：我们要从事哪种业务？该做什么，不该做什么？要达到怎样的目标？在何地、以何种方式参与竞争？又如何取胜？这些问题的背后，都离不开企业对自身优势的深刻剖析和差异化定位。

当上述问题迎刃而解，推动企业战略落地时，我们会惊讶地发现，有两大核心问题逐渐凸显：一是如何在现有行业规则下推动企业发展？二是如何打破现有行业规则，创新企业发展？前者要求企业将战略视为一种定位，直面竞争对手最薄弱的地方。定位，即差异化，旨在发掘空白市场，规避正面竞争，实现收益最大化。此为迈克尔·波特的理念，他强调通过差异化定位，避免同质化竞争，从而赢得市场先机。

后者则要求企业将战略视为一场革命，直击竞争对手最强处，勇于挑战现有规则，以创新驱动行业变革。正如龟兔赛跑的故事，乌龟何以取胜？靠兔子打瞌睡？靠兔子不努力？这些都是不可控因素，根本靠不住。那究竟靠什么？只能靠改变游戏规则，比如将赛跑升级为铁人三项，乌龟便能胜出。这正是战略大师加里·哈默尔所倡导的创新思维，即通过创新重塑行业秩序，开创全新竞争格局。两种战略选择代表截然不同的两种路径——定位或革命，这正是企业战略实践的关键所在。

企业战略制定

如何保证企业战略有效且可行？我将用一个公式来表达：战略＋战术＋战役＝战无不胜。怎样理解？战略、战术与战役三者缺一不可，只有紧密结合才能让企业构建起能够应对各种挑战、确保持久成功的作战体系。战略为企业明确基本方向，界定企业做什么与不做什么。倘若战略混沌不清，企业日常运营中充斥着各种战略口号，那么企业则无发展方向和目标。战略上的成功让我们可以获得更多选项和更多资源，可以将主动权掌握在自己手中，选择合适的发展节奏。战术则是解决怎么做的问题，关键在于一个"赢"字，只有获得战术上的胜利，才能助力战略具体落地。所以，战术关乎战略在何处精准实施，倘若战术层面缺乏明确的落地指南，则易导致各部门各自为政，难以发挥协同效应，无法实现整体利益最大化。战役则明确了企业在哪里实施战术，是每个战术执行的决胜力量。它可胜可败，取决于战术传达的要求。战役不以局部得失论胜败，而以全局胜负论输赢。倘若战役部署未能连贯成一体，则企业很可能陷入短视的泥潭，仅能应对眼前的问题。

总之，我们要用战略方针把战术和战役连接起来，把今天连接到明天，把小的连接到大的，把局部连接到整体。好比造船，不是让一批人来收集材料，指挥他们如何进行每一个造船步骤，而只需要激发他们渴望远航就可以了。

基于战略、战术和战役的关系，在企业战略制定中，我们通常需要经历多个阶段。

（1）明道。创造并维系独特的价值主张，构筑品牌的制高点，通过打造具有竞争力的产品或服务，积蓄品牌势能。

（2）取势。精准识别市场价值缝隙，塑造产品的差异化特性，进而将品牌推至行业顶端，不断巩固品牌的市场地位。

（3）优术。聚焦价值传递的过程，依托已积累的品牌势能，将其有效转化成市场行动力，以强大的产品动能扩大市场份额，提升企业品牌力。

（4）利器。通过科学地量化价值并借助渠道优势，实现商业价值最大化，利用产品销售的自然增长趋势，持续放大市场影响力。

（5）笃行。在实践中分享价值成果，确保价值循环不息地传递下去，进而确保企业永葆活力。

（6）全胜。最终达成造势（提升品牌知名度）、量化产出（提高经济效益）、树立独特理念（打造品牌内涵）、追求品质（保证产品或服务质量）以及获得丰厚回报（获取经济利润）的全方位成功。

需要注意的是，企业在战略制定中，要坚持两个观点。

第一，切忌盲目照搬，忽视中国本土智慧。

正确的做法是，企业应拓展想象与创造空间，融合古今中外战略理论的精华。中西智慧各有千秋，企业在战略制定中若能取长补短，将西方追求精准、重视逻辑的理念与中国讲究"中和"、掌握分寸、把握好度的思想融合在一起，既通过理性思维深入剖析市场变化、发展大势等，又通过感性认识挖掘客户个性化需求，为客户提供最大化的情绪价值，则能制定出确保企业基业长青的战略。举例来说，渠道概念虽源自西方，但渠道战略的制定应立足于中国实际，从本土化实践中提炼方案，因为中国渠道有其历史渊源与特征，并深耕于中国特色社会主义经济中。

第二，注重企业战略的整体性、长期性、全局性和动态性。

　　整体性是指企业战略是自上而下关于企业整体发展的行动纲领和目标规划，涉及企业所有业务领域和职能部门，涵盖企业财务、研发、生产、营销等各方面的活动。

　　长期性是指企业战略要着眼于长远发展，通常要考虑到企业未来较长时间内面临的市场环境、发展趋势、技术变化等。举例来说，我遇到一家地方"龙头"企业，在十多年前其产品年销量已位居行业第一，但发展到今天，结果却出人预料，当年产品年销量位居行业第二的企业已将其反超。如此戏剧性的反转，让人陷入思考。一家企业成功的要素有很多，但出现如此结果，我觉得最重要的一点是，当年产品年销量位居行业第二的企业始终按照既定的战略方向，坚持小步快走，即使短时间内未见太大成效，它也并没放弃。这家地方"龙头"企业却总在变更战略方向，当风口来临时，胜在船小好调头，可以灵活及时地进行战略调整。但这也带来一个问题，即缺乏战略定力，导致该地方"龙头"企业没有确定且正确的战略方向和目标，致使产品销量下降。

　　全局性是指在企业战略制定中，要有系统性思维，摒弃"头疼医头，脚痛医脚"片面的应对问题的旧方法，要从全局出发，统筹兼顾，保证企业各部门、各环节协调发展，提升整体运营效益。

　　动态性要求企业战略应具有前瞻性和灵活性，面对瞬息万变的市场环境，能及时做出调整和优化部署。纵观欧洲百年企业，之所以能够穿越周期，最大原因在于，它们总能够根据内外环境的变化，积极对发展战略做出调整。比如在当今经济下行、企业利润普遍下降的客观事实面前，很多欧洲百年企业持谨慎态度，通过兼并重组，将与公司不匹配的业务减掉，同时收购与自己发展方向匹配的企业。在发展规划制定上，从最初的十年发展规划变成五年发展规划，再变成三年发展规划，这正是源自对市场发展迅速、环境变化莫测的正确应对。

两大认知误区

我们先看来自日本的真实案例,看在经济与市场下行周期,日本企业是如何做的? 龟甲万通过全球化战略,成功在"二战"后的经济萧条期找到出路,时至今日,其产品已售卖至全球 100 多个国家和地区;三得利坚持"志在新,勇于行"的理念,通过持续产品多样化,不断推出满足消费者需求的新产品,让其哪怕面对经济下行也能保持逆势增长;日清通过产品创新,发明杯面,成功在 20 世纪 50 年代的经济萧条期实现稳健增长;獭祭在"日本失去的 30 年"中,通过高端化战略在经济困境中脱颖而出;唐吉诃德通过精准的市场定位,成功在"日本失去的 30 年"中崛起,成为日本的零售巨头;在如今经济下行的背景下,7-11 便利连锁店坚持以消费者价值为导向,围绕消费者需求,不断挑选、研发新产品,并提供如即食食品、快餐、咖啡等优质服务,将便利做到极致(见图 7-1)。日本企业能够在经济低迷期成功实现逆袭,不仅源自企业能根据自身客观实际,适时对发展战略做出调整与优化,也显示出正确战略对企业发展的重要性。

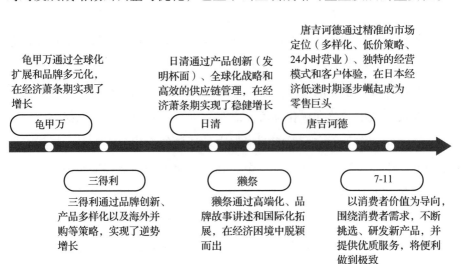

图 7-1 经济与市场下行时日本企业的战略

实际上，无论是国家民族的未来、利益共同体的价值实现，还是企业发展、个人成长，均离不开战略规划与调整。前文所述的欧美与日本百年企业案例恰好证明了这一点。这也给我国企业提供了经验借鉴——锚定符合自身的战略赛道，打造差异化竞争优势，从而脱颖而出，赢得市场先机。比如，企业可通过"一带一路"倡议选择"走出去"，去全球市场中寻找机会。

在现代商业环境中，全面而有效的企业战略不仅确定企业未来发展的方向和目标，也是企业实现资源优化配置，提升核心竞争力和整体盈利能力的前提。然而，在企业战略制定中，人们常常会产生两大认知误区：过度高估战略作用和严重低估战略影响力。

1. 过度高估战略作用

在此战略认知误区中，人们常将战略视作万能钥匙，认为一旦拥有，就能破解所有难题。然而，这种观念可能导致以下问题。

（1）执行缺失。过分依赖企业战略，可能让企业忽视执行的力量，更甚者可能无法让战略落地实施。所以，在企业战略制定中，要注重企业战略与企业执行力的匹配度。企业战略制定得再完美，如果缺乏有效执行，也无法达到预期效果。

（2）思维僵化。过度高估战略作用，易使企业陷入僵化的思维模式之中，不仅导致企业无法及时应对市场变化，失去竞争优势，还会让企业不愿随市场变化灵活调整战略，从而错失发展良机。

（3）资源错配。企业盲目夸大战略作用，或者将过多资源投入到战略制定与规划中，从而忽视了产品研发、市场营销等关键环节，导致资源分配失衡，进而影响企业整体效益。

（4）忽视风险。过度高估战略作用，易使企业忽视对战略的定期分析和评估，进而难以发现企业发展过程中出现的潜在风险，不利于企业的长期稳定发展。

2. 严重低估战略影响力

与过度高估战略作用相反，此认知误区可能使企业陷入无序与混乱之中，从而导致以下问题。

（1）迷失方向。企业战略决定了企业的发展方向，若无明确的战略指引，企业则易在不断变化的市场环境中迷失自己，从而难以对自身有准确的定位并制定出适合的发展目标。

（2）浪费资源。严重低估战略影响力，易导致企业忽视资源的优化配置，无法更好地理解在哪些领域应投入更多资源，哪些领域需要减少或避免投入资源，从而造成资源浪费与效率低下。

（3）错失机会。企业决策者缺乏战略眼光，难以捕捉市场先机，从而落后于竞争对手，造成企业难以保持竞争优势、可能丧失良好机遇，甚至走上下坡路。

由此可见，我们应既不过度高估战略作用也不严重低估战略影响力，而是以一种务实的态度来制定战略。这就要求我们在理想与现实之间寻找平衡点，既要敢于设定高远的目标，又要脚踏实地推动战略落地，并能对战略进行灵活调整，以应对不断变化的内外部环境。

企业战略落地

我认为，在实践中，有效而正确的企业战略要想落地，需要历经三大阶段。

第一阶段：战略萌芽至初步落地。此阶段，战略尚处于概念或初步规划期，核心在于将理论转化为切实可行的行动计划，保证战略在基层落地生根。企业需深度剖析外部环境，洞悉市场需求与趋势，同时审视内部资源，确保自身能力与战略目标相契合。此外，战略的落地往往需要历经多轮研讨、修订与完善，以保障其可行性与有效性。战略一旦确立，企业需要立即着手制订具体的实施计划，包括资源配置、组织架构调整、人员培训等关键要素，同时将战略责任分解到每个部门、每个团队和每个岗位，保证战略和执行的统一性。

第二阶段：**模式跑通与支持体系构建**。战略初步落地后，验证其有效性成为关键。企业需要通过一系列的试点、实验与调整，持续跟踪与评估战略实施效果，及时发现问题并优化改进。同时，构建与战略相匹配的支持体系至关重要，包括组织架构调整、流程优化、企业文化培育等，以助力企业有效应对挑战，精准把握机遇，确保战略在复杂环境中顺利实施。

第三阶段：**市场能量的全面释放**。当战略经过前两个阶段的验证与完善后，企业迎来了全面释放市场能量的时机。此阶段，企业需要在各业务领域与市场中全面实施战略，最大限度地发挥其潜力。为此，企业需要采取一系列的措施，包括强化市场营销、拓展销售渠道、提升产品或服务质量等。同时，企业还需要密切关注市场动态与竞争对手的动向，以便及时调整战略，抓住新的市场机遇。

在这三大阶段中，战略的完全落地短则需要三四年，长则需要十多年。企业唯有不懈努力、持续优化，才能确保战略的有效实施与可持续发展。

然而，现实严峻，我国有多少企业能够存活五年以上呢？据央视网报道，我国小微企业的平均生命周期仅三年⊖。也就是说，多数企业自创立之初，便以生存为首要任务。在生存的重压之下，"活下去"成为当务之急，所以战略往往被简化为"战"稳市场，其余皆可忽"略"。然而，这恰恰是舍本逐末之举，因为战略的本质在于"聚焦"——聚焦关键问题、关键行业、关键业务、关键产品、关键客户、关键区域及关键环节等。若企业

⊖　央视网. 工商总局局长：我国小微企业平均生命周期仅三年［EB/OL］.［2018-03-01］. https://news.cctv.com/2018/03/01/ARTIHfIdKuk11HFxvHqfZFk2180301.shtml.

想在商海中战斗下去，必须清醒认识到这一点，并找到与自身能力相契合的战略目标，这才是企业生存与发展的基本认知与关键所在。

第二节　制定匹配的渠道战略

企业的战略导向决定其渠道布局。在此逻辑下，渠道战略决策在企业管理中应当占据核心地位，它不仅直接影响其他所有营销决策，还是企业整体战略部署的关键一环。因此，科学制定与企业战略相匹配的渠道战略至关重要。

渠道战略是企业为实现销售与推广目标，向终端用户传递产品或服务的一系列行动与决策。其目标是通过选择并优化组合销售与分销渠道，实现企业利益最大化。因此，企业在选择渠道战略时，需要全面考量目标市场、产品特性、竞争态势及成本效益等多重因素，并根据企业实际情况及所处的市场环境进行灵活调整与优化。这种动态性不仅能够确保渠道战略的有效性，也能够使其与企业战略保持高度的协同性与一致性。

企业战略与渠道战略的关系

渠道战略作为企业战略的核心组成部分之一，其制定是否科学全面，对渠道现有能力的评估是否准确客观，渠道建设目标设置的是否合理清晰等，都在极大程度上影响着企业战略能否有效落地实施。换言之，渠道战略为企业战略服务。因此，弄清企业战略与渠道战略两者之间的关系很有必要。根据多年实践经验，我认为企业战略与渠道战略之间存在明显的区别，但也有紧密的联系。

1. 企业战略与渠道战略的区别

（1）范围与层级。企业战略是全局性、长远性的规划与指导，涵盖公司的整体发展方向、目标设定及资源配置等。相比之下，渠道战略则是企业战略体系中的一个具体组成部分，更侧重于产品或服务的销售与分销渠道，确保产品或服务高效送达终端消费者手中。

（2）内容与关注点。企业战略聚焦公司的长期发展方向、市场定位以及竞争优势的塑造等宏观层面的问题。渠道战略则更专注于销售与分销渠道的具体选择、管理与优化，以及渠道冲突的处理等微观层面的问题。

2. 企业战略与渠道战略的联系

（1）相互依存：企业战略如同渠道战略的指南针，为其提供根本方向与核心指导。企业整体的发展战略，直接决定了渠道战略的选择与布局。与此同时，渠道战略的有效实施，也是企业战略成功落地的重要表现之一。

（2）相互影响：渠道战略的实施效果会直接影响企业战略的实现成效。如果渠道战略选择不当或者管理不善，企业可能面临产品销售不畅、市场份额下降等问题，进而阻碍整体战略目标的实现。反之，如果渠道战略能够顺利实施并取得良好效果，将会为企业战略目标的实现提供有力支持。

（3）协同共进：企业战略与渠道战略之间存在紧密的协同关系。一个科学的渠道战略能为企业创造更多的销售机会，扩大市场份额，增强核心竞争力。同样，一个成功的企业战略也离不开有效的渠道战略来为其保驾护航。

因此，在制定企业战略与渠道战略时，企业需要注重两者的协调与配合，确保它们能够携手并进，共同推动企业整体目标的实现。

渠道市场进入战略

在我看来，渠道肩负着将企业战略成功落地的重任。当渠道落地后，再辅以销售，即在每个地区精心策划每场销售，以集中优势资源，争取局部小胜，逐步累积为大胜，确保企业在每场销售中都能发挥最大优势，最终赢得全局的胜利。

此外，企业赋予客户随时随地获取产品或服务的能力，是营销领域内不可或缺的一大优势，也是本书全渠道战略的核心亮点之一。企业需要深思熟虑，精心制定渠道战略，科学规划产品或服务的分配策略，以保障终端用户的顺利使用或顺畅体验。这种企业与终端用户之间的紧密连接，本质上是产品交付、服务送达的关键路径，直接关系到企业渠道布局的成功与否。这一链路上的所有参与者共同构成了一个庞大的营销渠道系统，该系统不仅涵盖了企业内部组织，还汇聚了众多外部独立组织，它们携手并进，共同推动产品或服务走向市场，满足终端用户的多样化需求。

然而，多数产品或服务在抵达终端用户前，需要经过多个营销渠道的流转。直销模式，即产品或服务去中介化地从制造商直达终端用户，这是极为少见的，因为其常受资源分配、成本控制、覆盖范围局限、专业化要求及消费者偏好等多重因素的制约。相较之下，中介机构凭借其专业的运营知识、优越的基础设施（如仓储设备）及敏锐的市场洞察或深厚的消费者联系，能够更高效地执行诸多必要的任务，成为产品或服务流通中的重要一环。在此背景下，制造商在获取这些专业知识、资源与联系的过程中，往往需要付出大量的成本与时间。因此，如何调整对渠道商的管理目标，使其与企业战略紧密契合，以确保企业能沿着既定的成功路径稳步前行，成为制造商面临的重要课题。

制定高效、精准的渠道市场进入战略，则成为公司迈向成功的关键所在。这一战略源自市场进入战略（go-to-market，GTM），即在高度竞争的商业环境中，企业为确保产品或服务有效推向市场，会通过市场研究与评估、目标市场与客户群体定位来确定产品定位、销售渠道、定价策略和市场推广策略。核心在于以客户为中心、以市场需求为导向，将企业的产品或服务引向市场，在此过程不仅建立起企业与客户之间的信任，还传递企业独特的价值主张，以便让企业保持持续的竞争优势。

基于市场进入战略的本质，渠道市场进入战略旨在以最优的方式部署参与者组合，确保产品或服务既好用又易于购买。它应紧密贴合终端用户首选的购买模式，兼具效率与效益，从而为企业赢得竞争优势，处于市场领先地位。反之，若分销渠道不足，则可能导致企业失去市场份额，甚至面临失败的困境。因此，企业在制定渠道战略时，应充分考虑营销渠道系统的复杂性与多样性，精心规划渠道市场进入战略，确保产品或服务能够精准触达终端用户，为企业的长远发展奠定坚实基础。

为实现这一目标，企业在具体制定渠道市场进入战略时，需要深入了解消费者的购买偏好，包括终端用户在做出购买决策前的信息与期望、服务需求与售后支持、额外费用的支付意愿、风险承受能力、融资需求及订购模式等。同时，企业还需要明晰各市场渠道的成本结构与收益预期，结合消费者偏好及公司市场覆盖目标、投资意愿与能力等因素，实现多方平衡。

这一战略不仅能满足用户需求，还能精准定位市场，确保企业以最优成本获取必要的控制力与市场覆盖面，稳固其市场地位。为此，我精炼出制定渠道市场进入战略的三大核心步骤：首先，企业需要对所属行业的渠道现状进行全面剖析，以厘清关键的成功因素；其次，渠道管理者需明确战略实践中的改进空间，并制定相应的完善方案；最后，企业应通过构建合理的政策与程序体系，优化渠道合作伙伴的行为，并激励其高效执行渠道任务。

鉴于大多数经销商依赖自身独立的圈层关系，其激励方式可能与生产商的不尽相同，因此，企业在实施战略前，还需要精心管理与渠道合作伙伴的关系，确保他们按企业期望行事，共同推动战略目标的达成。同样重要的是，最后一步不仅注重战略制定，而且强调执行中的协同与激励，确保战略落地生根。

此外，在设计渠道市场进入战略系统时，企业面临诸多选择，虽各有利弊，但仍需权衡成本效益与自身实际。部分企业倾向于建立内部分配系统，全面接管分销职能，并对其保持完全控制。然而，此系统对企业内部专业能力提出了较高要求，而且需要大量投资以自建分销渠道。因此，这种选择在所有情况下都算不得一种可行或可取的方案。

渠道战略制定的三大准则

渠道战略同样遵循"战略的本质在于'聚焦'"这一原则，其核心在于落实企业战略的聚焦点，因时、因势、因地、因步、因人、因制地灵活配置执行要素，全面权衡全局与局部、整体与个体、中长期与短期之间的关系，以实现渠道战略、战术、战役的统筹协调。因此，企业在渠道战略制定中，务必坚守以下三大核心准则，以保障渠道战略的有效实施与目标的高效达成，从而实现企业战略的精准落地与整体发展的稳健推进。

1. 因时制宜、因势制宜

渠道战略制定的关键在于精准把握时机。时机未到，切勿轻举妄动，时刻谨记"静待花开，顺风扬帆"的智慧。战略需要巧于造势、善于借势。在时代快速更迭中，企业能否持续发展，铸就百年基业，不在于短暂转折点的即时转向，而在于顺应时代大势，乘势而上。

天时、地利缺一不可，方能开创新局。否则，可能沦为渠道战略制定的先驱，为他人铺路，也可能沦为战略执行的牺牲品，成就他人辉煌。因此，洞悉时机、借势而为，是企业制定并执行渠道战略的不二法门。

2. 因地制宜、因步制宜

正所谓"一方水土养一方人"，地域文化的差异塑造了独特的地域性格，进而决定了多样的思维、行为及生活方式。企业战略布局，因地制宜至关重要，不是所有产业都能遍地开花。同理，企业执行渠道开发（渠道布局、渠道梳理、渠道赋能及健康检查）时，也会有所不同，比如有的区域还在布局广度时，有的区域已经到了梳理深度与密度阶段，有的区域因其更为成熟，已经到了赋能阶段。因此，渠道开发切忌全国一刀切，尽管坚持渠道管理的四大步骤并无错误，但执行时仍需要灵活变通，因地制宜、因步制宜，不可强求步调一致。

只有精准把握当地的形势、格局与地位，融合各类资源要素，构建"上下通气、左右照顾、前后呼应"的全方位互动体系，洞悉资源关系、产业连接、经济联系与生态网络之间的内在规律，企业才能脱颖而出，不断汇聚人气、地气与财气，有力推动战略实施，确保战略成功落地，企业稳步前行。

3. 因人制宜、因制宜之

"因人"是渠道战略中最为核心、个性鲜明且多变的要素，它实现了认知与行动的和谐统一，是战略思维、竞争偏好及资源能力的集中体现。这里的"人"，不仅涵盖个体的性格、习惯及行为特征，还涉及资源、能力、组织文化、团队特点以及资金实力、技术水平、品牌商誉、市场渠道、社会关系等。

在渠道战略实施中，"人"也可以指利益相关者，如领导者、执行者、合作伙伴、竞争者、促进者、颠覆者、搭便车者等。基于此，企业可将"人"与渠道五度管理分析法中的规范度相结合，有效规避人性弱点，方能确保从公平、公正、公开的原则出发，制定出既真实可行又兼顾各方利益的渠道战略，推动整体战略目标顺利实现。

最终，在制定与执行渠道战略的过程中，企业必须具备前瞻性的眼光与坚韧不拔的耐心，不遗余力地加大对"人才""产品"与"利润"的投资力度，同时坚守质量底线，将产品质量视为企业生存与发展的灵魂，即使这意味着要暂时牺牲短期财务目标，也在所不惜。唯有如此，渠道战略才能与企业战略实现真正的深度融合，确保两者在目标规划、发展方向与执行路径上的高度一致，从而共同推动企业稳健而坚定地迈向未来。

致　　谢

　　尽管在写本书时，我试图将自己三十余年的实操经验与相关理论相结合，以心得的形式呈现给读者。但鉴于这是我的第一本著作，我的写作能力、分析水平以及总结能力仍有待提升，难免存在不足之处。如果书中出现任何错误或疏漏，责任完全在我个人。即使读者能从本书中有所收获，这也绝非我一人之功。

　　在此，我要特别感谢我原来的同事徐国源、王涛和高岩对本书出版的鼎力相助。尤其是高岩，他在繁忙的工作之余，仍然不遗余力地为我收集相关资料，使得本书的出版成为可能。同时，我也对帝斯曼公司的同仁们表达由衷的感谢。他们对我这个特立独行、情商有所欠缺、脾气暴躁的人给予了极大的宽容和忍让，不仅如此，还为我提供了将丰富的实战案例、理论模型付诸实践的机会以及在区域实地走访时大开方便之门。曾勤勇、胡君、李勇、宋燕武等人及其团队的大力协助，更是让我受益匪浅。

　　在致力于打造全国第二品牌的"出壳"项目期间，我深感荣幸能拥有一支卓越的团队。在不满两年的时光里，我们携手共进，从零开始，不仅成功构建了项目模型，还确立了渠道标准，组建了一支高效的渠道团队并成功实施了渠道推广计划。

　　在这个过程中，我尤其要感谢我们和蔼可亲的法国老板 Tycho，他的领导与鼓励为我们团队注入了无限的动力。同时，我也要对项目中的每一位成员，如 Jerry、Judy、Aimin、Maggie、Sophia 以及李月华等人，表达我最深的感激之情，正是他们的辛勤付出与不懈努力，才使我的理论模型得以付诸实践。

在实践中，我们不仅验证了模型的可行性，还通过不断地试错与优化，进一步完善了我的理论架构。这段经历不仅加深了我对项目的理解，也让我深刻体会到团队合作的力量，是你们的努力与智慧共同铸就了"出壳"项目的辉煌成就。这段宝贵的经历将永远铭记在我的心中，成为我人生旅途中一段难忘的回忆。

此外，我还要感谢在百事可乐度过的那十年时光。在那段时间里，我历经了销售、市场、渠道、项目管理等不同岗位的锻炼，积累了丰富的实践经验。特别是在百事可乐全国推行 GTM 项目时，我有幸从数万人中脱颖而出，被选入试点项目组，负责渠道管理项目的设计与实施。这一经历不仅让我学会了如何将实战与理论相结合，还让我积累下了大量宝贵的经验，为本书的撰写奠定了坚实的基础。

我还要特别感谢两位老同学，他们在本书写作想法的萌芽阶段给予我启发与鼓励。其中一位在此不便透露其姓名，是他几年前的一番话，让我意识到若要在未来走院校咨询和讲师的道路，就必须拥有自己的专著和一套完整的理论体系，这样才能在未来这一"窄门"道路上有立足之地。这番话深深触动了我，从而让我萌生了出书的念头。另一位则是我的人生挚友郝为，虽然我们一年难得见上两面，但每次交流都能碰撞出思想的火花，为我带来深刻的人生启示和生活中的宝贵助益。

衷心感谢我的姐姐，她一直在遥远的家乡哈尔滨，不辞辛劳地照顾着我们年已八旬的双亲。这份坚守与奉献，让我这个在外漂泊、奋斗了十多个春秋的人能够安心地追求自己的梦想。

本书中的诸多观点及部分段落源自我在中国知网（CNKI）上个人署名的文章、我创立的"农业三只眼"公众号，以及我数年前倾注心血完成的博士论文。在本书写作过程中，我得到了马玥、李晓玲、曾小芮、邹静的大力帮助，在此表示感谢。

同时，我也要向机械工业出版社的编辑们表达我最深切的感激之情。她们以其深厚的专业素养，为我提供了诸多极具价值的指导与帮助，使我得以在这家享有盛誉的出版社出版自己的专著，为我的人生增添了浓墨重彩的一笔，更为我的女儿留下了一份珍贵的精神遗产。

回首过去五十余载的人生旅程，我深感自己是何其幸运。这一路上，我遇到了无数的"贵人"，他们在我人生的关键时刻给予我宝贵的支持和帮助。这些珍贵的情谊，如同夜空中的璀璨星辰，照亮了我前行的道路，让我深切感受到人间的温情与美好。

在撰写这篇致谢时，我不禁感慨万千。曾几何时，我作为读者，总是匆匆翻过书中的致谢部分，未曾真正深刻体会其中蕴含的深情厚谊。而今，当我亲自执笔时，才猛然醒悟，致谢不止是对帮助者的感激，更是整本书不可或缺的灵魂所在。

此外，我必须特别感谢陪伴在我身边28载的妻子，以及给我带来无尽欢乐的女儿。在我的生命旅程中，她们对我无微不至的关怀与陪伴无人能及，她们不仅是我坚实的后盾，也是我不断前行的动力源泉。因此，我将此书献给她们，以表达我最深沉的爱与感激。

最后，我要对所有在本书撰写过程中给予我支持和帮助的人表示衷心的感谢，是你们的鼓励与支持，让我能够克服重重困难，最终完成本书的撰写。我也希望本书能够为读者带来一些有价值的启示和帮助。

参考文献

［1］ PALMATIER R W，SIVADAS E，STERN L W，et al. Marketing channel strategy：an omini-channel approach［M］. New York and London：Routledge，2020.

［2］ 康震. 蛋鸡饲料企业的渠道建设模型分析：以帝斯曼－芬美意为例［J］. 家禽科学，2024，46（2）：6-9+81.

［3］ 李先国，杨晶. 销售管理［M］. 4版. 北京：中国人民大学出版社，2016.

［4］ 宁向东. 公司治理理论［M］. 北京：中国发展出版社，2005.

［5］ MOHR J J，NEVIN J R. Communication strategies in marketing channels：a theoretical perspective［J］. Journal of markcting，1990，54（4），36-51.

［6］ NEWMAN W H. Constructive control：design and use of control systems［M］. NJ：Prentice Hall，1975：33.

［7］ PAYAN J M，MCFARLAND R G. Decomposing influence strategies：argument structure and dependence as determinants of the effectiveness of influence strategies in gaining channel member compliance［J］. Journal of marketing，2005，69（3）：66-79.

［8］ ROBBINS S P，COULTER M K. Management（6th ed.）［M］. NJ：Prentice Hall，1999：554-564.

［9］ 芮明杰. 管理学［M］. 3版. 北京：高等教育出版社，2009.

［10］ SKINNER S J，GUILTINAN J P. Perceptions of channel control［J］. Journal of Retailing，1985，61（4）：65-88.

［11］ 约翰逊，惠廷顿，斯科尔斯. 战略管理基础：第2版［M］. 徐飞，译. 北京：电子工业出版社，2013.

［12］ 黄丹，余颖. 战略管理：研究注记·案例［M］. 2版. 北京：清华大学出版社，2009.

［13］希尔，希林，琼斯. 战略管理：概念与案例：原书第 12 版［M］. 薛有志，李国栋，等译. 北京：机械工业出版社，2021.

［14］罗森布洛姆. 营销渠道：管理的视野：第 8 版［M］. 宋华，等译. 北京：中国人民大学出版社，2014.

［15］克里斯坦森. 颠覆性创新［M］. 崔传刚，译. 北京：中信出版集团，2019.

［16］南怀瑾. 南怀瑾谈教育与人性［M］. 上海：上海人民出版社，2019.

［17］施振荣. 微笑曲线：缔造永续企业的王道［M］. 上海：复旦大学出版社，2014.

［18］弗里德曼. 战略：一部历史（上、下）［M］. 王坚，马娟娟，译. 北京：社会科学文献出版社，2016.

［19］长谷川和广. 无法落地的战略一文不值［M］. 班健，译. 北京：中国纺织出版社，2021.

［20］翁怡诺. 新品牌的未来：新流量驱动用户运营［M］. 天津：天津科学技术出版社，2020.

［21］肖建中. 会员制营销［M］. 北京：北京大学出版社，2006.

［22］哥乔斯，马里恩，韦斯特. 渠道管理的第一本书［M］. 徐礼德，侯金刚，译. 北京：机械工业出版社，2013.

［23］耿鸿武. 渠道管理就这么简单［M］. 北京：中国财政经济出版社，2015.

［24］莱克. 丰田模式：精益制造的 14 项管理原则［M］. 李芳龄，译. 北京：机械工业出版社，2016.

［25］史蒂文森，张群，张杰，等. 运营管理［M］. 13 版. 北京：机械工业出版社，2019.

［26］任建标. 战略运营管理［M］. 北京：清华大学出版社，2004.

［27］赖利. 价格谈判：如何在价格异议中成功胜出［M］. 兰渊琴，译. 北京：中国人民大学出版社，2013.

［28］张磊. 价值：我对投资的思考［M］. 杭州：浙江教育出版社，2020.

［29］钮先钟. 西方战略思想史［M］. 桂林：广西师范大学出版社，2012.

会 计 极 速 入 职 晋 级

书号	定价	书名	作者	特点
66560	49	一看就懂的会计入门书	钟小灵	非常简单的会计入门书；丰富的实际应用举例，贴心提示注意事项，大量图解，通俗易懂，一看就会
44258	49	世界上最简单的会计书	[美]穆利斯 等	被读者誉为最真材实料的易懂又有用的会计入门书
77022	69	新手都想看的会计入门书	[日]吉成英纪	独创口诀形式，可以唱读；运用资产负债法有趣讲解，带你在工作和生活中活学活用
71111	59	会计地图：一图掌控企业资金动态	[日]近藤哲朗 等	风靡日本的会计入门书，全面讲解企业的钱是怎么来的，是怎么花掉的，要想实现企业利润最大化，该如何利用会计常识开源和节流
59148	69	管理会计实践	郭永清	总结调查了近1000家企业问卷，教你构建全面管理会计图景，在实务中融会贯通地去应用和实践
69322	59	中小企业税务与会计实务（第2版）	张海涛	厘清常见经济事项的会计和税务处理，对日常工作中容易遇到重点和难点财税事项，结合案例详细阐释
42845	30	财务是个真实的谎言（珍藏版）	钟文庆	被读者誉为最生动易懂的财务书；作者是沃尔沃原财务总监
76947	69	敏捷审计转型与超越	[瑞典]托比·德罗彻	绝佳的敏捷审计转型指南，提供可学习、可借鉴、可落地的系统解决方案
75747	89	全面预算管理：战略落地与计划推进的高效工具	李欣	拉通财务与经营人员的预算共识；数字化提升全面预算执行效能
75945	99	企业内部控制从懂到用（第2版）	冯萌 等	完备的理论框架及丰富的现实案例，展示企业实操经验教训，提出切实解决方案
75748	99	轻松合并财务报表：原理、过程与Excel实战（第2版）	宋明月	87张大型实战图表，教你用EXCEL做好合并报表工作；书中表格和合并报表编制方法可直接用于工作实务
70990	89	合并财务报表落地实操	蔺龙文	深入讲解合并原理、逻辑和实操要点；14个全景式实操案例
77179	169	财务报告与分析：一种国际化视角（第2版）	丁远 等	从财务信息使用者角度解读财务与会计，强调创业者和创新的重要作用
64686	69	500强企业成本核算实务	范晓东	详细的成本核算逻辑和方法，全景展示先进500强企业的成本核算做法
74688	89	优秀FP&A：财务计划与分析从入门到精通	詹世谦	源自黑石等500强企业的实战经验；7个实用财务模型
75482	89	财务数字化：全球领先企业和CFO的经验	[英]米歇尔·哈普特	从工程师、企业家、经济学家三个视角，讨论财务如何推动企业转型的关键杠杆
74137	69	财会面试实用指南：规划、策略与真题	宋明月 等	来自资深面试官的真实经验，大量面试真题
55845	68	内部审计工作法	谭丽丽 等	8家知名企业内部审计部长联手分享，从思维到方法，一手经验，全面展现
72569	59	超简单的选股策略：通过投资于身边的公司获利	爱德华·瑞安	简单易学的投资策略，带你找到对你来说有可能赚钱的股票，避免错过那些事后会后悔没买进的好股票
73601	59	逻辑学的奇妙世界：提升批判性思维和表达能力	[日]野矢茂树	资深哲学教授写作的有趣入门书；适合所有想在工作、学习和生活中变得更有逻辑的人
60448	45	左手外贸右手英语	朱子斌	22年外贸老手，实录外贸成交秘诀，提示你陷阱和套路，告诉你方法和策略，大量范本和实例
70696	69	第一次做生意	丹牛	中小创业者的实战心经；赚到钱、活下去、管好人、走对路，实现从0到亿元营收跨越
70625	69	聪明人的个人成长	[美]史蒂夫·帕弗利纳	全球上亿用户一致践行的成长七原则，护航人生中每一个重要转变

财务知识轻松学

书号	定价	书名	作者	特点
71576	79	IPO 财务透视：注册制下的方法、重点和案例	叶金福	大华会计师事务所合伙人作品，基于辅导 IPO 公司的实务经验，针对 IPO 中最常问询的财务主题，给出明确可操作的财务解决思路
58925	49	从报表看舞弊：财务报表分析与风险识别	叶金福	从财务舞弊和盈余管理的角度，融合工作实务中的体会、总结和思考，提供全新的报表分析思维和方法，黄世忠、夏草、梁春、苗润生、徐珊推荐阅读
62368	79	一本书看透股权架构	李利威	126 张股权结构图，9 种可套用架构模型；挖出 38 个节税的点，避开 95 个法律的坑；蚂蚁金服、小米、华谊兄弟等 30 个真实案例
70557	89	一本书看透股权节税	李利威	零基础 50 个案例搞定股权税收
62606	79	财务诡计（原书第 4 版）	[美] 施利特 等	畅销 25 年，告诉你如何通过财务报告发现会计造假和欺诈
70738	79	财务智慧：如何理解数字的真正含义（原书第 2 版）	[美] 伯曼 等	畅销 15 年，经典名著；4 个维度，带你学会用财务术语交流，对财务数据提问，将财务信息用于工作
67215	89	财务报表分析与股票估值（第 2 版）	郭永清	源自上海国家会计学院内部讲义，估值方法经过资本市场验证
73993	79	从现金看财报	郭永清	源自上海国家会计学院内部讲义，带你以现金的视角，重新看财务报告
67559	79	500 强企业财务分析实务（第 2 版）	李燕翔	作者将其在外企工作期间积攒下的财务分析方法倾囊而授，被业界称为最实用的管理会计书
67063	89	财务报表阅读与信贷分析实务（第 2 版）	崔宏	重点介绍商业银行授信风险管理工作中如何使用和分析财务信息
58308	69	一本书看透信贷：信贷业务全流程深度剖析	何华平	作者长期从事信贷管理与风险模型开发，大量一手从业经验，结合法规、理论和实操融会贯通讲解
75289	89	信贷业务全流程实战：报表分析、风险评估与模型搭建	周艺博	融合了多家国际银行的信贷经验；完整、系统地介绍公司信贷思维框架和方法
75670	89	金融操作风险管理真经：来自全球知名银行的实践经验	[英] 埃琳娜·皮科娃	花旗等顶尖银行操作风险实践经验
60011	99	一本书看透 IPO：注册制 IPO 全流程深度剖析	沈春晖	资深投资银行家沈春晖作品；全景式介绍注册制 IPO 全貌；大量方法、步骤和案例
65858	79	投行十讲	沈春晖	20 年的投行老兵，带你透彻了解"投行是什么"和"怎么干投行"；权威讲解注册制、新证券法对投行的影响
73881	89	成功 IPO：全面注册制企业上市实战	屠博	迅速了解注册制 IPO 的全景图，掌握 IPO 推进的过程管理工具和战略模型
77436	89	关键 IPO：成功上市的六大核心事项	张媛媛	来自事务所合伙人的 IPO 经验，六大实战策略，上市全程贴心护航
70094	129	李若山谈独立董事：对外懂事，对内独立	李若山	作者获评 2010 年度上市公司优秀独立董事；9 个案例深度复盘独董工作要领；既有怎样发挥独董价值的系统思考，还有独董如何自我保护的实践经验
74247	79	利润的 12 个定律（珍藏版）	史永翔	15 个行业冠军企业，亲身分享利润创造过程；带你重新理解客户、产品和销售方式
69051	79	华为财经密码	杨爱国 等	揭示华为财经管理的核心思想和商业逻辑
73113	89	估值的逻辑：思考与实战	陈玮	源于 3000 多篇投资复盘笔记，55 个真实案例描述价值判断标准，展示投资机构的估值思维和操作细节
62193	49	财务分析：挖掘数字背后的商业价值	吴坚	著名外企财务总监的工作日志和思考笔记；财务分析视角侧重于为管理决策提供支持；提供财务管理和分析决策工具
74895	79	数字驱动：如何做好财务分析和经营分析	刘冬	带你掌握构建企业财务与经营分析体系的方法
58302	49	财务报表解读：教你快速学会分析一家公司	续芹	26 家国内外上市公司财报分析案例，17 家相关竞争对手、同行业分析，遍及教育、房地产等 20 个行业；通俗易懂，有趣有用
77283	89	零基础学财务报表分析	袁敏	源自 MBA 班课程讲义；从通用目的、投资者、债权人、管理层等不同视角，分析和解读财务报表；内含适用于不同场景的分析工具